OSTSEEKÜSTE
SCHLESWIG-HOLSTEIN

DUMONT REISE-TASCHENBUCH

Nicoletta Adams

OSTSEEKÜSTE SCHLESWIG-HOLSTEIN

LAND & LEUTE

Wind, Wasser und Weite

Kultur und Leben

Tipps für Ihren Urlaub

UNTERWEGS
AN DER OSTSEEKÜSTE SCHLESWIG-HOLSTEINS

Von Flensburg bis Kiel

Inhalt

Kiel und die Kieler Förde

Die südliche Kieler Bucht und Fehmarn

LAND & LEUTE

»Der runde, gelbe Leuchtturm tauchte auf, sie übersahen eine Weile Bucht und Bollwerk, die roten Dächer des Städtchens und den kleinen Hafen mit dem Segel- und Tauwerk der Böte.«

Thomas Mann
»Buddenbrooks«

TWISTER

Wind, Wasser und Weite

Regatta während der Kieler Woche

SANFTES HÜGELLAND AM MEER

»Was willst du hier, die Möwe schreit, Die Fischer rudern stumm die Kähne …« Diese Frage Detlev von Liliencrons (1922) sollte den ›wahren‹ Kenner Schleswig-Holsteins zeigen, der das einfache und raue Land liebte. Wer heute Schleswig-Holsteins Osten besucht, sieht sich einem freundlichen, verkehrstechnisch und touristisch hervorragend erschlossenen Landstrich gegenüber, dessen Hauptanziehungspunkt die Ostsee mit idyllischen Buchten, kilometerlangen Stränden und vielfältigen Möglichkeiten zur Freizeitgestaltung ist. Gleichzeitig besitzt die Region immer noch einsame, fast verwunschene Flecken zum Wandern und Träumen und zeigt ab und an dann doch ihre raue Seite.

Die durch die Eiszeit gestaltete Landschaft war nach dem Zurückschmelzen der Gletscher lange Zeit von einem dichten Waldgürtel bedeckt. Erst als der Wald durch stete Abholzung und Viehverbiss langsam schwand, wendeten sich die Menschen vermehrt dem Ackerbau zu, der auch heute noch weite Teile von Schleswig-Holstein prägt. Das Land mit dem ›mageren Rücken und den zwei Speckseiten‹ bot dafür sehr gute Bedingungen. Den Rücken bilden die landwirtschaftlich kaum nutzbaren Flächen der Geest, die Speckseiten sind die Marschböden im Westen und die fruchtbaren Mergelböden des östlichen Hügellands. Dieser Boden ist gut für Weizen, Gerste, Rüben und für Raps, dessen Blüte im Frühjahr das Land leuchtend gelb färbt. Mit der auf relativ engem Raum so unterschiedlich geprägten Landschaft – Seen, Hügel, Wälder und Strände – gilt der Osten als lieblichster und abwechslungsreichster Teil von Schleswig Holstein.

Die weiten Strände sind nicht einfach der ›gerade‹ Abschluss der etwa 328 km langen Ostseeküste, sondern schlängeln sich entlang der Buchten, auch Förden genannt. Die Flensburger Förde bildet mit der Landschaft **Angeln** zugleich die Grenze zu Dänemark. Das alte Bauernland ist durch Knicks (vgl. S. 20) unterteilt und von verstreuten Dörfern mit Feldsteinkirchen und Mühlen geprägt. Im anschließenden **Schwansen** findet man große Güter und Herrenhäuser, deren Bewohner maßgeblich zur Landesgeschichte beigetragen haben. Es ist von der fjordähnlichen Schlei und der Eckernförder Bucht begrenzt. **Dänischer Wohld** und **Probstei** mit dem Kloster Preetz werden durch die Kieler Förde getrennt.

Die Landschaft **Ostholstein,** früher Wagrien genannt, ist das alte Siedlungsgebiet der wendischen Fürsten, deren Zeugnisse überall im Land zu finden sind. Von dort reihen sich bis zur **Lübecker Bucht** Badeorte mit kinderfreundlichen Stränden aneinander.

An den ›Endpunkten‹ der Förden und Buchten liegen die großen Städte Flensburg, Schleswig, Eckernförde, Kiel, Lübeck und Travemünde. Museen und Feste zeigen alte und gegenwärtige Lebensformen der ›Nordlichter‹.

STECKBRIEF SCHLESWIG-HOLSTEIN

Lage und Größe: Schleswig-Holstein, das an Dänemark grenzt, wird von zwei Meeren umschlossen, der Nord- und der Ostsee. Mit einer Fläche von 15 763 km^2 gehört es nach Berlin, Bremen, Hamburg und dem Saarland zu den kleinsten Ländern der Bundesrepublik und hat mit die wenigsten Einwohner pro Quadratkilometer (179 Einwohner/km^2, im Vergleich dazu: Nordrhein-Westfalen 527 Einwohner/km^2). Das Land wird zu 9 % von Wald bedeckt, wobei der Landkreis Schleswig-Flensburg am wenigsten Waldfläche besitzt. Knapp 5 % nimmt die Wasserfläche ein, die im Landkreis Plön mit seinen zahlreichen Seen am größten ist.

Einwohner: In Schleswig-Holstein leben gut 2,8 Mio. Menschen. Davon gehören der nordelbischen evangelisch-lutherischen Gemeinde etwa 2,3 Mio., der römisch-katholischen Kirche etwa 170 000 Gläubige an.

Das Reisegebiet: Zum östlichen Hügelland einschließlich der Küste gehören drei kreisfreie Städte – Flensburg, Kiel, Lübeck – und die Landkreise Ostholstein, Plön, Rendsburg-Eckernförde und Schleswig-Flensburg. Die wichtigsten Wasserwege sind die Eider mit 180 km und die Trave mit 112 km sowie der Nord-Ostsee-Kanal mit 99 km und der Elbe-Lübeck-Kanal mit 59 km Länge. Die höchsten Erhebungen sind der Bungsberg (167 m), der Strezerberg (139 m) und der Pilsberg (128 m). Die Ostseeküste (ohne die Schlei) hat eine Länge von 328 km, zusammen mit Fehmarn ist sie sogar 402 km lang.

Wirtschaft: Die Landwirtschaft spielt in Schleswig-Holstein immer noch eine verhältnismäßig große Rolle. So gelten etwa 73 % der Gesamtfläche als landwirtschaftlich genutzt, wozu jedoch auch die Naturschutzgebiete gehören. Ähnliche Zahlen finden sich bei der Fischerei, die in Norddeutschland etwa Zweidrittel der gesamten deutschen Fischereiflotte stellt. Trotzdem sind nur 3,5 % der Erwerbstätigen in der Land- und Forstwirtschaft und der Fischerei beschäftigt. Es gibt etwa 276 hauptberufliche Ostseefischer, die im Jahr 2004 über 12,1 Mio. t Fisch angelandet haben. Allerdings stammt der größte Teil des Fanges von den nur wenigen Hochsee-Kuttern. Fast die Hälfte der Bevölkerung arbeitet im Dienstleistungssektor, davon sind etwa 80 000 Beschäftigte im Tourismus tätig.

Tourismus: Schleswig-Holstein hatte im Jahr 2005 etwa 4,4 Mio. Gäste, davon in der Ostseeregion 1,9 Mio. Die Ostseebäder hatten naturgemäß bei den Besucherzahlen die Nase vorn mit Spitzenwerten auf Fehmarn (276 000), am Timmendorfer Strand mit Niendorf (185 000) und in Grömitz (106 000). Bei den Städten lag Lübeck vor Kiel und Flensburg.

LANDSCHAFTEN UND NATURRAUM

Vom Eis geformt

Geologisch gesehen ist Schleswig-Holstein sehr jung. Das Land verdankt seine Entstehung den letzten beiden Eiszeiten (vor rund 200 000 bis 10 000 Jahren), ohne die es nur eine Ansammlung kleiner Inseln wäre. Durch das Absinken der mittleren Jahrestemperatur um nur ein paar Grade wurden Skandinavien und Norddeutschland von einer Eisfläche bedeckt, ähnlich wie heute noch Grönland.

Auf ihrem Weg nach Südwesten rissen die gewaltigen Inlandeisgletscher Skandinaviens Gesteine aus dem Untergrund mit sich und schoben diese riesigen Gesteinsmassen **(Moränen)** nach Norddeutschland. Sie wurden durch den Druck des Eises – wie bei einer Planierraupe – bis zu 100 m hoch an dessen Stirn aufgestaucht **(Endmoränen)**. Das ›Ergebnis‹ sieht man bei den Hüttener Bergen, dem Tüte-Berg und dem Kieler Berg am Westensee.

Oft waren solche Schichten mit bis zu 200 t schweren Gesteinen durchsetzt, die anfangs für Steingräber, später in der Architektur verwendet wurden. Einzelne große **Findlinge** bilden Landmarken, etwa der Fünenstein im Meer bei Dollerupholz. Bis man ihre Herkunft erklären konnte, brachte man Riesen, Hexen oder sogar den Teufel damit in Verbindung.

Beim Zurückschmelzen des Gletschers blieben die **Grundmoränen** zurück, der am Grund des Gletschers mitgeschleppte Gesteinsschutt. Sie formen das östliche Hügelland und den Küstenraum der Ostsee. Da die Gletscherfront aber stets in Bewegung war, gab es auch beim Schmelzen des Eises immer wieder kurze Vorstöße, die Endmoränen ablagerten, wie dies bei Heiligenhafen der Fall ist. Auch der Bungsberg entstammt einem wiederholten Gletschervordringen.

Viele der Seen des Landes entstanden aus Hohlformen, die Gletscher durch Voranschieben älteren Gletscherschutts ausräumten und beim Rückzug durch einen weiteren Gesteinswall abschlossen. Nach dem endgültigen Abtauen des Eises füllten sich diese so genannten **Zungenbecken** mit Fluss- oder Grundwasser.

Am Ende der Eiszeit gab es ähnliche Strukturen, in denen sich aber Schmelzwasser sammelte (**Eisstauseen)**. Im Winter waren sie mit Eis bedeckt und es konnten sich feinste Bestandteile, die der Gletscher mit sich führte, am Grund ablagern. So entstanden die Tonlagen des Lübecker Beckens, die später der Rohstoff für die berühmten Backsteine und die sich daraus entwickelnde Backsteinarchitektur waren.

Binnenseen wie die Seenketten in der Holsteinischen Schweiz bildeten sich, wenn Schmelzwasser durch Eisspalten an den Grund gelangten und dort in Eistunneln lang gestreckte Hohlformen ausräumten. Oft durch Querriegel abgeteilt, blieben sie aber durch einen schmalen Flusslauf verbunden. Der Uklei-See in der Holsteinischen Schweiz und der Rammsee in den Hüt-

Am Bungsberg bei Schönwalde

tener Bergen dagegen sind **Toteisseen,** ›zurückgelassene‹ Gletscherstücke, die von Gesteinsschichten bedeckt und so vor dem Abtauen bewahrt wurden. Derart geschützt, konnten sie Jahrtausende überdauern, bis auch sie schmolzen. Die meist runden Seen besitzen oft keinen Zu- oder Abfluss und wirken still und geheimnisvoll.

Die alten Inseln

Zu den voreiszeitlichen, geologisch wesentlich älteren ›Inseln‹ gehört der Bad Segeberger **Kalkberg**, der allerdings nicht aus Kalkstein besteht, sondern aus Anhydrit und Gips. Vor etwa 250 Mio. Jahren befand sich an dieser Stelle ein flaches Meeresbecken. Durch wiederholte Austrocknung und Überflutung bildeten sich Salzablagerungen, die durch den Druck der später überlagernden Schichten entlang von Bruchspalten an die Oberfläche quollen. Sie wurden vom Grundwasser gelöst und wandelten sich zu Gips.

Die gute Löslichkeit ist auch die Ursache für die Bildung der Höhle von Bad Segeberg, die durch die bizarren Formen und Farben des Gipses beeindruckt. Der Berg wurde durch früheren Abbau um zwei Drittel seiner Größe auf 91 m geschrumpft. Man kennt ihn als Kulisse der Karl-May-Festspiele.

Nicht nur die **Salzstöcke** als Stein- und Kalisalzlieferanten, sondern auch die an sie gebundenen **Öl führenden Schichten** waren von wirtschaftlicher Bedeutung wie etwa der Salzstock

BERNSTEIN – NUR DAS WUNDPFLASTER EINER PFLANZE?

Vor etwa 55 bis 38 Mio. Jahren war Nordeuropa von Bernsteinwald bedeckt, einem tropischen bis subtropischen Mischwald, in dem die Bernsteinkiefer wuchs. Der stark harzende Nadelbaum verschloss Verletzungen mit seinem Saft. Insekten, Spinnen und sogar kleine Skorpione, die am Harz kleben blieben, wurden eingeschlossen. Das tropfende Harz konservierte auch Teile anderer Pflanzen. Starb der Baum, so vermoderte das Holz, das Harz aber versteinerte im Laufe der Jahrmillionen.

Durch Eistransport über die Gletscher gelangte der Bernstein mit anderen Geröllen an die norddeutschen Strände. Beim Abtauen des Eises wurde der sehr leichte Stein von der Strömung wieder mitgenommen und setzte sich in ruhigeren Zonen des Meeres ab. Bernstein findet man vom Herbst bis zum Frühjahr, wenn Stürme die Brocken vom Grund des Meeres anlanden. Das Fundstück lässt sich leicht mit Schleifpapier und Zahnpasta zum Leuchten aufpolieren.

Rohbernstein ist nicht leicht von braunem Feuerstein zu unterscheiden. Jedoch ist er viel leichter als jeder andere Stein (1 cm^3 wiegt nur etwa 1 g), lädt sich elektrisch auf, wenn man ihn an glatten Flächen (Pullover, Handrücken etc.) reibt und zieht dann Fussel oder kleine Papierstückchen an, und er ist brennbar, da er zu zwei Dritteln aus Kohlenstoff besteht. Dies gab ihm auch seinen Namen, der sich aus dem mittelalterlichen Wort für brennen – *bernen* oder *börnen* – ableitet.

Schon in der Altsteinzeit wurde Bernstein als Tauschobjekt für Bronze, als Schmuckstein oder Talisman verwendet. Im Mittelalter stieg der Bedarf an, da sich die Nachfrage nach Rosenkränzen erhöhte, die oft aus Bernstein bestanden. Im 17. und 18. Jh. fertigte man aus Bernstein kleine Skulpturen, Musikinstrumente, Möbelfurniere und auch die Wandmosaike des berühmten Bernsteinzimmers.

Als die Aufklärung erneut ins Bewusstsein brachte, dass der Bernstein ›nur‹ ein pflanzliches Produkt ist, erlosch das Interesse der Fürsten. Die Bernsteinverarbeitung hatte ihren Tiefpunkt erreicht. Trotz allem wurde die Gewinnung des Bernsteins industrialisiert. Man erhielt ihn nicht mehr nur durch Auflesen am Strand, sondern durch Abschöpfen des Tanges, Abstechen am Grund oder durch Abbau an Steilküsten oder Flussböschungen. Vor allem in der chemischen Industrie wurde er zur Herstellung von Lackfarben benutzt. In der Elektroindustrie fand er wegen seiner geringen Wärmeleitfähigkeit Verwendung. Inzwischen haben in diesen Bereichen Kunstharze und Kunststoffe den Bernstein weitgehend ersetzt.

Als Schmuckstein feiert er dagegen sein Comeback, da Nachschub aus den neuen Bundesländern und aus Polen kommt. Man sollte darauf achten, dass der Bernstein als ›Naturbernstein‹ ausgewiesen und nicht mit ›Echt Bernstein‹ gezeichnet ist. Dann nämlich handelt es sich um Pressbernstein, der erhitzt, zusammengepresst und dann meist mit einem Farbzusatz versehen wurde.

Schwedeneck mit den Bohrinseln vor Waabs. Nach 16 Jahren mit insgesamt 3,5 Mio. t Öl ist er nun ›leergefördert‹.

Die Ostsee entsteht

Die heutige Ostsee hat sich in mehreren Phasen gebildet. Vor etwa 15 000 Jahren blieb beim Rückzug des skandinavischen Inlandeises ein Eisstausee aus Schmelz(süß-)wasser zurück. Durch weiteres Abschmelzen hob sich die skandinavische Landmasse: Der See bekam mehrmals vorübergehend einen Zugang zur Nordsee und nahm Salzwasser auf. Seit etwa 4000 Jahren verengt sich die Verbindung zwischen Nord- und Ostsee immer mehr, sodass das Wasser der Ostsee stets salzärmer, das heißt brackiger wird.

Naturkräfte als Hobel

Prägend für die Ostsee sind die durch Gletscher V-förmig ausgehobelten Förden mit bis zu 30 m hohen Steilufern. Vor allem in den sturmreichen Jahreszeiten Herbst und Winter wird an den hervorspringenden Steilküsten Material abgetragen und mit den schräg zur Küste laufenden Strömungen in den Buchten und Förden wieder abgelagert.

In Verlängerung der Küstenlinie bilden sich Strandhaken, die zu Landzungen **(Nehrungen)** werden, etwa bei Heiligenhafen und auf Fehmarn (Flügger Steert). Erreicht eine Nehrung das andere Ufer der Bucht, wird diese zum **Haff** und allmählich zum brackigen **Binnensee** wie bei etwa bei Hohwacht. Wenn diese Seen dann verlanden, entstehen feuchte Niederungen wie etwa die Haffwiesen bei Scharbeutz.

Tiere und Pflanzen

Durch den mehrmaligen Wechsel der Ostsee von einem Salzwasser- zu einem Süßwassermeer konnte sich im Laufe der Jahrtausende keine typische Tier- und Pflanzenwelt entwickeln. Statt dessen bietet das heutige **Brackwassermeer** Lebensraum für eine eher zufällige Ansammlung von Pflanzen und Tieren: So stammen Tiefseemuscheln und Robben aus dem Nordmeer, Krabbenarten aus den amerikanischen Meeren, Hechte und Barsche aus den zulaufenden Flüssen.

Auf dem Festland schränken Kultivierung, Trockenlegung, Abholzung und Flussbegradigungen die Lebensbedingungen ein. Viele Tier- und Pflanzenarten wurden ausgerottet oder wanderten ab, eine Entwicklung, der seit den 80er Jahren des 20. Jh. mit Naturschutzgebieten entgegengearbeitet wird.

Vögel im Land

Die wasserreiche Landschaft von Schleswig-Holstein ist für viele Vögel Lebensraum und Rastplatz auf dem Weg zwischen Brut- und Überwinterungsgebiet. Lebensbereiche sind die offenen Seen- und Ostseeflächen, die Schilfgürtel sowie der Brutplatz im Gefolge des Menschen. Ackerraine, Knicks, Hecken und Hausdächer bieten Vögeln wie dem seltenen **Weißstorch** gute Nistmöglichkeiten.

In den Schilfgürteln der Seen findet man meist kleine Vögel wie den **Rohr-**

Fossiliensucher

Bei Katharinenhof auf Fehmarn findet man am Fuße des Kliffs etwa 50 Mio. Jahre alten, fossilreichen Ton, der normalerweise in 25–75 m Tiefe lagert. Durch vorrückendes Eis wurde er aber nahe unter die Oberfläche geschleppt, sodass er eine Art geologisches Fenster darstellt. Bei starkem Regen fließt er als grüner Schlamm über den Strand. Dann kann man sein Glück als Fossiliensucher versuchen.

schwirl, den **Teich-** und den **Drosselrohrsänger.** Dieser verankert sein sturmfestes Nest zwischen Halmen. In Feuchtgebieten und an Feldrändern nistet das **Braunkehlchen**. Inzwischen sieht man auch den **Kolkraben** wieder, der vor der Ausrottung stand, obwohl er Ungeziefer und auch Aas frisst.

Unter den heimischen Greifvögeln ist der majestätische **Seeadler** mit fast 2,5 m Flügelspannweite der größte. Für seinen Futterbedarf benötigt er ein weites Jagdgebiet mit Seen und hohem Mischwald. Durch die Initiative der Projektgruppe Seeadlerschutz haben sich inzwischen wieder 34 Brutpaare an den östlichen Seen niedergelassen. Die Population wächst wie auch die des weißköpfigen **Fischadlers**.

Charakteristisch für die ostholsteinische Seenplatte ist die **Rohrweihe,** die dicht über dem Wasser jagt. Der **Uhu** war im 19. Jh. in Schleswig-Holstein ausgerottet, konnte aber erneut heimisch gemacht werden. Ihn und seine kleineren Verwandten kann man im Vogelpark Timmendorfer Strand beobachten (s. S. 208).

Vögel der Küste

Was wäre die Ostsee ohne die **Möwen:** Die fast gänsegroße Mantelmöwe sowie die kleinere, gelbfüßige Herings- und die hellere Silbermöwe mit roten Flecken am Schnabel wurden inzwischen von der kleinen Sturmmöwe (ohne roten Fleck) und vor allem von der Lachmöwe stark zurückgedrängt. In der Brutzeit trägt dieser ansonsten weiße Vogel mit grauen Flügeln eine schokoladenbraune Maske. Sein Name hat übrigens nichts mit seiner ›heiteren Natur‹ zu tun, sondern leitet sich von dem lateinischen *lacus* – See – ab.

Die ebenfalls zur Familie der Möwen gehörenden **Seeschwalben** sind deutlich schlanker und haben einen gegabelten Schwanz. Der spitze Schnabel ist bei der größten Art, der Brandseeschwalbe, schwarz, bei den Küsten- und Flussseeschwalben leuchtend rot und bei der Zwergseeschwalbe gelb. Ihre Nester bauen sie in Sandkuhlen am Boden. Im Gegensatz dazu brütet die nur 12 cm große **Uferschwalbe**, eine echte Schwalbenart, hoch über dem Strand in Grabhöhlen der sandigen Steilküste.

Der **Flussregenpfeifer** kommt zum Brüten an die Küste. Sein Tarngefieder lässt ihn mit seinem Untergrund fast verschmelzen, sodass er sein Nest in ›aller Öffentlichkeit‹ bauen kann.

Typische Bewohner der Binnenseen und geschützten Förden sind **Kormorane.** Der Bestand der unter Schutz gestellten Tiere vermehrt sich so stark, dass sie den Fischern schon wieder zur harten Konkurrenz werden.

Fledermaus und Co.

Größere Säugetiere werden in freier Wildbahn nur von geübten Beobachtern aufgespürt. Von ihrer Lebensweise kann man sich jedoch in den zahlreichen Wildgehegen, Naturparks und Naturschutzgebieten ein Bild machen.

Auch für kleinere Arten benötigt man ein geschultes Auge oder einen erfahrenen Führer. Diese haben sich besonders für **Fledermausarten** eingesetzt. Bei Fledermaus-Wanderungen im Sommer entdeckt man auch die gerade streichholzgroße Zwergfledermaus.

Am Meer

Strandspaziergänger finden am häufigsten Schalen der **Herz-** und **Baltischen Tellmuschel** sowie der **Sand-Klaffmuschel** und an steinigeren Stränden die lilaschwarz schimmernde **Miesmuschel.** Seltener sind die zarten Schalen der **Island-,** der **Schwert**- und der **Großen Pfeffermuscheln**.

Die seltsamste aller Muscheln, der **Pfahlwurm**, manchmal auch Bohrwurm oder -muschel genannt, ist zugleich auch die ›gefährlichste‹. Der bis zu 20 cm lange wurmförmige Körper trägt vorn die Schale als Bohrgerät. Damit durchlöchert die Muschel hölzerne Brücken, Pfähle oder Schiffsrümpfe wie einen Schwamm. Daher werden viele Holzdalben durch Stahlpfähle ersetzt.

Die als Krabben bezeichnete ›Delikatesse der Ostsee‹ sind eigentlich **Garnelen.** Die durchsichtigen Tiere werden erst beim Kochen rot. Bei Krabben-Fahrten kann man die frisch gefangenen Tiere pulen und probieren.

Harmlose, rosa oder lila schimmernde **Ohrenquallen** schwimmen bei ablandigem Wind oft in Ufernähe. Unangenehmes droht jedoch nur von den gelben Haar- oder Feuerquallen, die Juckreiz oder Hautausschläge verursachen. Sand oder besser noch Essig bringen schnelle Abhilfe.

Flippers kleine Verwandte, die nur etwa 1,80 m großen **Schweinswale** oder **Kleinen Tummler,** kommen auf der Spur der Heringsschwärme regel-

Flugakrobaten

In den Kalkberghöhlen von Bad Segeberg überwintern alljährlich rund 15 000 Fledermäuse. Eine halbe Stunde dauert die Führung durch das beleuchtete Labyrinth von Grotten und Gängen, bei denen man neben den Fledermaus- und Schneckenarten auch seltene Moose und Algen sieht (Karl-May-Platz, Tel. 04551/96 81 00, April–Sept. 10–18 Uhr, Okt.–März geschl., 3 €).

Das neue Fledermaus-Zentrum **Noctalis**, direkt neben der Höhle, zeigt das faszinierende Leben der kleinen Flugkünstler. Mit allen Sinnen kann man die nachtaktiven Tiere auf vier Etagen hautnah erleben (Tel. 04551/80 82 10, ganzjährig 9–18 Uhr, 5–7 €, Kombi-Ticket 6,70–9,70 €).

ALLE ZEHN JAHRE AUF DEN STOCK GESETZT – KNICKS

Noch vor 200 Jahren trieb man das Vieh zum Weiden einfach in den Wald. Dadurch blieb jedoch der Nachwuchs junger Bäume aus, und durch den Verbiss starben die älteren Bäume allmählich ab. Da Holz zu jener Zeit aber einer der wichtigsten Werk- und Brennstoffe war, musste eine andere Lösung gefunden werden. Die Weiden wurden auf offene Flächen gelegt und für das Vieh abgezäunt. Hinzu kam Mitte des 18. Jh. die erste Bodenreform, durch welche die einseitige Bewirtschaftung des Bodens – eine Ursache für Hungersnöte – abgeschafft werden sollte. Das Acker- und Weideland wurde den Bauern zugeteilt, die es einzukoppeln hatten. Holzzäune verboten sich von selbst – daher wurden Wälle angelegt und deren Kronen mit Straucharten bepflanzt, die nach dem Abholzen immer wieder ausschlagen. Es entstanden, je nach Boden und Klima, über 80 Knicktypen. Besonders artenreich ist der Bunte Knick, mit Hasel, Schlehdorn, Holunder, Hainbuche, Schneeball und Weißdorn sowie Heckenrosen und etwa 100 verschiedenen Brombeerarten.

Die größten Bäume sind meist Eichen oder Rotbuchen. Die Krautzone am Boden mit Farnen, Geißblatt und Buschwindröschen bieten zahlreichen Kleinsäugern und Reptilien sowie mehreren Vogelarten Schutz, Nahrung und ein Überwinterungsquartier. So kann ein Knick zum Lebensraum von bis zu 1800 Tierarten werden. Für die Knickpflege wird etwa alle zehn Jahre das Strauchwerk ›auf den Stock gesetzt‹, das heißt mit dem Beil oder dem hakenförmigen ›Tunrieter‹ abgeschlagen. Zusätzlich müssen die Hecken widerstandsfähig gegen Verbiss gemacht und gegen den Viehdurchtritt abgedichtet werden. Dazu biegt man die nachwachsenden Triebe herunter (knickt sie) und verflicht sie lebend.

Der fortschreitenden Technik waren Knicks bald im Wege. Die Redder, zwei von Knicks eingefasste Feldwege, mussten größeren Wirtschaftswegen weichen, und das engmaschige Knicknetz wurde zugunsten des großflächigen Einsatzes moderner Landmaschinen stark dezimiert. Da Holz nicht mehr notwendig gebraucht wurde, sah man nur die Nachteile des Knicks: Beschattung von zu viel Land, Nährstoffentnahme aus dem Boden sowie Verbreitung von Pflanzenkrankheiten.

Heute weiß man, dass ein Knick nicht nur der beste Wind- und Erosionsschutz, sondern auch für das Kleinklima und damit das ökologische Gleichgewicht wichtig ist. Gleichzeitig bereichert er das Landschaftsbild. Die Naturschutzbehörde lässt daher die verbliebenen Knicks (etwa die Hälfte der ursprünglich 75 000 km) möglichst wieder nach den alten, schonenden Methoden pflegen und neue anlegen.

So nimmt das Angebot der aus den Früchten der Knickgehölze gefertigten Köstlichkeiten auch wieder zu: Brombeerpfannkuchen, Holunderbeersuppe mit Eischneeklößchen oder Haselnuss-Apfel-Dessert.

mäßig im Frühjahr bis hinein in die Förden. Da sie immer wieder in den Stellnetzen der Fischer ersticken, finden Versuche statt, sie mit Schallimpulsen von Gefahrenstellen zu vertreiben.

Fast alle Riffe wurden bis 1974 durch Steinfischerei und zugunsten des Molen- sowie Jachthafenausbaus zerstört. **Künstliche Riffe**, etwa am Timmendorfer oder Falckensteiner Strand, werden heute wieder von Schwämmen, Muscheln und Fischen besiedelt.

Pflanzen als Küstenschutz

Es sind vor allem Pflanzen, die den Landstrichen an der Ostseeküste ihren unverwechselbaren Charakter geben. Sie schützen das Land vor Wind und Wellen und unterstützen auch die Landgewinnung. So setzen sich etwa auf den Schlammbänken der Ostsee an den wirbelförmig angeordneten Ästchen des **Queller** Schwebeteilchen fest, was zur Verlandung der Buchten führt.

Auch **Dünen** verdanken ausschließlich Pflanzen ihren Bestand. Die weit verzweigten Ausläufer der **Strandquecke** sammeln Sand in ihrem Windschatten und halten ihn fest. Wächst die Düne weiter, verliert die Strandquecke den Zugang zum Grundwasser und zieht sich zurück. Dann siedeln sich **Strandroggen** und **Strandhafer** an, die mit bis zu 6 m langen Wurzeln den Dünen zusätzlichen Halt geben.

Je nach Standort der Dünen gesellen sich weitere Pflanzenarten dazu wie der lila blühende **Meersenf,** das doldige **Habichtskraut** und die stahlblaue **Stranddistel**. Sie alle kommen mit ständigem Wind, hohem Salzgehalt und Trockenheit gut zurecht. Das **Silbergras,** das tief himmelblaue **Bergsandglöckchen** und die rostfarbene **Sandsegge** bevorzugen kalkärmere Zonen.

Das Endstadium der Dünenbildung wird durch den **Waldschwingel-Buchenwald** oder den **Stieleichenwald** charakterisiert. Der Aufbau einer Dünenlandschaft lässt sich eindrucksvoll am Ende der Grömitzer Strandpromenade, an der Lübecker Bucht und bei Hohwacht ablesen.

Zwischen Meer und Binnenland haben sich an manchen Stellen **Sand-Salzwiesen** gebildet wie in der Hohwachter Bucht am Kleinen Binnensee, am Graswarder bei Heiligenhafen oder an den Küsten der Insel Fehmarn. Auch hier müssen sich die Pflanzen einem sehr hohen Salzgehalt anpassen. Man sieht **Sand-Melde, Rote Strandsimse** oder **Kleines Tausendgüldenkraut.**

Die vielen Seen bilden eine wichtige Lebensgrundlage für weitere Pflanzenarten. Die Farbe eines Sees spiegelt den Gehalt an Wasserpflanzen wider, vor allem der **Plankton-Algen,** wobei Blaualgen das Wasser türkis färben, Kieselalgen dagegen eher bräunlich.

Zur Seemitte hin, wo die Wasseroberfläche ruhiger wird, finden sich die **Weiße Seerose,** die kleinere, gelbe **Teichrose,** der rosa blühende **Wasserknöterich** und die **Wasserlinse** (Entenflott). **Seggen, Binsen, Kalmus** und **Schwertlilie** säumen die Ufer, ebenso wie **Rohrkolbengewächse,** (»Lampenputzer«). Dort stehen auch schilfartige Gräser, etwa das Schilfrohr oder **Reet,** das heute noch zum Dachdecken verwendet wird (s. S. 22).

REET – STETS GUT ›BEDACHT‹

Da im Mittelalter die meisten Häuser innerhalb der Stadtmauern sehr schmal und hoch gebaut wurden, standen sie dicht beieinander, sodass die Brandgefahr außerordentlich groß war. Nach zahlreichen Bränden verordneten daher die Stadtväter eine ›harte‹ Bedachung – ein Dach aus Steinen oder Schindeln. Die Reetdachdecker wurden aber trotzdem nicht arbeitslos, da auf dem Lande weiterhin das ›Weichdach‹ bevorzugt wurde und sich auch viele Städter der Verordnung widersetzten. Die Beliebtheit von Reetdächern hält bis heute an.

Die luftgefüllten Halme isolieren das Dach – das Haus bleibt im Sommer kühl, im Winter warm. Das Reetdach atmet, verhindert Feuchtigkeitsbildung und schützt vor Lärm. Es ist staub- und regendicht und sturmsicher, da es die Stau- und Sogbelastungen federnd auffängt und die Schwingungen gegen den Dachstuhl dämmt. Je steiler das Dach ist, desto schneller können Regen und Schnee ablaufen und umso haltbarer ist es. Die dem Wetter abgewandte Seite eines Reetdachs kann 100 Jahre alt werden.

Der einzige, allerdings erhebliche Nachteil ist die Brandgefahr. Das Weichdach ist leicht entflammbar und daher bis heute Auflagen unterworfen, wie etwa der Beschränkung der Gebäude auf ein bis zwei Stockwerke sowie einem Mindestabstand zu benachbarten Gebäuden. Zur weiteren Sicherheit helfen ein Blitzableiter, schwer entflammbare Materialien an der Unterseite des Daches sowie eine Behandlung des Reets mit Tränkmitteln, welche die Entflammbarkeit herabsetzen.

Das einst billigste Dachmaterial, das jeder Bauer selbst ernten und verarbeiten konnte, ist rar und teuer geworden. Die Dachdecker kaufen es aus Österreich, Ungarn und Polen. Das Reetgras wird möglichst bei Frost mit einer Amphibien-Mähmaschine oder bei geschlossener Eisdecke mit dem Rohrschieber geerntet. Eine Maschine bündelt das Reet und stellt es zu Hocken oder Diemen zusammen. Der Reetbinder helchelt die Bündel einzeln, das heißt er befreit sie durch Schwenken von Blättern und geknickten Halmen, die auf dem Dach faulen würden. Dann stößt er das Reet auf einem Holzbrett mehrmals auf, um die Halme bündig zu machen, und bindet es mit Draht zu gleichmäßigen Bunden zusammen.

Die wenigen Dachdecker, die noch die Kunst des Reetdeckens verstehen, sind gut ausgelastet. Sie arbeiten mit den alten Werkzeugen wie Steck- und Ziehnadel, Klopfer, Reetschneider und Steckbrett. Heute noch wird das ganze Dach von Hand gefertigt und zwar in drei Lagen übereinander bis zu einer Dicke von 30 bis 35 cm, angefangen an der Traufe bis zum First. Die Firstabdeckung zeigt regional unterschiedliche Formen. So überwiegt in Holstein der Rohrfirst, bei dem die Wurzelenden nach oben gelegt und mit einer sichtbaren Naht verbunden werden. In Angeln dagegen bevorzugt man den so genannten Knüppelfirst, bei dem etwa 1,3–1,5 m lange Hänge- oder Reithölzer scharnierartig verbunden und als Reiter im Abstand von 50–60 cm über den First gelegt werden.

WIRTSCHAFT UND UMWELT

Erwerbszweige

Die traditionellen Erwerbszweige der Küstenbewohner wie Fischerei, Schifffahrt, Werften- und Hafenwirtschaft tragen heute nur noch wenig zum Gesamteinkommen bei. Auch die Landwirtschaft ist rückläufig, obwohl sie mit der weiterverarbeitenden Industrie immer noch ein Standbein für Schleswig-Holsteins Wirtschaft ist. Die bekanntesten Exportgüter aus Schleswig-Holstein sind Milch und Milchprodukte, rund 130 Butter- und Käsespezialitäten sowie Kartoffeln.

Eine Renaissance erlebt der **Raps:** im Salat, im Tank und auf der Straße! Die schwarzbraunen Rapskörner werden zu Speiseöl verarbeitet und zwar vom einfachen Grundstoff für Margarine oder Mayonnaise bis zum kalt gepressten Öl, das mit Olivenöl durchaus konkurrieren kann. Als rußfreier Biodiesel ersetzt er herkömmliche Kraftstoffe auch einiger städtischer Busse, und sogar der Asphalt kommt durch Raps ohne Erdöl aus.

Beim produzierenden Gewerbe überwiegen Maschinenbau und Elektrotechnik, vor allem Navigations-, Or-

Der Nord-Ostsee-Kanal ist ein wichtiger Wirtschaftsfaktor in Schleswig-Holstein

tungs- und Messtechnik. Wichtige Projekte gelten dem Technologietransfer zwischen Wissenschaft und Industrie, etwa an der Universitätsklinik in Lübeck, die eng mit der stets wachsenden Industrie für Medizintechnik zusammenarbeitet.

Natur und Wirtschaft

45 % der Wirtschaftsleistungen bestreitet der Dienstleistungssektor. Den Löwenanteil deckt der Tourismus ab. Vor allem die ›Naturlaub‹-Angebote locken die Gäste zu landnahen Ferien: sei es durch Rad- oder Kanuwanderprogramme, Ferien auf dem Bauernhof, die vielen Mitmach-Programme ›Natur erleben‹ oder die etwas andere Übernachtung in einem Heuhotel.

Voraussetzung für all diese Wirtschaftszweige sind gute Verkehrsverbindungen wie die Hauptverkehrsadern A 1, A 7 und A 20, die drei größten Passagierhäfen Deutschlands – Kiel, Puttgarden und Lübeck-Travemünde – sowie der Kieler Flughafen, der die Verbindung zum internationalen Luftverkehr herstellt.

Viele Urlauber kommen wegen der vom Wind ›lebenden‹ Sportarten in den Norden. Das Land selbst zieht aus seinem ›ständigen Begleiter‹ auch einen wirtschaftlichen Nutzen, als umweltschonende und vor allem regenerierende Energiequelle.

Unumstritten ist die Nutzung von Solarenergie, die besonders in Küstennähe durch die hohen Sonneneinstrahlungswerte möglich wird. Einen ökologischen und ökonomischen Beitrag leisten die Galloway-Rinder, die vielerorts die Naturschutzgebiete als kostengünstige Landschaftspfleger abweiden und so auch gesundes Fleisch liefern.

Umweltprobleme

Zentrum des touristischen Geschehens und damit auch am meisten gefährdet sind die Küstenabschnitte des Landes. Ein Problem ergibt sich aus der zunehmenden Bebauung, auch durch weitere Parkplätze, welche die freien Flächen versiegelt. Dadurch kann das Regenwasser nicht genügend versickern, sondern fließt oberflächlich ab, schwemmt den Boden sowie die Küstenvegetation fort und schädigt die neu entstandenen Gebäude.

Ein anderer Zankapfel sind die Maßnahmen zum Küstenschutz wie etwa Wellenbrecher. Sie sollen den Strand vor Sandabtrag bewahren, verhindern aber, dass ein Frischwasseraustausch hinter den Barrieren stattfinden kann. Dadurch steigt das Algenwachstum, das sich durch unschöne Ablagerungen am Strand bemerkbar macht.

Vor den Wellenbrechern zum offenen Meer hin kommt es zur Strömungsbeschleunigung, die sowohl für Meeresbewohner als auch für Wassersportler gefährlich werden kann.

Immer wieder ein Thema ist die Überfrachtung der Ostsee mit Schadstoffen wie etwa Phosphaten und Stickstoffverbindungen, die in letzter Konsequenz zum Sauerstoffmangel, das heißt zum Absterben der Pflanzen- und Tierwelt und zur Überalgung führt.

GESCHICHTE IM ÜBERBLICK

Schleswig-Holsteins Geschichte ist durch das ständige Tauziehen um Schleswig und Holstein wie auch den dauernden Wechsel der dänischen Königsnamen zwischen Christian und Friedrich so verwirrend, dass Lord Palmerston, der Kanzler von Queen Victoria, einmal sagte: »Nur drei Menschen verstanden die schleswig-holsteinische Geschichte: Der eine ist der Gemahl der Königin Victoria, Prinz Albert, aber der ist leider verstorben. Der andere ist ein deutscher Professor, aber der ist darüber verrückt geworden. Und der dritte bin ich, Lord Palmerston, selber, aber ich habe sie wieder vergessen!«

Vor- und Frühgeschichte

8000 v. Chr. Erste steinzeitliche Besiedlungen im norddeutschen Raum.

um 3000 v. Chr. In der Wald- und Seenlandschaft der Kieler Förde leben Fischer und Jäger, bis der ansteigende Meeresspiegel die Förde überflutete. Aus dem Mittelmeerraum und Westeuropa bringen Einwanderer den Ackerbau und die Kultur der Großsteingräber nach Norden.

um 450 n. Chr. Angeln und Sachsen aus dem heutigen Schleswig-Holstein setzen nach Britannien über und nehmen das Land in Besitz.

um 600 Slawen (Wagrier) dringen ins heutige Ostholstein vor, während die Dänen bis in die Gegend um Schleswig gelangen.

Wikingerzeit bis zum frühen Mittelalter

798 Karl der Große besiegt in der Ersten Schlacht bei Bornhöved die nordelbingischen Sachsen und schiebt die Nordgrenze seines Reiches bis zur Eider vor. Sie wird ab 811 über 1000 Jahre lang die Grenze zwischen dänischem und fränkischem (römischem) Reich sein.

831 Ansgar, Sohn eines Lehnsmanns Karls des Großen, wird Erzbischof von Bremen und missioniert die Gebiete nördlich der Elbe.

800–1100 Etwa 300 Jahre lang wird das Land durch Machtkämpfe zwischen Dänen, Deutschen und Slawen beherrscht. Der dänische König baut das Danewerk als Schutzwall zwischen Treene und Schlei. Die große Handelsstadt Haithabu wird um 900 von schwedischen Wikingern erobert, ab 934 unter deutschen Königen zum Ausgangspunkt der Christianisierung, 1050 vom Norweger Harald dem Harten niedergebrannt und 1066 von den Wenden zerstört.

Schleswig und Holstein – Zeit der Schauenburger

1111 Der Sachsenherzog Lothar von Supplinburg belehnt Adolf I. von Schauenburg mit den Grafschaften Holstein und Stormarn. Ihm und

	seinem Nachfolger Adolf II. gelingt die Rückeroberung Ostholsteins von den Wenden sowie deren Missionierung.
1227	Schlacht bei Bornhöved, in der Adolf IV. von Schauenburg den Dänenkönig Waldemar II. besiegt. Damit ist der Weg für die Hanse (vgl. S. 186) und die deutschen Kaufleute frei.
1326	Der holsteinische Graf Gerhard III. lässt sein Mündel, den jungen Dänenkönig und Herzog von Schleswig, Waldemar III., in der »Constitutio Valdemariana« u. a. festlegen, dass niemals ein dänischer König gleichzeitig über Dänemark und Schleswig herrschen dürfe.
1386	Das Herzogtum Schleswig fällt durch erbliche Belehnung an die Schauenburger.
1460	Nachdem mit Adolf VIII. 1459 der letzte Schauenburger gestorben ist, wird sein Neffe, Christian I. von Dänemark, Landesherr von Schleswig und Holstein. Die Stände erhalten ein Mitbestimmungsrecht. Der Vertrag von Ripen garantiert die Untrennbarkeit von Schleswig und Holstein.

Die Oldenburger als Herzöge von Schleswig und Holstein

1490	Nach dem Tod Christian I. werden seine beiden Söhne zu Landesherren gewählt. Das Land zerfällt in eine Königliche (Segeberger) Linie unter König Johann und eine Gottorfer unter Herzog Friedrich I.
1522	Die Reformation wird von Friedrich I. und dessen Sohn Christian III. vorangetrieben.
1625/26	Christian IV. von Dänemark tritt in den Dreißigjährigen Krieg ein, um Schwedens Aufstieg zu verhindern. Nach seiner Niederlage besetzen Wallensteins Söldner Schleswig und Holstein.
1658	Durch den Frieden von Roskilde muss Dänemark schließlich die Oberlehnsherrschaft über den Gottorfer Anteil von Schleswig aufheben.
1665	Herzog Christian Albrecht von Gottorf gründet die nach ihm benannte Universität in Kiel.
1700–21	Der Streit zwischen dem Dänischen und dem Gottorfer Herrscherhaus gipfelt im Nordischen Krieg, nach dem Schleswig erneut an die Dänen fällt.

Der dänische Gesamtstaat

1725	Der Gottorfer Herzog Karl Friedrich heiratet Anna Petrowna, die Tochter Peter des Großen. Ihr Sohn Karl Peter Ulrich wird 1762 als Peter III. Kaiser von Russland. Durch seinen Tod kommt seine Frau Katharina II. an die Macht.

1773 Durch Gebietstausch zwischen Russland und Dänemark (Vertrag von Zarskoje Selo) werden Schleswig und Holstein unter dem dänischen ›Dach‹ vereint.

Lösung von Dänemark durch die national-liberale Bewegung

1814 Dänemark muss sein Bündnis mit Napoleon teuer bezahlen: Friedrich VI. tritt im Kieler Frieden Norwegen an Schweden ab.

1848 Die deutschen Schleswig-Holsteiner erheben sich gegen Dänemark und bilden eine ›Provisorische Regierung‹ in Kiel. Am 15. 9. verkündet sie das Schleswig-Holsteinische Staatsgrundgesetz.

1850 In der Schlacht bei Idstedt unterliegt die schleswig-holsteinische Armee den Dänen, das Land wird 1852 dem Dänenkönig unterstellt.

1864 Österreich und Preußen erklären Dänemark den Krieg. Im Wiener Frieden verzichtet der dänische König zugunsten Österreichs und Preußens auf die Herzogtümer Schleswig und Holstein.

Von der preußischen Provinz zum nördlichsten Bundesland

1866 Im Prager Friedensvertrag tritt Österreich die Rechte über die Herzogtümer an Preußen ab, die 1867 zur preußischen Provinz werden.

1871 Schleswig-Holstein wird Teil des Deutschen Reiches.

1918 Der Matrosenaufstand in Kiel leitet die Revolution ein, die zur Abdankung Kaiser Wilhelm II. führt.

1920 Nach dem Vertrag von Versailles entscheidet sich in einer Volksabstimmung die Bevölkerung der Gebiete nördlich von Flensburg für Dänemark, die südlich davon für Deutschland.

1932 Bei den Reichstagswahlen am 31. 7. wird die NSDAP mit 51 % zur stärksten Partei in Schleswig-Holstein gewählt.

1938 Am 9. 11. brennen auch in den schleswig-holsteinischen Städten die Synagogen.

1945 1,15 Mio. Flüchtlinge aus Ostpreußen, Ostpommern, Polen und Schlesien strömen nach Ende des Zweiten Weltkriegs nach Schleswig-Holstein.

1955 Die ›Bonner Erklärung‹ befreit die dänische Minderheit von der 5%-Klausel bei Wahlen.

1987 Nach dem Tod des Ministerpräsidenten Uwe Barschel (CDU) gelangt die SPD mit Björn Engholm an der Spitze an die Macht.

1993 Heide Simonis (SPD) übernimmt nach dem Rücktritt Engholms als erste Frau die Ministerpräsidentschaft in einem Bundesland.

2005 Neuer Ministerpräsident wird Peter Harry Carstensen (CDU). Seither regiert die große Koalition aus SPD und CDU.

Kultur und Leben

Der Bildhauer Axel Süphke
schnitzt den Fischer,
das Wahrzeichen von Kellenhusen

SCHLESWIG-HOLSTEINISCHE LEBENSART

Typisch schleswig-holsteinisch!?

Schleswig-Holsteiner werden oft mit einem spröden Mädchen verglichen, dem man nur näher kommt, wenn man es ernst mit ihm meint. Man muss sich etwas intensiver bemühen, um ihnen mehr zu entlocken, als ein freundliches, aber kurzes »Moin, moin«. Moin leitet sich aus dem friesischen *mojen dag* – schönen Tag – ab, sodass man diesen Gruß von früh bis spät hört. Der sparsame Gebrauch der Sprache bedeutet aber nicht, dass die Norddeutschen humorlos sind. Ihr Humor ist nur etwas leiser, eher ein vergnügtes In-sich-hinein-Lachen.

›Typische‹ Schleswig-Holsteiner gibt es nicht. Zum einen wurden nach 1945 über 1 Mio. Flüchtlinge integriert. Zum anderen war auch schon die ›Ur‹-Bevölkerung nicht einheitlich. Im Norden lebten überwiegend Dänen, im Westen Friesen und Dithmarscher, in Ostholstein ließ sich der Stamm der Wagrier nieder und nach Holstein wanderten Westfalen, Friesen und Holländer ein. Im Laufe der Geschichte wurden die Dänen hinter die heutige Staatsgrenze zurückgedrängt. Aus dem restlichen Sprachgemisch entwickelte sich schließlich das Niederdeutsche oder Platt (niederländisch für klar, deutlich), das jedoch regionale Unterschiede aufweist. Kultursprache ist seit dem 16. Jh. zwar Hochdeutsch, als Umgangssprache hat sich Plattdeutsch dennoch auf dem Land bis heute erhalten.

Lebendiges Brauchtum

Zu allen Zeiten wurde und wird bei den Gilden traditionsgemäß gefeiert. Die Knochenbruch-, Toten-, Schützen- und Schiffergilden begehen ›ihren‹ Tag mit Vogelschießen und einem Festmahl, mit Tanz, Bier und Köm (Kümmelschnaps), bei dem auch Besucher willkommen sind. Die Gilden hatten zwei Hauptaufgaben: die Menschen in Notzeiten zu unterstützen und das Brauchtum sowie die plattdeutsche Sprache zu bewahren.

Eine ähnliche Funktion haben auch die Feuerwehren der Dörfer, die meist aus Freiwilligen bestehen. Unter ihrer

Leitung finden viele dörfliche Feste statt, von denen das jährliche Kinderfest zu den beliebtesten zählt.

Der ›Pingsfreedag‹ ist ein Volksfest in den Dörfern der Probstei, das am Freitag nach dem Pfingstwochenende begangen wird. Man zieht von Haus zu Haus, sagt sein Sprüchlein auf und bekommt dafür Butterbrote, Bier und Köm. Beim letzten Bauern der Runde, die jedes Jahr wechselt, findet dann das Festmahl aus Fisch, ›Förtchen‹ (ähnlich den Berlinern) und Heidelbeerkompott statt.

Das ›Rummelpottlaufen‹ ist ein Vergnügen für Kinder. Zwischen Nikolaus- und Dreikönigstag laufen sie mit Trommeln und Rasseln singend durch die Straßen. Dafür gab es früher Leckereien wie Pfeffernüsse, Äpfel oder Speck und Würste. Heute nehmen die Kleinen lieber Süßigkeiten oder Münzen.

Auch der Lübecker Markt »Anno dazumal«, die Wikinger Tage in Schleswig und der historische Markt im Kloster Cismar lassen alte Bräuche wieder aufleben. Bei Festen sieht man häufig traditionelle Trachten – etwa während der Neustädter Trachtenwoche.

Die schon von Dietrich Buxtehude, Franz Tunder und Hugo Distler eingeführten Orgelkonzerte in den Lübecker Kirchen St. Marien und St. Jakobi haben längst überregionale Bedeutung. In dieser Tradition steht auch das Schleswig-Holstein Musik Festival (s. S. 134), das mit Konzerten namhafter Künstler weithin für das Land wirbt, ebenso wie das Jazz-Festival ›JazzBaltica‹. Die Aufführungen in Herrenhäusern und Schlössern stellen zugleich die Verbindung zwischen Kunst und Kultur her. Auch die Eutiner Sommerspiele und die Eutiner Webertage (s. S. 175) haben ihren festen Platz im Kulturprogramm.

Vom Feld- zum Backsteinbau

Die Architekturgeschichte der Ostküste Schleswig-Holsteins beginnt, abgesehen von den frühgeschichtlichen Wallanlagen, erst mit dem romanischen Baustil des 11. und 12. Jh. Die vor über 800 Jahren errichteten Feldsteinkirchen sind die ältesten noch genutzten steinernen Baudenkmäler jener Zeit. Das Material wurde meist von Feldern

Das Herrenhaus Panker

oder an Steilküsten gesammelt und unbehauen übereinander geschichtet. Größere Zwischenräume wurden mit kleinen Steinen und Kalkmörtel verfüllt. Die Dreiteilung der Kirchen in Turm, einschiffiges Langhaus und Chor symbolisierte dabei die Dreifaltigkeit. Schönstes Beispiel ist die St. Petri-Kirche in Bosau (1151/52, s. S. 169f.).

Mit fortschreitender Christianisierung zeigen die Feldsteinkirchen einen etwas anderen Grundriss und eine andere Bauweise. Der Chor und die Apsis sind in das Langhaus einbezogen, das Mauerwerk besteht aus gleichmäßigen, in Handarbeit behauenen und in Reihen geschichteten Feldsteinen wie etwa bei der St. Servatius-Kirche in Selent (1197). Romanische Kirchen findet man auch in Borby, Oldenburg, Preetz und Altenkrempe.

Wegen der reichen Tonvorkommen bot sich der **Backsteinbau** an. Der gotische Baustil des 12. bis 15. Jh. bediente sich dessen fast ausschließlich, obwohl noch im 13. Jh. einige Kirchen mit Feldsteinen begonnen, aber mit Backsteinen weitergebaut wurden wie die frühgotischen Kirchen in Grömitz, Großenbrode und Burg (Fehmarn).

Hauptwerk und zugleich Vorbild für viele weitere Backsteinkirchen im Land ist die Lübecker Marienkirche. Nicht nur sakrale Bauten, sondern auch Bürgerhäuser wurden nun aus Backstein errichtet. Das älteste ist das Kranenkonvent in Lübeck (1266–80). Die Spätgotik brachte herausragende Bauwerke hervor, wie das Holstentor, das Burgtor und das Rathaus von Lübeck.

Sehenswerte Beispiele der Renaissance (15.–16. Jh.) sind Schloss Gottorf mit der Schlosskapelle bei Schleswig, das Zeughaus und die Laube des Rathauses in Lübeck sowie das Glücksburger Schloss.

In die Zeit des Barock (um 1600 bis 1750) mit wuchtigen Formen, geschwungenen Giebeln und theatralischen Effekten gehören der Warleberger Hof in Kiel, das Plöner Schloss sowie die für Ostholstein typischen Herrenhäuser, die meist barock umgebaut wurden. In der letzten Phase des Barock, dem Rokoko (etwa 1730–80), herrschen verspielte Details vor – Ornamente aus Blumen, Früchten und Ranken sowie reiche Stuckaturen. Aus dieser Zeit stammen das Prinzenpalais in Plön und die Orangerie im Eutiner Schlossgarten.

Der Klassizismus (ca. 1780–1830) bevorzugte nach antikem Vorbild streng gegliederte, farbig verputzte Fassaden. Die Rathäuser in Schleswig, Eutin, Plön und Neustadt gehören ebenso in diese Epoche wie viele Herrenhäuser, etwa Emkendorf und Schierensee.

Im 19. Jh. wurde der Backstein wieder entdeckt, es entstanden viele Gebäude im Stil der Neogotik (Mitte des 18. bis Mitte des 19. Jh.), darunter der Hessenstein auf dem Pilsberg, die Blomenburg bei Selent und das ›Schloss‹ Rantzau in Lübeck. Im Stil der Neorenaissance wurde unter anderem die Kreisverwaltung in Eutin gebaut.

Zwischen den Weltkriegen baute man sachlich: das Rathaus, den Sartori & Berger-Speicher und die Landwirtschaftskammer in Kiel, das Marine-Ehrenmal in Laboe sowie das Getreidesilo in Eckernförde (1930/31).

ESSEN UND TRINKEN

In Norddeutschland kocht man mit lokalen und daher frischen Zutaten; seien es Fisch, Vieh vom Hof oder selbst angebautes Obst und Gemüse. Das traditionelle Grünkohlessen nach den ersten Frösten ist auch im Ostteil des Landes beliebt.

Saison- und gebietsabhängig findet man vorzügliche Spargel-, Geflügel- oder Wildgerichte auf der Speisekarte. Manchmal wird auch die seltene Maräne, ein Edelfisch, angeboten. Seit jeher gibt es Hering in allen Variationen, von Rollmops über Matjes bis Brathering und als besondere Delikatesse geräucherten Aal oder andere Räucherfische sowie Holsteiner Katenrauchschinken.

Grote Hans und Rote Grütt

Manche schleswig-holsteinische Gerichte sind zunächst ein wenig gewöhnungsbedürftig, wie etwa ›Labskaus‹, ein durch den Wolf gedrehtes Gemisch aus gepökeltem Schweine- und Rindfleisch, Kartoffeln, Roten Beeten und Rollmops, oder ›Schwarzsauer‹, eine kräftige Suppe, die am Schlachttag aus Wurstbrühe, frischem Schweineblut und kleinen Fleischteilen gekocht wurde.

Bei Kindern sehr beliebt ist der ›Grote (Große) Hans‹ , eine Art Mehlkloß mit Milch und je nach Geschmacksrichtung auch Mandeln, Nüssen und Rosinen, der mit Fruchtsoße, Schweine-

Überall an der Küste gibt es fangfrischen Fisch

ECHTE KIELER SPROTTEN

Auf dem Dach eines Altstadthauses (Kattsund 26) stehen zwei hölzerne Fischer über dem Spruch: »In Eckernför dor hebbt se't rut ut Sülver Gold to maken« (In Eckernförde weiß man, wie man aus Silber Gold macht). Die kleinen silberfarbenen Sprotten werden beim Räuchern nämlich golden. Doch bis es soweit ist, gibt es viel zu tun. Während die Fischer um 1800 noch für den Eigenbedarf räucherten, war Eckernförde 100 Jahre später bereits vom Rauch der 30 hohen Schornsteine eingehüllt. Von September bis Neujahr wurde hauptsächlich nachts Hering gefischt. Vor allem der Fang mit der Wade (Zugnetz, plattdeutsch: Waad) verlangte den Fischern Kraft und Geschicklichkeit ab. Dazu waren mindestens vier Männer auf zwei Booten notwendig. Fächerförmig wurden der sackartige Mittelteil des Wadennetzes und die etwa 80 m langen Seitennetze vor der Küste ausgelegt und dann mit Booten ans Ufer gezogen.

Kamen die Fischer am frühen Morgen mit dem Fang in den Hafen, warteten dort schon Frauen, um die Fische zu reinigen, zu salzen und auf dünne Eisenstangen zu stecken. Diese wurden in Rahmen befestigt und im Räucherofen über Buchenholz gehängt. Am Schluss gab man noch etwas Erlenholz dazu, um den Fischen den goldenen Glanz zu verleihen. Der genaue Vorgang bleibt allerdings bis heute ein Geheimnis der Räuchermeister. Die fertigen Sprotten wurden in Holzkisten, die mit Pergament ausgeschlagen waren, in alle Teile Deutschlands und sogar nach Übersee verschickt. Nach dem Zweiten Weltkrieg waren von den einstmals 30 nur noch drei Räuchereien (etwa Rehbehn & Kruse, Jungfernstieg 19) geblieben, die dieses alte Handwerk betrieben.

Ihren Namen verdanken die Sprotten ihrem Transportweg. Da Räucherfisch sehr schnell verschickt werden muss, die Verkehrsverhältnisse aber schlecht waren, konnte er nur in die Nähe transportiert oder von Kiel mit der Bahn versendet werden. Abgangsort war also Kiel, und das stand auch auf den Holzkisten. So wurden aus den Eckernförder Sprotten die ›Echten Kieler Sprotten‹. Der Sprottenfang ist immer noch eine wichtige Einnahmequelle für die heimische Kutterfischerei, und den Fischern ist die Freude und der Stolz auf ihren Beruf geblieben, wie man auf dem Dach des Altststadthauses in Eckernförde sehen kann.

backe oder beidem gegessen wird, sowie ›Rote Grütt‹ (Grütze), eine Nachspeise aus roten Beeren und Milch.

Grütze war lange Zeit das Hauptgericht der Bauern und einfachen Leute, deren Mahlzeiten nicht sehr abwechslungsreich waren. Man ernährte sich von dem, was vor der Haustür wuchs, Zugekauftes war nur etwas für besondere Festlichkeiten. Grütze wurde aus Gerste, Roggen, Weizen, Buchweizen, Hafer oder Graupen mit Wasser, Saft oder Milch gekocht. Und wenn man Glück hatte, schwamm in der Mitte ein Buttersee oder gar ausgelassener Speck.

Mit Zunahme des Gemüseanbaus kam dann der aus Angeln stammende ›Schnüsch‹ in Mode, ein Quer-durch-den-Garten-Eintopf, der mit Milch und Butter übergossen und mit Schinken, Speck oder Salzhering gereicht wird. ›Birnen, Bohnen und Speck‹ war ein typisches Montagsgericht, für das Schinken mit knackigen Bohnen und süßen Birnen zusammen gekocht wird. Auch ›Rübenmus‹ ist ein schnelles, preiswertes und immer noch beliebtes Gericht.

Das alljährlich stattfindende Schleswig-Holstein Gourmet Festival macht deutlich, dass Schleswig-Holsteiner vorzügliche Gerichte auf der Basis traditioneller Rezepte zu schätzen wissen. Von September bis Februar geben deutsche Spitzenköche in Schleswig-Holstein ein Gastspiel. In welchen Restaurants die Küchenkünstler ihre Kochkreationen anbieten, erfährt man unter der Telefonnummer 04881/939025 bzw. im Internet unter www.gourmet-festival.de.

Bauernhofcafés

Hausgemachte Kuchen nach bewährten Rezepten oder auch Wurst-, Schinken- und Käsebrote aus eigener Herstellung schmecken in ländlicher Atmosphäre besonders gut. Daneben locken Obstpflückaktionen, Cafégartenkonzerte, Kunstausstellungen und vieles mehr. Kinder können zwischendurch die Umgebung mit den Tieren erkunden. Eine Broschüre mit Adressen von Bauernhofcafés erhält man von der Landwirtschaftskammer Schleswig-Holstein, Beratung für Frauen im Agrarbereich, Holstenstr. 106-108, 24103 Kiel, Tel. 0431/9797-238.

Heiß und hochprozentig

Bei Getränken halten die Schleswig-Holsteiner sich stets an den Spruch: »Beeter en lütjen Seever as en lüt Fever« (lieber einen kleinen Rausch als ein leichtes Fieber), denn bei dem manchmal recht rauen Klima soll nicht nur das deftige Essen für die nötige Wärme sorgen. Zur rechten Zeit ein steifer Klarer, ein ordentlicher Grog oder ein Punsch aus Tee und weißem oder gelbem Köm oder auch Rum sind stets willkommen. Auf dem Land wird bei jedem Fest roter oder weißer Korn getrunken. Und wird bei Geburtstagen oder anderen Familienfeiern kurz an der Haustür gratuliert, gibt es einen Schnaps zum Dank.

Tipps für Ihren Urlaub

Drachenfest in Niendorf

DIE OSTSEEKÜSTE ALS REISEZIEL

Wind, Wasser, Weite – die drei W bezeichnen die ganze Bandbreite eines Urlaubs an der Ostseeküste. Dank Wind und Wasser kann man surfen, rudern, Kanu fahren, tauchen, Drachen steigen lassen oder Ballon fahren. Meer und Sand laden zum Faulenzen, Plantschen und Schwimmen ein.

Die Auswahl an Segelrevieren ist groß, sie reicht von den Förden bis hin zum offenen Meer und zahlreichen idyllischen Seen oder Flüssen. Die gute Luft und das ›milde‹ Reizklima fördern die Gesundheit nicht nur von so genannten ›Kurlaubern‹. Die Weite ermöglicht vor allem ausgedehnte Radtouren ohne größere ›Aufstiegsprobleme‹, Wanderreiten oder Wanderungen.

Pauschal oder individuell?

Fast alle Touristikbüros bieten Segel-, Surf-, Paddel- oder Angelwochen an, außerdem gibt es Wellness-Angebote, Reisen zur Rapsblüte, zu kulturellen Veranstaltungen oder Wochenenden mit Stadtbesichtigungen. Bei »Kiel à la carte« kann man zur Übernachtung wie im Baukastensystem Zusatzleistungen je nach Wunsch buchen. Auch Hochzeiten in ungewöhnlichem Ambiente werden ausgerichtet, wie etwa auf einem Schiff, einem Leuchtturm oder in einem der Herrenhäuser.

Eine noch größere Auswahl hat man bei individuell buchbaren Apartments und Ferienhäusern: Es gibt Wohnungen und einzeln stehende Häuser oder Katen, Wohneinheiten auf dem Bauernhof oder als preiswertere Alternative einen der zahlreichen Campingplätze.

Keinesfalls versäumen

In der Saison

Einige Attraktionen sind zeitlich eingeschränkt, wie etwa die **Kieler Woche,** das weltbekannte Segelsportereignis im Juni, das neben Regatten auch zahlreiche Einzelveranstaltungen an Land bietet.

Von Mitte Juni bis Ende August finden die **Karl-May-Spiele** in Bad Segeberg statt. Allein die an ein Amphitheater erinnernde Freilichtbühne ist sehenswert. Außer der Bühne kann man im Indian Village eine Wildweststadt mit Sheriff-Office und Gefängnis bestaunen, sich am Lagerfeuer ausstrecken oder sich in Ausstellungen über indianische Kultur sowie im Nebraska-Haus über die Geschichte der Karl-May-Spiele informieren.

Ende Mai und im Juni locken das **Rapsblütenfest** in Petersdorf auf Fehmarn mit der Wahl der Rapskönigin und der **Mühlentag** am Pfingstmontag, an dem man überall im Land Windmühlen besichtigen kann.

Meist auf die Saison von Ende April bis Ende September begrenzt sind Fahrten mit Ausflugsdampfern auf der Schlei, den Förden oder den vielen Seen. Einige Herrenhäuser kann man

Attraktion für kleine Gäste – die Spiellinie während der Kieler Woche

während der ganzen Saison besichtigen, andere nur während des **Schleswig-Holstein Musik Festivals** (s. S. 134).

Ganzjährig

Zu den berühmtesten Museen des Landes zählen die Schleswig-Holsteinischen Landesmuseen von **Schloss Gottorf** mit Schätzen aus Geschichte, Archäologie und Kunst sowie das **Museum Haithabu,** das den wichtigsten Handelsplatz der Wikinger vor rund 1000 Jahren wieder aufleben lässt.

In den beiden großen **Freilichtmuseen Molfsee** bei Kiel und **Unewatt** bei Glücksburg wird die Arbeits- und Lebensweise der früheren Schlewig-Holsteiner lebendig.

Das **Naturerlebniszentrum Maasholm-Oehe-Schleimünde** ist ebenfalls ganzjährig geöffnet. Ein biologisch-geologischer Lehrpfad führt zum Naturerlebnisraum mit großem Hörrohr, Sinnesgarten, Versickerungstreppe, Froschperspektivkasten und zum Infozentrum mit einer interaktiven Ausstellung über die Schlei und die Ostsee.

Geld gespart

Mit einem Kinderpass, den die Fremdenverkehrsbüros kostenlos vergeben, erhalten Kinder bis zu 14 Jahren verbilligten oder manchmal sogar freien Eintritt in Museen, Bäder, Tierparks oder bei Schiffsfahrten. Manchmal ist allerdings der Eintritt mit Familienkarte noch preiswerter, daher sollte man vergleichen.

Die **OstseeCard** ist eine Kur-, Platz-, Fahr-, Rabatt- und Bonus-Karte, mit der nicht nur die Kurabgaben (bis 1,50 € bzw. in der Hauptsaison bis 2,70 € pro Person und Tag) beglichen werden, sondern die auch viele Preisvergünstigungen sowie den kostenlosen Eintritt zu Veranstaltungen enthält. Sie gilt an 18 Orten entlang der Ostseeküste (einschließlich Eutin) und kostet den Kurbeitrag des jeweiligen Ortes. Kinder bis zu 18 Jahren sind von den Abgaben befreit (Informationen unter www.ostseecard.de.)

Strände

Möchte man sich nur schnell mit einem Sprung ins kühle Nass erfrischen wie in Düsternbrook in Kiel, am weichen Strand liegen und buddeln, etwa an der Geltinger, Kieler oder Hohwachter Bucht, oder auch das Hinterland erkunden, vor allem an den Steilhängen der Förden oder der Küste Ostholsteins? Die Entscheidung für einen bestimmten Strand fällt nicht immer leicht. Man kann zwischen Sonnen- oder Windgarantie wählen, etwa an Fehmarns Stränden oder an der Flensburger Förde, und sich zwischen ruhig, klein, etwas abgelegen (z. B. Habernis, Langholz, Stohl, Stein, Großenbrode oder Katharinenhof auf Fehmarn) oder großem Freizeitangebot und zahlreichen Restaurants, FKK oder Hundestrand wie am Falckensteiner Strand entscheiden. Die Deichpromenaden entlang der Kieler Bucht laden außerdem zum Inline-skaten oder Flanieren ein, die Steilküsten mit gröberem, geröllreichem Strand dagegen zum Steine- und Fossiliensammeln, zum Entdecken und zu ausgedehnten Spaziergängen. Eine Entscheidungshilfe für die Qual der Wahl bietet die Internetseite www.ostsee-schoenste-tage.de, auf der die Ostsee-Strände geordnet nach Lage, Beschaffenheit und Art aufgeführt sind.

Kurtaxe ist meist ein Garant für Sauberkeit, vor allem auch im sanitären Bereich.

Trubel oder Ruhe

Die Städte und großen Badeorte an der Küste bieten ein vielfältiges Angebot für Aktivitäten aller Art: Fitness, Kultur oder Nachtleben. Die Terminkalender sind voll mit Veranstaltungen wie Regatten, Märkten, Musik-Festivals oder anderen Themenfesten.

Von allen Standorten ist es nur ein Katzensprung zu ruhigen Dörfern, kleinen Orten am See oder in eines der Naturschutzgebiete, in denen man ganz für sich sein kann.

Urlaub mit Kindern

Die meisten Kinder lieben es, am Strand buddeln, barfuß laufen, spielen und ›wundersame‹ Dinge entdecken zu können. Viele Ostseebäder haben sich zu diesem Thema zusätzliche Veranstaltungen einfallen lassen. Es gibt biologische und geologische Erkundungsspaziergänge mit spannenden

Bei Einheimischen und Urlaubsgästen beliebt – die geschützten Buchten der Ostsee

Experimenten, Schatzsuchen, Spielenachmittage oder eine ungewöhnliche Begegnung mit Neptun und anderen ›Meeresbewohnern‹.

Tipps für Regenwetter

Nicht immer ist das Wetter an der Ostsee so schön, dass man den ganzen Tag draußen verbringen möchte. An erster Stelle der Beliebtheitsskala stehen bei Schmuddelwetter **Schwimm- und Spaßbäder**, die teils Meerwasser und Brandungsbecken mit ›echten‹ Wellen bieten. Auch die Naturkundehäuser vermitteln ›Meer‹-Gefühl, dort dreht sich alles um die Bewohner und die Besiedlung von Meer und Strand. Man kann geschützt auf Entdeckungstour gehen, begreifen und experimentieren.

Meist steht an solchen Tagen auch ein Besuch im **Museum** an, von denen einige gerade Kinder ansprechen: die Schifffahrtsmuseen in Kiel und Flensburg, die Natur- und Umwelt-Museen in Kiel und Lübeck oder das ›Muschelmuseum‹ in Cismar sowie das Preetzer Cirkusmuseum. In Haithabu erfährt man viel über die Wikinger. Was früher gespielt und wie der Schulunterricht gestaltet wurde, ›erlebt‹ man im Kindheitsmuseum in Schönberg oder im Heimatmuseum Schönwalde. Erstaunliches, nicht nur für Kinder, zeigt das Experimentalmuseum Phänomenta in Flensburg. In Laboe kann man ein U-Boot besichtigen.

Auch eine Fahrt mit nostalgischen Eisenbahnen vom Schönberger Strand oder von Kappeln versöhnt mit einem trüben Tag.

Allerlei Meeresgetier können Besucher in Kiel betrachten und in Burg auf Fehmarn oder im Sea-Life in Timmendorfer Strand sogar Haie. Weitaus kuscheliger sind die Streicheltiere im Tierpark Gettorf oder in der Arche Noah in Grömitz. Richtig zum Knuddeln sind die vielen Esel im Eselpark Nessendorf. Klart das Wetter auf, bieten die Erlebnisparks in Sierksdorf (Hansapark) und Tolk (Tolk-Schau) Abwechslung und Unterhaltung.

Sportliche Aktivitäten

Baden

Ein Bad in der Ostsee ist weitgehend ungefährlich, da meist keine reißende Brandung zu befürchten ist. Allerdings gibt es weiter draußen in den Förden gefährliche Strömungen, über die man sich vor dem Hinausschwimmen informieren sollte. Die Strände fallen in aller Regel flach ins Meer ab und sind daher vor allem für Familien mit kleinen Kindern sehr gut geeignet. Natürlich darf bei starkem Wind und Sturm auch an der Ostsee nicht gebadet werden. An bewachten Stränden zeigen dies aufgezogene, rote Sturmbälle an.

Beim Spielen an Buhnen sollte man auf scharfkantige Steine unter den Befestigungen achten, an denen man sich verletzen kann. Die Wasserqualität wird im Sommer bis zu 14-tägig untersucht (Info-Service-Nr. 01805/23 22 21). Für textilfreies Baden (FKK) ist an fast allen Stränden ein Bereich außerhalb des Kurstrands abgesteckt.

> **»die ostsee«**
>
> Das kostenlose Urlaubsmagazin der Tourismus-Agentur Schleswig-Holstein gibt eine Übersicht über viele Freizeitaktivitäten; siehe auch: www.sh-tourismus.de.

Segeln

Sowohl an der Küste als auch auf den Binnenseen sind die Bedingungen für Wassersportler ideal. Segeln hat bereits eine lange Tradition. Die Kieler und die Travemünder Wochen blicken auf eine über 100-jährige Geschichte zurück. Inhaber eines Segel- bzw. Bootsführerscheins können in Jachthäfen oder bei Touristikbüros nach Bootsverleihern fragen und sich gleich auf die Ostsee wagen.

Für Anfänger eignen sich eher die Binnenseen, die Schlei oder die Innenförden. In vielen Orten werden Kurse für Erwachsene und für Kinder angeboten. Auskunft gibt der Seglerverband Schleswig-Holstein unter Tel. 0421/648 61 70 oder im Internet: www.seglerverband-sh.de.

Surfen

Surfer bevorzugen die Ostseeküste gegenüber der Nordseeküste, da wegen der fehlenden Gezeiten die Bewegung an der Wasseroberfläche geringer ist.

Selbst im Winter setzen Eissegler auf dem Wittensee und der Schlei auf den Wind. Im Sommer gibt es kaum einen Strand, an dem nicht eine Surfschule zu finden ist. Die schnellsten Surfreviere liegen um Fehmarn herum, in der Lübecker Bucht und in der Flensburger Förde. Für Anfänger bieten die geschützteren Förden und die Binnenseen geeignete Übungsflächen. Neoprenanzüge kann man oft ausleihen. Vor Ort sollte man sich über die Eigenarten des Reviers erkundigen (Informationen unter www.windfinder.com).

Noch rasanter als Windsurfen ist Kitesurfen, bei dem statt des Segels eine Art Lenkdrachen als ›Antrieb‹ benutzt wird (www.kitesurfing-kiel.de).

Wasserwandern

An allen größeren Seen und Flüssen gibt es Bootsverleiher. Man kann sich zunächst mit einem Kanu, Kajak oder Ruderboot auf die Schwentine wagen oder die wunderschöne Fahrt von Eutin durch die Seen der Holsteinischen Schweiz bis fast zur Mündung in der Kieler Förde unternehmen. Anhand einer detaillierten Karte bespricht man alle schwierigen Punkte vorher mit dem Verleiher. Kleidung zum Wechseln sollte man immer dabei haben, wenn es nicht gerade so heiß ist, dass jede Abkühlung erfrischt. Die Broschüre »Kanu, Kajaks, Kilometer – Wasserwege in Schleswig-Holstein« mit Wissens-

Beim Sandskulpturenfestival von Travemünde

wertem über das Wasserwandern kann man kostenlos anfordern (unter Tel. 01805/60 06 04).

Wandern

Neben vielen gut gekennzeichneten Wanderwegen führen auch die Fernwanderwege E1 Nordsee-Bodensee-Mittelmeer und E6 Ostsee-Wachau-Adria durch Schleswig-Holstein. Zu jeder Jahreszeit kann die besonders schöne Strecke zwischen Kiel und Eutin erwandert werden. Wanderkarten mit Routenvorschlägen sind in Buchhandlungen oder Touristikbüros erhältlich (Informationen auch über www.wanderverband-norddeutschland.de).

›Wasserwanderer‹ auf der Schwentine

Radfahren

Ein ähnlich gutes Wegenetz erwartet die Fahrradfahrer. Es gibt diverse Karten und Routenvorschläge wie etwa den 450 km langen Ostseeküsten-Radweg von Lübeck bis Dänemark oder die Rad-Wander-Erlebnis-Karte »à la card« der Region Oldenburg und Kellenhusen bis Neustadt mit vier unterschiedlich angelegten Touren, der RundTour, KulTour, Histour und NaTour über insgesamt 220 km. Das kostenlose Magazin »rad-spezial« (Tel. 01805/60 06 04) enthält weitere Anregungen. Über die Fahrrad-Mitnahme informiert die Hotline der Deutschen Bahn (Tel. 01805/15 14 15).

Reiten

Neben den berühmten Holsteinern und Trakehnern stehen Reitern auf den Pferdehöfen im Lande auch Haflinger oder Islandponys zur Verfügung. Vom Reiten auf dem Platz unter Anleitung bis zu Ausritten über Land und an den Ostseestränden kann jeder für sich das Passende aussuchen. Beliebt, besonders bei Mädchen, sind Ferien auf dem Reiterhof ohne Eltern. Die Adressen sind in den jeweiligen Gastgeberverzeichnissen zu finden oder unter www.komm-mit-pferd.de.

Angeln

Bei nahezu 200 Seen, zahlreichen Flüssen, den Förden und der offenen See schlägt das Herz jedes Petrijüngers höher. Für das Angeln in Binnengewässern gelten die Fischereiordnungen. Man benötigt einen Jahresfischereischein sowie einen Erlaubnisschein, die man in den zuständigen Ordnungsämtern oder dem Fischereiamt erhält. Zum Angeln an der Küste oder zum Hochseeangeln braucht man einen gültigen Fischereischein oder eine zeitlich begrenzte Ausnahmegenehmigung (höchstens 40 Tage). Informationen erhält man auch vom Landessportfischerverband Schleswig-Holstein e. V., Papenkamp 52, 24114 Kiel, Tel. 0431/676818, Fax 676810, www.lsfv-sh.de).

Wer im Meer fischen möchte, kann sich einer geführten Hochseeangelfahrt anschließen, etwa in Maasholm (s. S. 82) oder auf Fehmarn (s. S. 161).

Golf

An der Küste und im Hinterland von Glücksburg bis Travemünde gibt es etwa fünfzehn 9-, 18/20- und 27/36-Loch-Anlagen. Die meisten Plätze bieten Schnupperkurse für Anfänger an und verleihen auch die Ausrüstung. Die Touristikbüros der Urlaubsorte geben Auskunft über die Golfklubs in der Umgebung. Eine gute Übersicht über die Plätze bzw. Angebote bieten die Webseiten www.gvsh.de und www.golfpaket.de.

Tauchen

Gerade für Tauchanfänger ist die Ostsee ideal. Hinter dem meist flach abfallenden Sandstrand liegen Seegraswiesen. Es spielt sich alles zwischen 4 und 10 m Tiefe ab, allerdings etwas kleiner und zum Teil verborgener als in wärmeren Meeren. Informationen geben Tauchbasen, etwa in Eckernförde, Flensburg oder Kiel-Friedrichsort. Es werden auch Tauchfahrten angeboten, etwa in Damp mit dem Schiff Bubblewatcher (www.bubblewatcher.de).

Klettern

Wer gute Nerven hat und zudem schwindelfrei ist, kann im Hochseilgarten Malente (www.hochseilgarten-malente.de) in 16 m Höhe an einem Seil von Plattform zu Plattform balancieren oder auch auf Fehmarn (www.hochseilgarten-fehmarn.de).

Ebenfalls auf Fehmarn laden acht verschiedene Kletterrouten Anfänger und Könner auf Europas höchste künstliche Kletteranlage an einem Silo ein (Tel. 04371/503102, www.siloclimbing.de).

Schiffsausflüge

Überall an der Küste werden halb- oder ganztägige Schiffstouren angeboten. Sie führen entlang der Förden, der Schlei und den Buchten mit kleinen Fischkuttern, offenen Ausflugsbooten oder historischen Dampfschiffen wie etwa der »Alexandra« in Flensburg. Ein ähnliches Angebot gibt es auch für die zahlreichen Binnenseen. Sehr beliebt sind die Fünf-Seen-Fahrt oder die Große Plöner See-Fahrt auf den Seen der Holsteinischen Schweiz. Termine und Abfahrtsstellen kann man den Veranstaltungskalendern der jeweiligen Orte entnehmen oder bei den Touristikbüros erfragen.

Reisezeit und Kleidung

Das Wetter in Schleswig-Holstein wird durch die Lage zwischen zwei Meeren beeinflusst. Dies führt zu gemäßigtem Klima, sodass selten heiße Sommer (durchschnittlich 20 °C) oder sehr kalte Winter (im Mittel minus 2 bis 4 °C) auftreten. Typisch für die Ostseeküste ist der Wechsel von mildem, teils regnerischem Westwetter und den Ostwetterlagen, die im Sommer warme und im Winter kalte Luft bringen. An der Küste ist das Wetter rauer und es herrscht ein Reizklima. In der Holsteinischen Schweiz, den Hüttener Bergen sowie den anderen Seegebieten ist das Klima weniger ›reizend‹, da diese Regionen durch Waldgebiete windgeschützter sind.

Jahreszeiten

Das Frühjahr beginnt wechselhaft und kühl, um dann meist im Mai plötzlich zum schönsten und stabilsten Wetter umzuschlagen. Bis Juni herrscht viel Sonne sowie wenig Wind und Regen, sodass sich Mai und Juni am besten für einen Urlaub eignen. Diese Monate werden gern als die fünfte Jahreszeit bezeichnet, da die Rapsblüte von Mai bis Juni das Land mit einem leuchtend gelben Teppich überzieht. In den Sommermonaten Juli und August pendeln sich die Wassertemperaturen auf 19–22 °C ein, allerdings ist die Wetterlage eher instabil. Getreu dem Motto ›Es gibt kein schlechtes Wetter, sondern nur unpassende Kleidung‹ sollte man neben einem Badeanzug auch Regenzeug und Pullover dabei haben.

Der Herbst kann bei wenig Wind noch warme Tage bringen. Ende Oktober setzen die ersten Nachtfröste ein und leiten in den neblig-trüben November über. Durch die milde Atlantikströmung herrschen im Winter oft Temperaturen um den Gefrierpunkt, was aber auch Nieselregen und Nebel bedeutet. Die Schneefallwahrscheinlichkeit ist im Januar und März am größten.

Selbst der Winter kann an der Küste wunderschön sein. Nicht nur wenn die Ostsee vereist ist und man sich hinaus auf die Eisfläche wagt, sondern auch bei Spaziergängen durch die mit Reif bedeckte, glitzernde Landschaft. Man sollte sich allerdings als Ziel ein nettes Café aussuchen, in dem man sich bei heißem Tee oder Grog wieder aufwärmen kann. Informationen über das Reisewetter erhält man unter Tel. 0900/111 60 10 02, über das Seewetter unter Tel. 0900/111 69 20 21.

Wind – der ständige Begleiter

Der Wind, zu allen Jahreszeiten das bestimmende Wetterelement an der Küste, hat die Landschaft mitgestaltet: Die nach Osten gebogenen Baumkronen und der asymmetrische Baumwuchs weisen auf die häufigste Windrichtung von Westen hin. Auch Blätter entwickeln sich stärker auf der Windschatten-Seite.

Binnenländler müssen sich an den allgegenwärtigen Begleiter erst gewöhnen. Er zerrt an Kleidung und Haaren und kommt meist von vorne. Die ›gefühlte‹ Temperatur erscheint etwas niedriger als die tatsächliche. Gleichzeitig bringt der Wind aber saubere Luft und sorgt für einen spannungsreichen Himmel, an dem sich die Wolken oft zu Traumgebilden auftürmen. Die Norddeutschen nennen sie ihre ›Berge‹.

UNTERWEGS

AN DER OSTSEEKÜSTE SCHLESWIG-HOLSTEINS

Ein Leitfaden für die Reise und viele Tipps für unterwegs.

Genaue Beschreibungen von Städten und Dörfern, Sehenswürdigkeiten und Stränden, Ausflugszielen und Reiserouten.

Die Ostseeküste erleben: Ausgesuchte Hotels und Pensionen, Gasthöfe und Restaurants.

Die 398 m lange Seebrücke von Grömitz

Von Flensburg bis Kiel

Die Mühle Charlotte in der Geltinger Birk

Reiseatlas S. 232–235

FLENSBURG UND DIE FLENSBURGER FÖRDE

Flensburg ist reich an architektonischen Zeugnissen der langen deutsch-dänischen Geschichte. Das Flair einer geschäftigen Kaufmannsstadt ist geblieben. Im Umland bestellen die wohlhabenden Angeliter Bauern ihre Höfe.

Flensburg

Reiseatlas: S. 232, A 1

Hübsche Plätze, liebevoll restaurierte Kaufmannshöfe und steile Gassen prägen das Bild der nördlichsten Stadt von Deutschland. Flensburg hat, wie die dänischen Nachbarn sagen, eine ›hyggelige‹, eine gemütliche Atmosphäre.

Über 700 Jahre Handel und Schifffahrt haben das Leben ebenso geprägt wie die jahrhundertelange Herrschaft der Dänen. Heute leben die knapp 85 000 Flensburger mit den etwa 20 % Dänen einträchtig nebeneinander.

Zwei Flensburger ›Markenzeichen‹ fallen jedem sofort ein – die Punkte in der Sünderkartei des Kraftfahrtbundesamtes und die 1945 ›eingeflogene‹ Kauffrau Beate Uhse, die sich mit anderen ›Sünden‹ beschäftigte. Bekannt ist Flensburg auch wegen des Rums.

Stadtgeschichte

Schon im 12. Jh. gab es am Ende der Förde kleine Fischersiedlungen. Der Sage zufolge soll ein Ritter namens Fleno dort eine Burg errichtet haben, wo sich der Heer- oder Ochsenweg von Jütland nach Süden und die alte Handelsstraße von Friesland nach Angeln kreuzten. Ob dieser Ritter der Stadt auch den Namen gab, ist nicht ganz sicher. Einige leiten ihn aus der Zeit des Walfangs ab, als die Flenser auf den Schiffen mit großen Flensmessern die Speckseiten der Wale abtrennten.

Im Jahre 1284 erhielt Flensburg Stadtrecht; 1345 wurden die Stadtmauern errichtet. Zu jener Zeit war der Ort sehr reich, da er die wichtigste Handelsflotte Europas besaß. Im Dreißigjährigen Krieg von Wallensteins Truppen eingenommen, musste die Stadt von den Kaufleuten mit der unglaublichen Summe von 87 040 Thalern freigekauft werden. Trotz mehrerer Notzeiten rappelten sich die Flensburger immer wieder auf, sodass sie im 18. Jh. mit großen Seglern in die Karibik fahren konnten, um den Rohstoff für die Rumherstellung (s. S. 56) zu laden. So wuchs die Stadt wieder zu einem bedeutenden Handelsplatz heran.

Stadtrundgang

Die Besiedlung begann um 1200 auf dem Johanniskirchhof mit einigen Fischerhäusern. Das älteste Gebäude dieses Stadtteils ist die spätromanische Kirche **St. Johannis** [1] mit reich bemaltem Gewölbe (Di, Mi, Fr 9–12, Mo u. Do 13–15 Uhr). Den Südzipfel der Stadt bildet der Berliner Platz mit dem **Deutschen Haus** [2], das nach dem Votum der Flensburger für Deutschland 1930 als ›Reichsdank für deutsche Treue‹ von Berlin gestiftet wurde. Im Festsaal finden Konzerte des Nordmark-Sinfonie-Orchesters statt.

Gegenüber verbirgt eine Mauer das **Hospital und Kloster zum Heiligen Geist** [3] aus dem 16. Jh., dessen Mauerwerk noch Reste des ehemaligen Franziskanerklosters St. Katharinen aus dem 13. Jh. enthält (heute Altenheim). Auf Anfrage kann man einen Blick in die Kirche werfen.

Die Fußgängerzone beginnt mit der Roten Straße, an deren Westseite die alten Höfe abzweigen. Geht man durch die Toreingänge, fühlt man sich in die Zeit zurückversetzt, als dort Waren weiterverarbeitet wurden. Es ist eng, lebendig und sehr gemütlich zwischen den Werkstätten und Gaststuben.

Den Südermarkt beherrscht die größte von Flensburgs Kirchen, die zwischen 1390 und 1480 errichtete **St. Nikolai-Kirche** [4]. Das nüchterne Äußere spiegelt sich im Innern, etwa in dem Bronzetaufbecken. Verspielt wirkt dagegen der blau-goldene Taufdeckel. Auch die Schauseite der Renaissance-Orgel ist mit filigran geschnitzten Säulen, Posaunenengeln und den Evange-

Das beliebte Fest Dampf-Rundum wird alle zwei Jahre in Flensburg gefeiert

listen geschmückt. Als klingendes Wahrzeichen der Stadt ertönt das Glockenspiel der Kirche um 9, 12, 15 und 21 Uhr (Besichtigung tgl. 9–18, Turmführung Sa 12 Uhr, außerdem Orgelkonzerte sowie A-cappella-Aufführungen des St. Nikolai-Chors und oratorische Werke).

Von der alten Bebauung des Marktes blieben ein Flensburger Kaufmannshaus aus dem 15. Jh. (Nr. 12), das Hauptpastorat der Nikolai-Kirche (Nr. 15) aus dem 18. Jh. und die Fassade des Hauses Nr. 11 (Ende des 16. Jh.) erhalten. Mittwochs und samstags findet ein Wochenmarkt statt.

Der Straßenzug Holm, Große Straße und Norderstraße, das Zentrum der Altstadt, führt nach Norden. An der zum Hafen gelegenen Seite stehen Kaufmannshöfe des 16. bis 18. Jh. Man nannte sie Groschenseite, da dort die reichen Kaufleute wohnten, im Gegensatz zur Fünf-Pfennig-Seite am Hang mit den bescheidenen Häusern der Handwerker.

Zwischen mehreren Boutiquen fallen im Holm immer wieder schöne Häuserfronten auf wie das Portal der 1603 erbauten **Ratsapotheke** 5 (Haus Nr. 13), deren spätbarocke Fassade ein Einhorn ziert, sowie das restaurierte Stadtpalais aus dem 18. Jh. (Nr. 10). Am Ende des Holm führt die Rathausstraße zum **Museumsberg Flensburg** 6. Im Heinrich-Sauermann- und Hans-Christiansen-Haus werden Leben und Kultur des ehemaligen Herzogtums Schleswig dokumentiert. Gezeigt werden Möbel, sakrale Kunstwerke und Bauernstuben des 17. und 18. Jh. sowie Gemälde norddeutscher

Sehenswürdigkeiten

1 St. Johannis
2 Deutsches Haus
3 Hospital und Kloster zum Heiligen Geist
4 St. Nikolai-Kirche
5 Ratsapotheke
6 Museumsberg Flensburg
7 Westindienspeicher
8 Heiliggeistkirche
9 Brasseriehof
10 St. Marien-Kirche
11 Kompagnietor
12 Eckener Haus
13 Duburg
14 Wasserturm
15 Flensborg-Hus
16 Phänomenta
17 Nordertor
18 Museumshafen
19 Schifffahrtsmuseum

Übernachten

20 Hotel Wassersleben
21 Flensburger Hof
22 Hotel Am Wasserturm
23 Hotel Xenia
24 Jugendherberge

Essen und Trinken

25 Borgerforeningen
26 Piet Henningsen
27 Gasthaus Marienhölzung
28 Weinstube Krusenhof
29 Côté Bretagne
30 Café und Weinkeller Vis à Vis
31 Café Extrablatt
32 Cocktailbar Porticus 1740

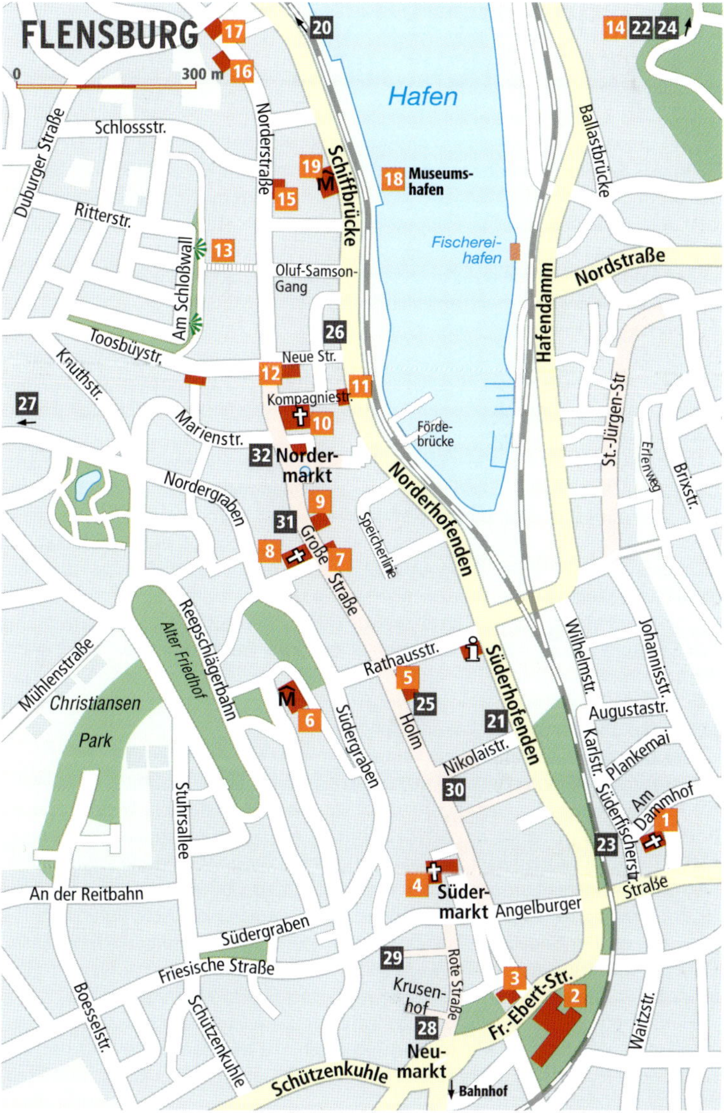
FLENSBURG
0
300 m
Hafen
Museums-
hafen
Fischerei-
hafen
Förde-
brücke
Schlossstr.
Duburger Straße
Ritterstr.
Am Schloßwall
Toosbüystr.
Knuthstr.
Marienstr.
Norderstraße
Schiffbrücke
Oluf-Samson-
Gang
Neue Str.
Kompagniestr.
Norder-
markt
Nordergraben
Große
Straße
Speicherlinie
Norderhofenden
Ballastbrücke
Nordstraße
Hafendamm
St.-Jürgen-Str.
Erlenweg
Brixstr.
Reepschlägerbahn
Alter Friedhof
Mühlenstraße
Christiansen
Park
Rathausstr.
Süderhofenden
Holm
Südergraben
Nikolaistr.
Stuhrsallee
Wilhelmstr.
Johannisstr.
Augustastr.
Karlstr.
Plankemai
Am
Dammhof
Süderfischerstr.
Straße
An der Reitbahn
Süder-
markt
Angelburger
Südergraben
Friesische Straße
Rote Straße
Krusen-
hof
Fr.-Ebert-Str.
Boesselstr.
Schützenkuhle
Schützenkuhle
Neu-
markt
Bahnhof
Waitzstr.

RUM MUSS, ZUCKER KANN, WASSER BRAUCHT NICHT

Im 18. Jh. besaß Flensburg die größte Handelsflotte der Ostsee. Mit der ersten Fahrt des Seglers »Neptunus« 1755 auf die von Dänemark eroberten Jungfern-Inseln begann für die Stadt ein reger Überseehandel, der gut 100 Jahre währte. Neben dem äußerst wertvollen Rohzucker wurden auch Kaffee, Tee, Tabak, Baumwolle und Rum eingeführt.

Der Rohzucker wurde aus Zuckerrohr gewonnen. Dabei fiel Melasse ab, die zu Rum-Maische angesetzt und anschließend destilliert wurde. Zu seinem vollen Aroma und seiner gelblichen Farbe reifte der Rum, mit einem Zusatz aus Karamel, während der langen Lagerung in Eichenfässern auf der Überfahrt und in den Flensburger Kellern. Die Geschmackszusätze hüteten die Kellermeister wie einen Schatz, man weiß nur, es müssen Ananas, Zuckerrohrrinde oder Zimtäpfel dabei gewesen sein.

Im Jahre 1864 endete die dänische Herrschaft über Flensburg und damit auch der Westindien-Handel. Die Flensburger Schiffe steuerten nun unter deutscher Flagge Jamaika an. Von dort importierten sie ›Pure Rum‹, und von dort stammt auch wahrscheinlich der Name des Destillats, der sich aus der Abkürzung von ›Rumbullion‹ oder ›Rumbustion‹ ableitet. Diese Worte für eine »feurige, abscheuliche Flüssigkeit« bedeuten bezeichnenderweise auch Aufruhr und Tumult.

Der frische Rum war für Europäer allerdings ungenießbar. Durch Beimischung von Feinsprit und dem hervorragenden Flensburger Brunnenwasser wurde er daher verschnitten und reifte sodann zu dem unverwechselbaren Markenartikel heran. Er galt als Tröstung gegen alle Unbill der Welt, auf See setzte man ihn zur Aufrechterhaltung der Mannschaftsdisziplin ein.

Der britische Admiral Edward Vernon, der nach seinem Überrock aus grauem Wollstoff, dem ›Grogram‹, den Spitznamen ›Old Grog‹ führte, befahl 1740 auf einer Seereise Rum zwecks Verlängerung mit Wasser zu verdünnen. Dies wurde mit heißem Wasser gemacht, um den Geschmack möglichst zu erhalten. Noch heute heißt dieses im Norden sehr beliebte Heißgetränk Grog. Andere Rumspezialitäten sind der legendäre Pharisäer, die berühmte Feuerzangenbowle, Glühwein und Rumtopf oder auch der ›Angler Muck‹. Der wurde in speziell dafür gefertigten Pötten – im Rummuseum zu sehen – aus Zitronensprudel (0,7 l) und Rum (0,4 l) gemischt. Der Pott kam dann auf den Tisch und jeder konnte sich daraus einschenken. Heute wird anstelle des Rums beim Angler Muck fast überall Korn verwendet.

Heute ist das Rumhaus Johannsen nicht nur das älteste, sondern auch das einzige Haus, das noch in Flensburg produziert. Die Massenherstellung der verschiedenen Rumsorten, Branntweine und Liköre findet in Niedersachsen und Nordrhein-Westfalen statt.

Maler des 19. und 20. Jh. Integriert ist das Naturwissenschaftliche Museum zur Tier- und Pflanzenwelt sowie zur Geologie Schleswig-Holsteins. (Tel. 0461/85 29 56, April–Okt. Di–So 10–17, Nov.–März bis 16 Uhr).

Die Tore der alten Kaufmannshöfe prägen auch die **Große Straße**. Mit fünf Geschossen ist der **Westindienspeicher** 7 aus dem 18. Jh. (Nr. 24) der größte Speicher der Stadt, in dessen Hof einst der Übersee-Rum verschnitten wurde.

Nachdem das zugehörige Spital verlegt wurde, dient die gotische **Heiliggeistkirche** 8 seit 1588 als Gotteshaus für die dänische Gemeinde. Malereien des beginnenden 15. Jh. schmücken die Wände des Hauptschiffs (Besichtigung Mo–Fr 10–12 u. 15–17, Sa 10–12 Uhr). Am Speicher des **Brasseriehofs** 9 (Nr. 42/44) sieht man die alten Aufzugserker und Ladeluken für die Waren. Theodor Storm faszinierte der Hof so sehr, dass er ihn als Schauplatz für seine Novelle »Im Nachbarhaus links« wählte.

Mit dem Nordermarkt ist der zweite, um 1200 begonnene Stadtkern erreicht. Auf dem gemütlichen Platz ist der vom Meeresgott gekrönte Neptunsbrunnen (1758) ein beliebtes Fotomotiv. Aus allen Brunnen der Stadt, aus denen reines klares Grundwasser aufsteigt, kann man trinken.

In den 1595 errichteten Laubengängen, den Schrangen, waren Bäcker- und Schlachterstände aufgebaut. Auch die Gerichtsbarkeit war in Form des Halseisens allgegenwärtig. Die Halterung ist noch an der Schrangenseite zu sehen. Die **St. Marien-Kirche** 10 (1284–1445) besitzt eindrucksvolle Glasfenster und mit dem Epitaph der Familie Beyer die älteste Stadtansicht Flensburgs. Die Orgel von 1732 begleitet die Konzerte des bekannten Bach-Chors (tgl. 10–17, im Winter bis 16 Uhr).

In der Kompagniestraße sieht man den Fachwerkbau des ehemaligen Pastorats von St. Marien (1583) sowie das **Kompagnietor** 11 mit dem Zunfthaus der Schiffer und Kaufleute (1602–04). In der Marienstraße mit über 20 denkmalgeschützten Häusern befindet sich ein Fachwerkhaus des 18. Jh., in dem heute das Orpheus-Theater (Tel. 0461/231 68) Aufführungen zeigt. Das Rumhaus Johannsen gegenüber (vgl. S. 56) besitzt eine ›Hökerei‹ zum Stöbern.

Am Ende der Fußgängerzone steht das **Eckener Haus** 12, das Geburtshaus des Malers Alexander Eckener und des Luftfahrtpioniers Hugo Eckener, der 1924 die erste Atlantik-Überquerung mit einem Zeppelin schaffte.

Der **Oluf-Samson-Gang** ist die sehenswerte ehemalige Wohngasse der Handwerker und Schiffer.

Schräg gegenüber führt die Marientreppe zum Schlosswall und zur Aussichtsplattform hinauf, auf der einst die **Duburg** 13 stand. Weit blickt man über Förde und Hafen, die Stadtteile im Tal und den vasenförmigen **Wasserturm** 14 mit Aussichtsplattform (Mai–Sept. Di–So 10–18, Mo 13–18 Uhr). Die Burg, 1411 bis 1423 von der dänischen Königin Margarethe I. erbaut, war bis 1721 Sitz des dänischen Königshauses. Danach verfiel die Festung und wurde als ›Steinbruch‹ für neue Gebäude benutzt. Auch das **Flensborg-Hus** 15 wurde 1724/25 als Waisenhaus

Blick auf die Flensburger Innenstadt

aus Resten der Burg errichtet, heute dient es als Versammlungsort der dänischen Einwohner.

In dem Experimentalmuseum **Phänomenta** 16 können Besucher etwa 100 Stationen auf vier Stockwerken mit allen Sinnen wahrnehmen. Nicht nur Kinder ›begreifen‹ hier die Grundregeln der Physik. Sonntags um 14 Uhr findet ein Sondervortrag, »Pfiff«, über eines der Phänomene statt (Norderstr. 157–163, Tel. 0461/14 44 90, www.phaenomenta.com, Mo–Fr 9–17, Sa, So 11–18, Juni–Sept. Mo–Fr 10–18, Sa, So 11–18 Uhr).

Das **Nordertor** 17 von 1595 mit auffallendem Treppengiebel ist das Wahrzeichen der Stadt. 200 Jahre lang markierte es die Stadtgrenze.

Am **Museumshafen** 18 liegen etwa 20 Traditionssegler, die einmal im Jahr an der ›Rumregatta‹ teilnehmen. Bei diesem Wettstreit ist der Zweite immer der Erste, der 3 l Rum gewinnt. Der Erste erhält nur einen ›Spottpreis‹. Im ehemaligen Zollpackhaus (1842/43) ist heute das **Schifffahrtsmuseum** 19 untergebracht. Im Keller wird dem Rum eine Abteilung gewidmet (vgl. S. 56, Schiffbrücke 39, Tel. 0461/85 29 70, Di–So 10–17, im Winter bis 16 Uhr).

Die Fördespitze ist Ausgangspunkt der beiden Stadtumweltpfade »Auf der Spur der Natur«. Das Eichhörnchen Kekki erzählt auf Bildtafeln kindgerecht über die Ökologie und die Geschichte Flensburgs. Den Faltplan gibt es kostenlos in der Tourist-Information.

Tourist-Information: Rathausstr. 1, 24937 Flensburg, Tel. 0461/909 0920, Fax 9090936, www.flensburg-tourist.de.

Hotel Wassersleben 20: Wassersleben 4, Flensburger Förde, Tel. 0461/774 20, Fax 7742133, www.hotel-wassersleben.de. 4,5 km von Flensburg entfernt, Terrasse am Wasser, Frühstücksbuffet. 110–120 €.

Flensburger Hof 21: Süderhofenden 38, Tel. 0461/14199-0, Fax 1419999, www.flensburger-hof.de. Gemütliches Stadthotel, Nichtraucherzimmer. 99 €.

Hotel-Restaurant Am Wasserturm 22: Blasberg 13, Tel. 0461/3150600, Fax 312287, www.hotel-restaurant-am-wasserturm.de. Ruhig, am Landschaftsschutzgebiet, mit Schwimmbad und Sauna. 85–95 €.

Hotel Xenia 23: Süderfischerstr. 2, Tel. 0461/22968 u. 22539, Fax 20972, www.hotelxenia.de. Ruhig, zentral, in einer netten Straße. 73 €.

Jugendherberge 24: Fichtestr. 16, Tel. 0461/37742, Fax 312952. 12,20–14,10 €.

Borgerforeningen 25: Holm 17, Tel. 0461/23385, So u. feiertags geschl. Schleswig-Holsteinische Spezialitäten. 10–18 €.

Piet Henningsen 26: Schiffbrücke 20, Tel. 0461/24576, kein Ruhetag. Feinschmecker-Fischrestaurant, 1886 als Kneipe für Fahrensleute eröffnet. Allerlei Souvenirs von den großen Fahrten schmücken die Wände. 10–18 €.

Gasthaus Marienhölzung 27: Marienhölzungsweg 150, Tel. 0461/582249, Mo Ruhetag. Im Schatten 200-jähriger Eichen. 9–16 €.

Weinstube Krusenhof 28: Rote Str. 24, Tel. 0461/12876, So u. Mo Ruhetage. Kleine Stube mit urigem, gemütlichem Ambiente. 8–12 €.

Côté Bretagne 29 : Rote Str. 14 (im Hof), Tel. 0461/50508234, So Ruhetag. Gemütlich; bretonische Köstlichkeiten, auch zum Kaufen, Crêpes u. Buchweizen-Pfannkuchen. 3–9 €.

Café und Weinkeller Vis à Vis 30: Holmhof 43, Tel. 0461/12515, So Ruhetag. In einem der alten Höfe, Torten aus eigener Herstellung. 6–10 €.

Café Extrablatt 31**:** Große Str. 61, Tel. 0461/1829874. Modern und gemütlich. Pasta, Pizza und Salate.

Cocktailbar Porticus 1740 32: Marienstraße. 1, Tel. 0461/21285, ab 17, Sa u. So ab 20 Uhr. Cocktails für jeden Geschmack. 4,50–6,50 €.

Marineschule Mürwik: Kelmstr. 14, Tel. 0461/3172993, Di 14–19 Uhr, Eintritt frei. Marine-Geschichte Flensburgs im Offiziers-Ausbildungszentrum (Personalausweis nicht vergessen).

Flensburger Brauerei: Munketoft 12, Tel. 0461/863122, mit Führung, Anmeldung erforderlich, 5 €.

Kapitänsweg: Er begleitet einen Kapitän aus dem 19. Jh., der nach dem Einlaufen Vieles zu erledigen hat (4,8 km). Den ›Wegweiser‹ mit einer Geschichte gibt es im Schifffahrtsmuseum oder Tourist-Büro (1,50 €).

Salondampfer »Alexandra«: Schiffbrücke 22, Tel. 0461/21232. Das älteste Dampfschiff der Fördeflotte läuft immer noch von Mai–Sept. zu Fördefahrten aus. 3,50–7 €.

Fördefahrten: Rundfahrt mit MS Moewe, Tel. 0461/62945; nach Glücksburg mit MS Nordertor, Tel. 61710; nach Kollund mit MS Feodora, Tel. 49358-63.

Danfoss Universe: Nordborg/Dänemark (ca. 45 km), www.danfossuniverse.com. Mai–Okt. tgl. 10–18 Uhr. Park voller interessanter Natur- und Wissenschaftsphänomene zum Anfassen u. Ausprobieren. 14–15 €.

Folk Baltica: 2 Wochen vor Himmelfahrt, Folk-Festival, Hauptspielort »Alte Post«.
Rum-Regatta: Ende Mai, internationale Oldtimer-Regatta mit Gaffelmarkt.
»Dampf-Rundum«: 2. Juli-Wochenende, mit alten Dampfschiffen und -maschinen, alle zwei Jahre im Wechsel mit **»Tumelum«**, Stadtfest mit Kultur.
Hofkultur: Mitte Juli–Aug., Konzerte, Theater, Kabarett unter freiem Himmel in den alten Kaufmannshöfen.
Nautics: Mitte August, alle 2 (geraden) Jahre, Regatten mit Windjammern, Gaffelseglern u. klass. Segelyachten, großes Rahmenprogramm.
Flensburger Kurzfilmtage: Ende Aug., Filme aus deutschsprachigen Ländern und aus Dänemark.
Apfelfahrt: Okt., die Museumsschiffe fahren Obst von Glücksburg nach Flensburg, wo es verkauft wird.

Der Ochsenweg

Auf der alten Nord-Süd Fernverbindung machten sich die Händler seit dem 14. Jh. mit Ochsen auf zu den Märkten im Süden und noch früher zu Kriegszügen (daher auch Heerweg). Heute kann man mit Hilfe zweier Karten (Ochsenweg, Maßstab 1:75 000) den historischen Weg von Jütland über Flensburg bis Jevenstedt und dann parallel bis Uetersen bzw. Wedel auf über 500 km radelnd erkunden. Der Esterbauer Verlag (bikeline) deckt die Strecke von Viborg nach Hamburg ab, die Bielefelder Verlagsanstalt den deutschen Abschnitt.

Grenzübergang Schusterkate nach Dänemark, ein 2,5 km langer Wanderweg führt nach Kollund (Ausweis nicht vergessen), rund um die Uhr.
Flughafen Schäferhaus: 4 km westl. der Stadt an der B 199, Rundflüge über Flensburg und Umgebung sowie Chartermöglichkeiten, Flugleitung Tel. 0461/917 00.

Glücksburg

Reiseatlas: S. 232, B 1
Dem seit 130 Jahren anerkannten Seebad (6000 Einwohner) verleihen die Nähe eines Waldes und die Umgebung mit Teichen und Sümpfen zusätzlich die Qualität eines Luftkurorts. Das Kurzentrum liegt an der Strandpromenade mit einem Fähranleger, Restaurants und dem Badestrand von Sandwig. An dessen südlichem Ende sind die Boote der Hanseatischen Yachtschule vertäut, der größten und traditionsreichsten Segelschule Deutschlands (Tel. 04631/600 00, www.dhh.de). Dort können auch Eltern mit Kindern einen Segelkurs belegen.

Ein Historischer Pfad führt durch den Stadtkern entlang der Collegiums- und Rathausstraße und um das Schloss mit Schinderdamm, wo einst der Galgen stand, Hardesvogtei (heute Kronenapotheke), altem Pastorat und der Königseiche. Informationstafeln kennzeichnen die Stationen.

Im **Menke-Planetarium** kommt man den Geheimnissen der Sternenwelt auf die Spur. Vom Jachthafen geht es über eine Holzbogenbrücke zum Flensburger Staatsforst mit Wanderwegen.

Das ›Märchenschloss‹ Glücksburg

Das Glücksburger Schloss

Das strahlend weiße Wasserschloss mit achteckigen Türmen wirkt wie aus einem Märchenbuch. Ein schmaler Damm führt zum Portal, über dem Herzog Johann von Schleswig-Holstein-Sonderburg die Initialen GGGMF (Gott gebe Glück mit Frieden) anbringen ließ (Tel. 04631/22 43, Nov.–April, Sa, So 10–17, Mai–Sept. 10–18, Okt. Di–So 10–16.30 Uhr).

Der Wohnsitz der Herzöge bis 1824 spielte in der Geschichte des Landes immer eine wichtige Rolle. Zwischen 1582 und 1587 wurde das Schloss aus den Resten des Zisterzienserklosters Rude erbaut. Nach der Rückgabe an die dänische Krone 1854 wählte König Friedrich VII. das Schloss zu seiner Sommerresidenz.

Das Schloss ist noch im Besitz der herzoglichen Familie. Ein Teil der Räume sowie die romantische Schlosskapelle – beliebt für Trauungen und Taufen – können besichtigt werden. Besucher gleiten in Riesenpantoffeln durch die fürstlichen Räume, damit der 400 Jahre alte Fichtenholz-Fußboden geschont wird. Eindrucksvoll ist der Weiße Saal mit Ledertapeten und Gobelins aus dem 18. Jh.

Im **Rosarium** des Schlossgartens leuchtet und duftet im Sommer die üppige Blütenpracht der über 500 verschiedenen Rosenarten (Am Schloßpark 2b, Tel. 04631/601 00, www.rosen-jensen.de, 15. 5.–30. 9. 10–18 Uhr, Verkauf von Pflanzen, Büchern und Dingen rund um die Rose).

Entlang zweier archäologischer Wanderwege passiert man im Waldgebiet Friedeholz Grabmonumente der jüngeren Stein- und der Bronzezeit. Der 2 km lange Waldlehrpfad erklärt die Nutz- und Schutzfunktion des Waldes. Au-

artefact

Im sogenannten Powerpark **artefact** bei Glücksburg erfährt man alles über Solar- und Windenergie. Besucher dürfen selbst Hand anlegen an Pumpen, dem ›Heißen Ofen‹, an der ›Kraftleier‹ oder der ›Kraftrampe‹. Nach vorheriger Anmeldung kann man auch Spielzeug aus Draht und Getränkedosen oder einen Stromkreis aus Solarzellen bauen (Bremsbergallee 35, 24960 Glücksburg, Tel. 04631/611 60, Fax 61 16 28, www.artefact.de, 1.4.–31.10. Mo–Fr 9–18, Sa, So 10–18 Uhr).

ßerdem gibt es Wildgehege und einen Abenteuerspielplatz. Eine Wander- und Radkarte erhält man in der Tourist-Information oder den Buchhandlungen von Glücksburg.

Tourist Service Center: Schloss Glücksburg, 24960 Glücksburg, Tel. 01805/60 06-70, Fax 04631/60 07 99, www.gluecksburg.de.

Alter Meierhof Vitalhotel: Uferstr. 1, Tel. 04631/619 90, Fax 61 99 99, www.alter-meierhof.de. Vier-Sterne-Wellness-Hotel mit großem Fitnessbereich. 224–306 €.
Strandhotel Glücksburg: Kirstenstr. 6, Tel. 04631/614 10, Fax 61 41 11, www.strandhotel-gluecksburg.de. Am Strand, hier übernachtete schon Thomas Mann, Sauna, Dampfbad. 120–145 €.
Hotel Intermar: Fördestraße 2–4, Tel. 04631/490, Fax 495 25, www.intermar.de. Am Strand, Steg zum Dampfer, Meerwasserhallenbad, hervorragende Küche. 122–136 €.
Reich's Hotel: Sandwigstr. 17, Tel. 04631/24 89, Fax 62 22 46, www.hotel-gluecksburg.de. Familiäre Atmosphäre. Ab 73 €.
Pension Jepsen: Sandwigstr. 12, Tel. 04631/40 920, Fax 40 92 20, www.pension-jepsen.de. Oberhalb der Strandpromenade. 60–70 €.

Camping
Schwennau: Schwennaustr. 41, Tel. 04631/26 70, www.hallo-schwennau.de. Am Meer, mit kleinem Restaurant.
Förde Camping Bockholmwik, Tel. 04631/20 88, Fax 985, www.foerdecamping.de. Am Meer, Mietwohnwagen, Sauna, Tischtennishalle.

Restaurant Sprotte: Strandpromenade, Tel. 04631/35 63. Nov.–15.3. nur Sa u. So geöffnet. Kinderteller zum Nulltarif (bis zu 10 Jahren). 12–16 €.
Café-Restaurant Quellental: Tel. 04631/85 49, geöffnet Ostern–Okt., Mo Ruhetag. Nettes Waldlokal, vor dem die Adelheid-Quelle sprudelt. 8–20 €.
Rosen-Café: Am Schloßpark, Tel. 04631/60 10 21, in der Nebensaison Mo Ruhetag. Gemütlich mit Blick auf das Rosarium, hausgemachter Kuchen.

Nordic Fitness Park: Fünf Streckenlängen von ca. 3–9 km. Start am Info-Point an der Promenade. Stöcke werden gestellt. Am Wochenende werden auch Schnupperkurse angeboten, ca. 1,5 Std., 9 € (Anmeldung unter Tel. 0461/278 46).
Menke-Planetarium und Sternwarte: Fördestr. 35, Tel. 0461/805 12 73, Fax 805 12 72, www.fh-flensburg.de/planetarium.html. Di 19.30 Uhr, jeden zweiten Di auch 16 Uhr Astronomie für Kinder. Regelmäßige Vorführungen und Vortragsveranstaltungen.

Die Flensburger Förde

Durch das Friedeholz führt ein Wanderweg zum nördlichsten Zipfel Deutschlands, der die Flensburger Förde in die Innen- und Außenförde teilt. Dänemark liegt zum Greifen nah, doch ist die Förde auch an der schmalsten Stelle zwischen Holnis und Brunsnæs noch 1750 m breit.

Halbinsel Holnis

Reiseatlas: S. 232, B 1
In den 20er Jahren des 20. Jh. wurde das Holnis Noor trockengelegt. In diesem Naturschutzgebiet gibt es inzwischen wieder Salzwiesen, die zahlreiche Vogelarten als Brutstätte nutzen. Vor allem die Kolonie der Uferschwalben im Kliff an der Westseite ist sehenswert. Im Nordwesten des Naturschutzgebiets kommt man nach Schausende mit dem gleichnamigen Leuchtturm und dem Jachthafen.

Holnis

Reiseatlas: S. 232, B 1
Der ehemalige Fährort war einst Durchgangsstation auf dem Verkehrsweg von Angeln nach Dänemark. Der Fährbetrieb wurde 1875 nach dem Ausbau des Straßen- und Eisenbahnnetzes überflüssig. Der Weg zum Fährhaus von 1824, das heute ein Restaurant und Hotel beherbergt, steigt stetig an und fällt dann hinter dem Haus steil zum Wasser hin ab.

Die Außenförde südlich von Holnis ist ein Surferparadies mit starkem Wind. Der ausgedehnte, gepflegte Badestrand (FKK im nördlichen Teil) mit feinem Sand ist wegen des flachen Einstiegs ins Wasser auch ideal für kleinere Kinder. Eine gemütliche Promenade trennt den Strand von der Straße.

Hotel und Café-Restaurant Fährhaus Holnis: Halbinsel Holnis, Tel. 04631/613 30, Fax 61 33 45, Di Ruhetag. In einer originalen Angeliter Hofanlage. Ab 80 €.
Strandhotel Café Drei: Halbinsel Holnis, Drei 5, Tel. 04631/610 00, Fax 61 00 37, www.cafe-drei.de. Am Strand, ruhig. Ab 78–90 €.

Das Tal der Langballigau

Reiseatlas: S. 232, B 1
Sanfte Hügel, ein Buchenwald und der Bach Langballigau gehören zu dem Naturschutzgebiet, das zum Meer hin in einem bis 30 m hohen Kliff endet. Im Frühjahr und Herbst ist Vorsicht gebo-

Theodor-Fontane-Wanderweg

Der rund 9,5 km lange Theodor-Fontane-Wanderweg (Nr. 1, rot markiert) umfasst die Nordspitze der Halbinsel Holnis. Er führt vom Ortsteil Drei entlang der Außenförde vorbei am Fährhaus Holnis, dem bis 20 m hohen Steilufer der Innenförde, dem Holnis-Hof, einer ehemaligen Ziegeleivilla, dem Holnis Noor und dem Leuchtturm Schausende zum Neu Pugumer See mit einer der größten Kormorankolonien zurück nach Drei.

Koniks

Eine Attraktion im **Naturschutzgebiet Geltinger Birk** sind Koniks, ausgewilderte Hauspferde, die von den osteuropäischen Tarpanen abstammen. Unbeeinträchtigt von Wanderern ziehen sie durch das Gebiet und erhöhen durch ihr Fressverhalten die Vielfalt von Pflanzen, Vögeln und Insekten sowie einigen Gehölzen. Man kann sie mit Glück und Geduld vom Wanderrundweg beobachten, sollte sie aber nicht locken, um das Projekt nicht zu gefährden.

ten. Wenn die Tonschichten des Kliffs durch zu viel Feuchtigkeit breiig werden, können Teile des Hanges abrutschen, sodass man das Ufer dann an manchen Stellen nur überklettern kann.

Im überwiegend naturbelassenen Tal blühen zahlreiche bedrohte Pflanzenarten wie Schachtelhalm, Orchideen, Sumpfdistel und Sumpfdotterblume. Zugvögel wählen das Gebiet als Winterrastplatz, da es hier für sie – wie auch für Kröten, Frösche und Eidechsen – reichlich Nahrung gibt.

Der Hafen von Langballigau in einer kleinen Bucht hat sich vom Fischer- zum modernen Seglerhafen entwickelt, in dem im Sommer und an Wochenenden viel Betrieb herrscht. Vom Restaurant Fährhaus Langballigau kann man das Geschehen in Hafen beobachten. Am späten Nachmittag bieten Fischer den frischen Fang zum Kauf an.

Am Südzipfel des Tals der Langballigau liegt **Unewatt,** ein bewohntes Landschaftsmuseum. Zwischen den Häusern der etwa 140 Einwohner entstanden vier ›Museumsinseln‹ mit Bauernhaus, Meierei und Scheune, in denen man viel über das Leben im 19. Jh. erfahren kann (Unewatter Str. 1a, Tel. 04636/10 21, www.museum-unewatt.de. Mai–Sept. Di–So April und Okt. Fr–So 10–17 Uhr, Nov.–März geschl.). Im Süden überragt der Gallerie-Holländer Fortuna von 1878 das Dorf, der noch bis 1967 als Kornmühle lief.

Etwa 50 m vor dem Badestrand von **Dollerupholz** ragt der mit über 100 t Gewicht größte Findling der Flensburger Förde, der sagenumwobene Fünenstein, aus dem Meer. Vom Parkplatz führt ein steiler, kurzer Weg hinab zum naturbelassenen Strand.

Hotel Silbermöwe: Langballigau, Strandweg 1, Tel. 04636/16 46, Fax 16 58. Am Strand, mit Bierstube. 43–53 €.
Heuhotel Hof Reumoos: Grundhof, Willewattstr., Tel. 04636/380, Fax 14 14. Schlafen im Heu in kuscheligen Kammern. Schlafsack mitbringen. 11–13 €.

Camping
Langballigau: Strandweg 3, Tel. 04636/308, Fax 653, www.campingplatz-langballigau.de. Eigener Angelsee. 1.4.–31.10.

Fährhaus Langballigau: Tel. 04636/83 31. Schöne Aussicht auf Hafen und Fähre, guter Kuchen. 9–15 €.
Restaurant Molenstübchen: Langballigau, Am Hafen 9, Tel. 04636/97 75 59, Okt.–Mai Do–Mo. Gemütliches Restaurant am Naturstrand. 8–13 €.
Restaurant Westerholzmühle: Westerholz, Tel. 04636/97 66 97, Fax 97 66 99.

Fischspezialitäten, vor allem heimischer Wildlachs, bekannt auch durch die Fernsehserie »Der Landarzt«. 7–13 €.
Gasthaus Unewatt: Unewatter Str. 8, Tel. 04636/17 55, Mo Ruhetag. Regionale Küche.10–18 €.

Steinberger Au

Reiseatlas: S. 232, C 1/2
Die Niederung der Steinberger Au ist durch Abdeichung von einer Sumpflandschaft zu Grünland geworden. Von den umliegenden Höhen hat man einen weiten Blick auf die Halbinsel Broager und die dänische Insel Alsen mit Sonderburg und dem Schloss.

Von der Steinberger Au lohnt sich ein Abstecher auf den 70 m hohen Scheersberg. Inmitten eines kleinen Parks wurde 1903 der fast 30 m hohe und schönste **Bismarckturm** des Landes errichtet. Das ehrgeizige Projekt überstieg im Jahre 1903 die finanziellen Möglichkeiten der Gemeinde, sodass die Bevölkerung zu Spenden aufgerufen wurde. Von der Plattform in etwa 19 m Höhe hat man einen weiten Blick auf die Geltinger Birk, die Ostsee, die Fröruper Berge und Flensburg. Der Schlüssel für den Turm wird in der Gaststätte »fit in« gegenüber aufbewahrt (Mo–Fr 8.30–22, Sa 9–17, So 10–18 Uhr, Tel. 04632/290).

Die Geltinger Birk – eines der schönsten Naturschutzgebiete Schleswig-Holsteins

Die Geltinger Bucht

Geltinger Birk

Reiseatlas: S. 233, D 1/2

Die Geltinger Birk, eines der schönsten Naturschutzgebiete des Landes, liegt am Übergang der Flensburger Außenförde zur Ostsee. Das ganze Jahr über setzen hunderte von Pflanzenarten Farbtupfer und bieten einer reichhaltigen Fauna Lebensraum. In den Dünen, Salzwiesen und verlandeten Schilfsümpfen rasten rund 170 nordische Vogelarten. Vier Wanderwege (3–13 km) sowie ein Reitweg führen inzwischen auch quer durch die Birk.

Ausgangspunkt ist meist der Parkplatz neben der ehemaligen Müllerkate von 1869 und der **Mühle Charlotte** vom Anfang des 19. Jh., die einst das Beveröer Noor entwässerte. Man wandert durch eine bizarre Landschaft mit stark gebeugten Bäumen, Windflüchter genannt, zunächst bis zur Schutzhütte des Naturschutzbundes (incl. WC, Tel. 04643/18 94 74) in etwa 30 Minuten. Von dort führen zwei große Rundwanderwege über die Birkspitze bis zum rot-weiß geringelten **Leuchtturm Falshöft** von 1908/09. Er ist nicht mehr in Betrieb, aber man kann ihn besichtigen (Führung mit Herrn Siegfried Issel) und sich auch dort trauen lassen.

In der ehemaligen Lotsenstation hat das neue Zentrum mit Informationen zu Schutz und Entwicklung der Birk eröffnet (Tel. 04643/18 60 90). Von dort oder der Nabu-Hütte werden naturkundliche Führungen angeboten. Im Juli und August ist der Rückweg auch mit Kutsche möglich.

Camping Seehof: am Leuchtturm Falsthöft, Tel. 04643/693, Fax 32 69, www.camping-seehof.de. April–Okt. Behindertengerecht, am Naturstrand.

Café Lichthof: Falsthöft 29, am Leuchtturm, Tel. 04643/13 54, Mo Ruhetag. Selbst gebackener Kuchen und Brot mit hausgemachtem Aufstrich, sehr idyllisch.

Gelting

Reiseatlas: S. 233, D 2

Gelting, etwas abseits der Küste, gilt als der erste Kneippkurort an der Ostsee. Im Bürgerpark empfiehlt sich ein Wassertretbecken.

Die in Grau-,Blau-, Weiß- und Goldtönen ausgemalte Kirche der Hl. Katharina mit abseits stehendem hölzernem, schindelgedecktem Glockenturm wurde kurz nach 1300 erbaut und 1793/94 umgestaltet. Den Innenraum beherrschen ein mächtiger Schaualtar mit einem Kreuzigungsbild aus dem 16. Jh., eine prächtig geschnitzte Taufe aus dem Jahre 1653 sowie Adelslogen. Sehenswert ist das Gemeindehaus beim Pastorat, ein Fachwerkbau von 1733.

Tourist-Information Gelting: an der B 199, 24395 Gelting, Tel. 04643/777, Fax 442, www.ferienlandostsee.de.

Geltinger Pesel: Norderholm 9, Tel. 04643/27 91, ab 16 Uhr. Hausgemachte Pizza, Kaffee/Biergarten. 8–14 €.
Café-Restaurant Sonne und Meer: Mole 1, Tel. 04643/18 57 71, Di geschl. Schöne Sicht auf den Hafen, Fischgerichte. 7–15 €.
Café Roland: Süderholm 13, Tel. 04643/26 02. Mit eigener Bäckerei.

SCHLESWIG UND DIE SCHLEI

Schleswig ist eine Stadt der Kontraste: geduckte Fischerhäuschen, Prachtbauten, enge Gassen, ein weiter Klostergarten. Und rund um Schleswig Idylle an der Schlei: Feldsteinkirchen, Windmühlen, Fähren, Brücken und Reetdachhäuser.

Schleswig und Umgebung

Reiseatlas: S. 232, B 4

Schleswig zählt zu den ältesten Städten Nordeuropas – ein Zentrum der Kultur und eine wahre Fundgrube für Kunstfreunde, vor allem durch den Dom mit dem Bordesholmer Passionsaltar von Hans Brüggemann und das Schloss Gottorf, das im 17. Jh. geistiger und künstlerischer Mittelpunkt des Landes war.

Im 19. Jh. wurde die Stadt eines der Zentren der deutsch-nationalen Bewegung. Ihre Ideen verkörperte das Schleswig-Holstein-Lied, das am 27. 7. 1844 auf dem deutschen Sängerfest zum ersten Mal erklang. Das 1894 in der Michaelisallee errichtete Bellmann-Chemnitz-Denkmal erinnert an den Texter und den Komponisten dieser Hymne. Heute ist Schleswig mit knapp 25 000 Einwohnern eine beschauliche Kreisstadt mit einer belebten Fußgängerzone.

Vom Dom in der Altstadt führen enge Kopfsteingassen in die malerische Fischersiedlung Holm bis zum St. Johannis-Kloster mit einem idyllischen Garten.

St. Petri-Dom

Weithin ist die grün-blaue Turmspitze des **St. Petri-Doms** [1] sichtbar. Bis etwa 1270 wurde die romanische Basilika zur gotischen Hallenkirche umgebaut, danach noch bis Ende des 15. Jh. erweitert. Im Norden des Doms fügte man den Schwahl (dän.: kühl) an, einen Prozessionskreuzgang (1310–20) mit Wandmalereien zur Lebensgeschichte Jesu. Die Sakristei im Norden des Chores wurde um 1660 zur Fürstengruft der Herzöge von Gottorf umgestaltet. Man betritt den Dom durch das Petri-Portal (um 1180).

Mit über 12,5 m Höhe und 7 m Breite ist der Bordesholmer Passionsaltar nicht nur von den Ausmaßen her eindrucksvoll, sondern vor allem durch die fast 400 Darstellungen. Innerhalb von sieben Jahren (1514–21) schnitzte Hans Brüggemann die Figuren, die den meist leseunkundigen Gläubigen die Leidensgeschichte Jesu erzählen. Um die Mimik gut erkennen zu können, ist ein Fernglas hilfreich. Von Brüggemann stammt auch der hl. Christophorus (um 1500), dessen ausdrucksstarkes Gesicht aus 4,5 m Höhe auf die Betrachter herabblickt.

Im Stil Rembrandts und van Dycks entstand das eindrucksvolle Barockgemälde »Blaue Madonna« des Hofmalers Jürgen Ovens (1483). Aus dem Mittelalter stammt die Dreikönigsgruppe (um 1300). Die lebensgroße Figur der Maria mit dem Kind, umrahmt von den Heilgen Drei Königen, besticht durch ihren lieblichen Gesichtsausdruck und das mit reichem Faltenwurf gestaltete Gewand. Zur niederländischen Renaissancekunst zählen das marmorweiße Freigrabmal König Friedrich I. von Dänemark in der Nordkapelle sowie die reich geschnitzte Kanzel aus dem Jahre 1560 (Besichtigungen außerhalb kirchlicher Veranstaltungen Mai–Sept. So 13.30–17, Mo–Sa 9–17 Uhr, Okt.–April 10–16 Uhr, von Juni–Sept. finden Mi Orgel- und auch Chorkonzerte statt, Tel. 04621/ 96 30 54).

Adelshöfe und ein Kloster

In unmittelbarer Nähe des Doms blieben die stattlichen Häuser ehemaliger Bediensteter von Schloss Gottorf erhalten. Zu deren ältesten gehört das **Königsteinsche Palais** [2], das ursprünglich Bischofssitz war und inzwischen das Landesbauamt beherbergt.

Etwa 300 Jahre älter (1798) ist der **Plessenhof** [3], in dem heute die Tourist-Information untergebracht ist. Der aus dem 16./17. Jh. stammende **Hattenhof** [4] wurde als Waisenhaus bzw. Domschule genutzt.

Der schmale Apothekergang führt zum Zentrum der Altstadt, dem **Rathausmarkt** [5]. In der Mitte fügt sich der moderne Brunnen des Glücksburger Künstlers Siegbert Amler (1929) sehr gut in den gemütlichen Platz ein. Drumherum gibt es Gastronomie zum Verweilen sowie eine Keramikstube in der 1517 erbauten, ehemaligen Hofapotheke.

Das klassizistische **Rathaus** [6] (1794/95) wurde auf den Fundamenten der Franziskanerkirche St. Paul vom Anfang des 13. Jh. errichtet (Tel. 04621/ 81 49, Besichtigung Mo–Fr 8.30–12, Do 14.30–18 Uhr). Das angrenzende Kloster mit mittelalterlichen Fresken ruht auf Resten des dänischen Königshofs aus der Mitte des 12. Jh. Wegen der grauen Mönchskutten nannten es die Schleswiger Graukloster.

Der Holm

Der Stadtteil an der Schlei war noch bis 1935 eine Insel, wurde dann jedoch

Sehenswürdigkeiten

1 St. Petri-Dom
2 Königsteinsches Palais
3 Plessenhof
4 Hattenhof
5 Rathausmarkt
6 Rathaus/Graukloster
7 Holmer Kapelle
8 Holm-Museum
9 St. Johannis-Kloster
10 Wiking-Turm
11 Präsidentenkloster
12 Schleswig-Holsteinische Landesmuseen Schloss Gottorf
13 Volkskunde-Museum
14 Oberlandesgericht
15 Prinzenpalais
16 Gründerothscher Hof (Städtisches Museum)
17 Wikinger-Siedlung Haithabu

Übernachten

18 Hotel-Restaurant Waldschlösschen
19 Strandhalle
20 Hotel Alter Kreisbahnhof
21 Zollhaus
22 Bed & Breakfast am Dom
23 Hotel Schleiblick
24 Jugendherberge
25 Wikinger-Campingplatz Haithabu

Essen und Trinken

26 Dom-Restaurant und Café
27 Fischrestaurant Schleimöwe
28 Ringelnatz
29 Patio
30 Holm-Café
31 Café Canapé

Blick auf den Schleswiger Dom

durch einen Damm mit dem Festland verbunden. Viele der meist einstöckigen Fachwerk- oder Backsteinhäuser aus dem 18./19.Jh. besitzen ›Utluchten‹ (ebenerdige Erker) und geteilte, auch nur oben zu öffnende ›Klöndören‹, die zu einem Schwätzchen (Klönschnack) mit Passanten einladen.

Mittelpunkt des Holm ist die **Kapelle** 7 von 1876, umgeben von dem runden, von Linden umstandenen Friedhof. Er gehört der ›Holmer Beliebung‹, einer 1650 gegründeten Totengilde. Alljährlich wird zwei Wochen nach Pfingsten mit Umzügen der neue Ältermann gewählt.

Ende August lohnt sich ein Besuch, wenn ausgemusterte Fischerkähne bei der Twiebakken-Regatta um die Wette segeln. Der Name verweist auf den Trostpreis des Verlierers: eine Packung Zwieback. Wer mehr über die Geschichte von Holm wissen möchte, findet Antworten im **Holm-Museum** 8 (Süderholmstr. 2, tgl.10–18 Uhr).

St. Johannis

Das ehemalige Benediktinerinnenkloster **St. Johannis** 9 liegt in einem Park an der Schlei. Aus der Bauzeit zwischen 1200 und 1230 existieren noch der Kapitelsaal sowie der Speisesaal und das mit geschnitzten Ranken und Fabelwesen verzierte Chorgestühl. Nach mehreren Umbauten dienen die Gebäude seit dem 16. Jh. als Stift für unverheiratete Adelstöchter. Heute werden Teilbereiche als Wohnung vermietet.

Die im späten 12. Jh. errichtete Kirche des Klosters ist eines der ältesten

Gotteshäuser der Stadt. An sie grenzt der mittelalterliche Kreuzgang mit Innenhof. Einen Teil der Anlage nimmt ein Bibelgarten ein. Auf dem Klosterfriedhof wurde Carl Gottlieb Bellmann begraben, der Komponist des Schleswig-Holstein-Liedes. (Besichtigung nach Absprache , Tel. 04621/242 36).

Schlei-Ufer und Möweninsel

Vom Holmer Hafen schaut man hinüber zum fast 90 m hohen **Wiking-Turm** 10, der in den 70er Jahren des 20. Jh. in die Schlei hineingebaut wurde – ein Stein des Anstoßes. Vom Café im 26. Stockwerk hat man jedoch den schönsten Blick auf die Stadt und die Schlei mit der Möweninsel.

Die Möwen sollen der Sage nach die Geister Herzog Abels und seiner Gefolgsleute sein, die dessen Bruder, König Erich (Plogpenning), ermordet hatten und daher ruhelos auf ewig umherfliegen müssen. Noch nach 1850 gab es jedes Jahr im Mai das Möwenschießen, um den Bestand in Grenzen zu halten und um besser an die als Delikatesse geltenden Eier heranzukommen. Heute dürfen die Eier jedoch wegen zu hoher Schadstoffbelastung nicht mehr verkauft werden. Den ›Möwenschiss‹ gibt es in den Schleswiger Kneipen immer noch: ein Glas Schnaps, das mit einer Scheibe Wurst und einem Senfklecks serviert wird.

Im Norden des Doms

Am Anfang der Lange Straße fällt ein Giebelhaus aus dem 18. Jh. (Nr. 11) mit Barockportal auf, kurz dahinter leuchtet die rote Fassade des Arboschen Hauses (Nr. 9) aus dem Jahre 1735. Das Freinssche Haus (Gallberg 3) wurde 1663 für den herzoglichen Kellermeister, der ehemalige Schmiedenhof (Gallberg 4) ein Jahr später erbaut.

Im Übergang zwischen Lange Straße und Gallberg zweigt die Fußgängerzone ab. Das **Präsidentenkloster** 11, ein Armenstift aus dem Jahre 1656, beherbergt heute ein Museum für Outsiderkunst mit Werken psychisch kranker Menschen (Mi u. Do 14.30–17.30 Uhr).

Schloss Gottorf

Wie eine Bastion erhebt sich das **Schloss Gottorf** 12 aus dem Burgsee. Es entwickelte sich von der Wasserburg Bischof Occos (um 1161) zum größten Schloss Schleswig-Holsteins und für Jahrhunderte zum Regierungssitz des Landes, an dem nordeuropäische Geschichte geschrieben wurde. Vor allem unter Herzog Johann Adolf von Schleswig-Holstein-Gottorf (1544-86) sowie Friedrich III. entfaltete sich das Schloss zum kulturellen Zentrum, in dem Wissenschaft und Kunst gefördert wurde. Während ihrer Regierungszeit entstanden die große Gottorfer Bibliothek sowie 1635 der Weiße Saal und zehn Jahre später der Blaue Saal, beide mit prachtvollen Stuckaturen geschmückt.

Ab 1713 fiel das Schloss an die dänische Krone und somit in die politische Bedeutungslosigkeit. Die Ausstattung wurde in dieser Zeit weitgehend nach Kopenhagen transportiert.

Im 19. Jh. saß das Militär im Schloss und baute Stallungen und Mannschaftsquartiere an. Nach 1945 zog die **Stiftung Schleswig-Holsteinische Landesmuseen** in Schloss Gottorf ein, mit Archäologie sowie Kunst- und Kulturgeschichte aus sechs Jahrhunderten (Tel. 04621/81 32 22, April–Okt. tgl. 10–18 Uhr, Nov.–März Di–Fr 10–16, Sa u. So bis 17 Uhr).

Besondere Attraktionen sind die Moorleichen aus dem Windebyer Moor bei Eckernförde, das Nydam-Ruderschiff aus der Wikingerzeit (320), das älteste bekannte Hochseeschiff Nordeuropas sowie die Gutenberg-Bibel von 1452/54. In den ehemaligen Stallungen sind die klassische Moderne sowie zeitgenössische Kunst vertreten.

Im wiedererstandenen, nördlich der Schlossinsel gelegenen Barockgarten (Neuwerk) l, dreht sich die Nachbildung der begehbaren, historischen Weltkugel von Adam Olearius, die 1714 dem russischen Zaren zum Geschenk gemacht wurde (Führungen und Fahrten im Globus Nov.–März am jeweils letzten Wochenende im Monat 10–16, April–Okt. tgl. 10–18 Uhr; Sa, So 10,50–13 €, Di, Mi, Do 7,50–10 €, Mo, Fr 6,50–9 €).

Im ehemaligen Futter- und Proviantlager auf dem Hesterberg befindet sich heute das **Volkskunde Museum** 13, das sich in Dauer- und Sonderausstellungen Land und Leuten aus Schleswig-Holstein widmet (Tel. 04621/ 967 60, Öffnungszeiten wie die Landesmuseen). Neben den ständigen Ausstellungen (»Gerät und Arbeit der Bauern«, »Fischer-Boote-Netze« und »Das Land zwischen den Meeren«) finden Sonderausstellungen, Aktionstage und Museumsfeste statt.

Schleswig-Friedrichsberg

Das leuchtend rote **Oberlandesgericht** 14 aus dem Jahre 1879 wird wegen seiner 93 m Länge auch Roter Elefant genannt. Dahinter versteckt sich das **Prinzenpalais** 15, ein Dreiflügelbau aus dem 18. Jh., in dem das Landesarchiv untergebracht ist (Tel. 04621/ 86 18 00, Mo–Fr 8.30–17 Uhr).

Der **Gründerothsche Hof** 16 wurde 1634 für ausländische Gäste der Gottorfer Herzöge gebaut und diente später als Residenz des Adels. Heute zeigt dort das **Stadtmuseum** Exponate zur Geschichte von Schleswig, wie etwa eine Spielzeugsammlung der Jahrhundertwende oder kostbare schleswiger Fayencen (Tel. 04621/93 68 20, Di–So 10–17 Uhr). Das Nachbargebäude präsentiert die historische Druckerei, die bereits im ausgehenden Mittelalter Bücher druckte. Angeschlossen ist das **Teddy Bär Haus**, in dem historische Bären zu bestaunen sind.

Haithabu und das ›Fischerdorf‹

Reiseatlas: S. 232, B 4
Am Südufer der Schlei, im Haddebyer Noor, entstand im Jahre 804 die **Wikinger-Siedlung Haithabu** 17 (s. S. 74f.). Nach der Zerstörung Ende des 11. Jh. bauten die Bewohner von Haithabu ihre Siedlung am Nordufer zu einer neuen Hafen- und Handelsmetropole aus, die jedoch Mitte des 13. Jh. ihren Rang an Lübeck abtreten musste.

Touristeninformation
24837 Schleswig, Plessenstr. 7, Tel.

Schleswig, am Holm

01805/88 00 07 o. 04621/98 16 16, Fax 98 16 19, www.schleswig.de.

Hotel-Restaurant Waldschlösschen 18: Kolonnenweg 152, Tel. 04621/38 80, Fax 38 31 05, www.hotel-waldschloesschen.de. Am Stadtrand, Fischspezialitäten, sehr gutes Weinangebot, Wellness-Bereich. 84–128 €.
Strandhalle 19: Strandweg 2, Tel. 04621/90 90, Fax 90 91 00. Am Ufer der Schlei, hausgemachter Kuchen. 94–118 €.
Hotel Alter Kreisbahnhof 20: Königstraße. 9, Tel. 04621/30 200, Fax 30 20 10, www.hotel-alter-kreisbahnhof.de. Dom-Nähe, komfortabel, behinderten- und allergikergerecht. Ab 80 €, Familienzi. 120 €.
Zollhaus 21: Lollfuß 110, Tel. 04621/29 03 40, Fax 29 03 73, www.zollhaus-schleswig.de. Stilvoll renoviertes Haus aus dem 18. Jh. 72–82 €.
Bed & Breakfast am Dom 22: Töpferstr. 9, Tel. 04621/48 59 92, Fax 48 59 93, www.bb-schleswig.de. Individuell, liebevoll neu gestaltete Zimmer im 800-jährigen Stadthaus; sehr freundliche Besitzerin. Ab 80 €.
Hotel Schleiblick 23: Hafengang 4, Tel./Fax 04621/234 68, www.hotel-schleiblick.de. In der Altstadt am Hafen gelegen. 63–70 €.
Jugendherberge 24: Nordmark-Jugendherberge, Spielkoppel 1, Tel. 04621/238 93. 12,30–14,10 €.

Camping
Wikinger-Campingplatz Haithabu 25: Busdorf, Tel. 04621/324 50, Fax 331 22, www.campingplatz-haithabu.de. An der Schlei, unparzelliert, separater Jugendplatz.

Dom-Restaurant und Café 26: Rathausmarkt 17, Tel. 04621/276 08/09. Wintergarten, Wildspezialitäten. 7–17 €.
Fischrestaurant Schleimöwe 27: Süderholmstr. 8, Tel. 04621/243 09. Frische Fischspezialitäten. 10–14 €.

HAITHABU – STADT DER WIKINGER

Wikinger, Normannen, Äschenmänner und Waräger: So nannte man die gefürchteten Seekrieger, die mit Drachenkopfschiffen aus Skandinavien kamen. Überbevölkerung und Hungersnot trieben sie nach Süden, ebenso die Aussicht auf reiche Beute bei den friesischen Händlern. Ihre breiten, flachen Schiffe mit hochgezogenem Bug und Heck hatten nur wenig Tiefgang, sodass sie die Boote schnell an Land ziehen konnten. Es waren die besten und schnellsten Schiffe der Wikingerzeit (800–1100), allen voran die Kriegsschiffe der Königsflotte (Skejder), die unter Segel wahrscheinlich 15–20 Knoten (etwa 28–37 km/h) machten. Als Waffen verwendeten die Wikinger geschmiedete Schwerter, Speere, Pfeil und Bogen sowie Lanzen. Ihre Helme waren konisch geformt, trugen jedoch keine Ochsenhörner.

Die Raubzüge wurden den Nordmännern bald zu aufwändig und so gründeten sie im Feindesland eigene Städte, was sich heute noch in Ortsnamen widerspiegelt. Den Endungen -by (wohnen), -toft (Hauskoppel) und -torp (Dorf) war meist der Name des Mannes vorangestellt, der dem Dorf vorstand. Eine der bedeutendsten Ansiedlungen in Nordeuropa aber war Haithabu südlich von Schleswig, Grenzstadt und Tor nach Skandinavien. Durch den Ostseeanschluss und einen nordsüdlich verlaufenden Heerweg wurde die Stadt bald ein wichtiges Handelszentrum.

Im Jahre 808 führte der Dänenfürst Göttrik (Godfred) tributpflichtige Kaufleute aus Reric, einem Ort im Slawenland, nach Haithabu. Daneben ließen sich Kleinbauern, Fischer und Handwerker nieder. Zunächst handelte man vor allem mit Milch, Käse, Butter, Fleisch und Leder. Später aber brachten auch Sklaven einen großen Gewinn. Die Handelsverbindungen reichten von Südeuropa nach Skandinavien und Russland bis zum Orient. Erhandelt wurden Walrosselfenbein aus dem Nordmeer, fränkische Waffen, Glas und Keramik vom Rhein, Tuch und Salz aus Friesland sowie Quecksilber aus Spanien oder Schmuck aus Irland. Auch die Bewohner von Haithabu – Friesen, Dänen, Schweden, Norweger, Sachsen, Franken und Slawen – waren zeitweise ›international‹.

Handwerker waren hoch angesehen; sie fertigten Perlen aus Glas und Kämme, Nadeln, Würfel, Messergriffe und Spielsteine aus Hirschgeweihen. Die Siedler benutzten auch eine Schriftsprache, die Runen, die Zeilen verliefen von rechts nach links und wieder zurück. Anfangs diente diese Schriftsprache für kurze Mitteilungen, vor allem auf Gedenksteinen (Runensteinen) oder Runenbriefen auf Holzstäbchen. Erst im hohen Mittelalter entstanden auch große Schriftwerke, wie die Island-Sagas.

Haithabu bestand aus kleinen Häusern, die als Wohnung und Lagerraum benutzt wurden. Von West nach Ost floss ein Bach, der befestigt und an mehreren Stellen überbrückt war. Zum Schutz gegen Feinde legten die Bewohner in der zweiten Hälfte des 10. Jh. einen halbkreisförmigen, 6–7 m hohen Verteidigungswall um die Stadt. Der Wall besaß einen Wehrgang auf der Krone und die Front war mit Holz oder Soden verstärkt. Im Haddebyer Noor wurde ein Palisadenhalbkreis zum

Schutz des Hafens errichtet. Dennoch verwüsteten die Slawen im Jahre 1066 die Stadt. Die Wikinger starben danach aber keineswegs aus, sondern lebten, durch die Christianisierung ihren Nachbarn nähergerückt, in friedlichem Einvernehmen mit ihnen und vermischten sich im Laufe der Zeit.

Durch den Anstieg des Meeresspiegels versumpfte der Ort, sodass er Ende des 11. Jh. an die Nordseite der Schlei verlegt wurde. Von der Natur überwuchert, blieb nur der zum Wasser offene Halbkreiswall sichtbar erhalten. Für Archäologen war dies ein Glücksfall, da im sumpfigen Gelände Fundstücke hervorragend erhalten blieben. Textilfunde gestatteten Aussagen über Form und Herstellung der Kleidung. Ein besonderer Fund waren die Überreste eines 24 m langen Wikinger-Langschiffs, das um 1050 brennend untergegangen war und 1979/80 gehoben wurde. Dadurch wandelte sich das Bild der Wikinger: von Raufbolden, Plünderern und Sklavenhändlern hin zu Siedlern, Entdeckern und Kaufleuten, aber auch normalen ›Familienmenschen‹, die eine Durchschnittsgröße von 1,65 m und ein Durchschnittsalter von 30 Jahren erreichten.

Die Funde aus dem erst zu 5 % ausgegrabenen Gelände am Haddebyer Noor sind im **Wikinger-Museum Haithabu** eindrucksvoll aufbereitet. Im Außengelände werden zur Zeit sieben Wikingerhäuser in originalgetreuer Rekonstruktion (1:1) inklusive wikingerzeitlichem Mobiliar wieder aufgebaut. Sie können während einer Führung besichtigt werden (Haddeby, B 76, Tel. 04621/81 32 22, April–Okt. 9–17, Nov.–März, Di–So 10–16 Uhr; vom Bootsanleger Schiffspendelverkehr von Mai–Sept. zwischen Stadthafen Schleswig und Museum, ab mittags stdl. bis 16.35 Uhr, Auskunft beim Hafenmeister, Tel. 04621/801450). Vom Museum führt ein schöner Wanderweg zum Wall und dem Busdorfer Runenstein.

Wikingertage

Seit 1986 lässt Schleswig in allen geraden Jahren am ersten August-Wochenende während der Wikingertage drei Tage lang seine ehemaligen Bewohner wieder ›auferstehen‹. Die Wikinger werden nicht nur als Krieger, sondern als Händler, Handwerker und Seefahrer gezeigt. Auch in ungeraden Jahren kann man an vier Wochenenden im Juli im Museum Haithabu Wikingerleben nachspüren und das Original-Wikinger-Bier probieren.

Restaurant Ringelnatz 28: Fischbrückstr. 3, Tel. 04621/255 88. Gemütliche Wohnzimmeratmosphäre, Fischgerichte. 9–17 €.
Patio 29: Lollfuß 3, Tel. 04621/299 99. Mit Biergarten und Sonntags-Frühstücksbuffet. 5–13 €.
Holm-Café 30: Süderholmstr. 15, Tel. 04621/209 27, Mo Ruhetag. Hausgemachte Torten, z. B. Buchweizentorte.
Café Canapé 31: Stadtweg 56, Tel. 04621/85 07 58. Gemütliches Antik-Café in der Fußgängerzone.

Keramikstube: Am Rathausmarkt 14, Tel. 04621/247 57. Ehemalige Hofapotheke, Kunsthandwerk, bei einer Tasse Tee kann man in Ruhe stöbern.

Gottorfer Barockmusiktage: Schloss Gottorf, Tel.04621/81 32 09, Juni Do–So. Musik der Renaissance und des Barock.
Schlossfestspiele und Konzerte im Innenhof des Schlosses Gottorf, Theaterkasse Tel. 04621/259 89.

Schleswiger Jazz-Herbst: Ende Sept. bis Anfang Dez., Informationen und Karten: Die Eule, Tel. 04621/240 72, oder Buchhandlung Liesegang, Tel. 282 18.
Schwahl-Markt: siebentägiger Weihnachtsmarkt im Kreuzgang des St. Petri Doms, ab Sa vor dem zweiten Advent.
Totengilde-Fest: zwei Wochen nach Pfingsten zwei Tage lang Festlichkeiten und Umzüge.
Twiebakken-Regatta: Ende Aug. Wettsegeln der Fischerkähne am Holmer Hafen. Der Verlierer erhält eine Packung Zwieback!

Führungen: durch die Altstadt, für Kinder »Schleswig in der Ritterzeit«, zum Grau- und St. Johannis-Kloster, Abendbummel durch die Altstadt mit ›Möwenschiss‹, Mai bis Ende Sept. zu festen Zeiten. Treffpunkt bei der Touristeninformation. 6–7 €.
Schleswiger Hafenrundfahrten: Abfahrt vom Stadthafen, Brücke 3, Tel. 04621/275 30, tgl. 14.30–18.30 Uhr, jede Stunde. 2,50–6 €.
Schleifahrten: A. Bischoff, Gottorfer Damm 1, Tel. 04621/233 19. Mitte Mai–Sept., nach Ulsnis 14–17 Uhr bzw. Kappeln-Schleimünde 9–18.30 Uhr.

Bahn: Schleswig ist mit der Regionalbahn von Flensburg, Kiel und Hamburg erreichbar. Vom Busbahnhof fahren Busse in die Umgebung. Tel. 04621/980 98.

Danewerk und Museum

Reiseatlas: S. 232, B 4
Im 8. Jh. erbauten die Dänenkönige eine 30 km lange Erdbefestigung als Grenze gegen das Frankenreich, das Danewerk. Ab etwa 968 wurde der Halbkreiswall um Haithabu an den

Hauptwall angeschlossen, der westlich von Busdorf beginnt; seine Spuren sind bis kurz vor Hollingstedt sichtbar.

Bevor der einzige bewaldete Wallteil endet, durchschneidet der Ochsen- oder Heerweg beim Dorf Klein Danewerk die Anlage mit dem Wiegelsdor oder (Oster-)Kalegat. Beide Namen bedeuten Kriegertor, da dort Soldaten aller Nationen entlangzogen. Dem nächsten Wallabschnitt wurde um 1170 die Waldemarsmauer aus Millionen von Ziegelsteinen vorgesetzt. Zu einem Mauerrest führt ein Fußweg vom Danewerk-Museum (Informationen über das Bollwerk im Danewerk-Museum, Ochsenweg 5, Tel. 04621/378 14, 15.2.–25.3. und 26.10.–30.11. Di–So 10–16, 26.3.–25.10. Di–Fr 9–17, Sa, So 10–17 Uhr).

Ostseefjord Schlei

Reiseatlas: S. 232, B 4–S. 233, D 4
Die Schlei schlängelt sich auf einer Strecke von über 40 km von Schleswig über die Große Breite zur engsten Stelle bei Missunde bis nach Schleimünde. Sie fließt vorbei an romantischen Buchten, an Wiesen, Weiden und fruchtbarem Ackerland, das mal rapsgelb, mal violett leuchtet. An den Ufern wie etwa in Kappeln und Lindau stehen Windmühlen.

Im Gegensatz zu anderen Förden öffnet die Schlei sich nicht zum Meer hin, sondern hat einen schmalen Zugang zwischen zwei aufeinander zu wachsenden Nehrungshaken. Daher ist der ehemals bedeutende Schifffahrtsweg heute vor allem ein Seglerparadies, das mal schmal wie ein Fluss, dann wieder breit wie ein See ist. Noch immer ist die Schlei eines der fischreichsten Gewässer des Landes. Naturfreunde können die Ufer der Schlei auch zu Fuß, mit dem Rad oder auf dem Pferd auf rund 90 km in Teilstrecken umrunden.

Die Schleidörfer

In **Brodersby,** wenige Kilometer östlich von Schleswig, steht neben dem weißen Gotteshaus aus dem 12. Jh. der gleich hohe, schwarze hölzerne Glockenturm. Sehenswert ist die Granittaufe aus der Bauzeit sowie die Kanzel mit einer Sanduhr, die mit zwei Gläsern die Dauer einer Predigt anzeigt. Über Leben und Arbeit früherer Ortsbewohner gibt das kleine Dorfmuseum im Postgebäude Auskunft (Missunder Fährstr. 4, Tel. 04622/564, April–Okt. Sa 9–12 u. 14–17 Uhr und n. V.).

Der Schlei-Übergang am Missunder Fährhaus aus dem Jahre 1805, heute Restaurant-Café, existiert seit über 500 Jahren. Noch bis 1969 musste der Fährmann die Seilfähre mit Muskelkraft voranbewegen. Heute setzt eine Motorfähre in eineinhalb Minuten über. Der Fährbetrieb läuft von 6 bis 23 Uhr, an Sonn- und Feiertagen beginnt er eine Stunde später. Im Hinterland von **Missunde** blieb ein Großsteingrab (Hinweistafel) aus der Zeit von 2900 bis 2600 v. Chr. erhalten.

In **Ulsnis** zieht wiederum eine Kirche die Blicke auf sich: St. Wilhadi, die erste Steinkirche an der Schlei aus dem 12. Jh. Vom Kirchplatz bietet sich ein herrlicher Blick auf die Schlei. Hinter einem Feld verborgen liegt das 1768 erbaute, reetgedeckte Pastorat. Das Dorfmuseum zeigt neben hauswirtschaftlichen Geräten auch Notgeldscheine und Malerutensilien (Strandweg, Tel. 04622/26 73, Ostern–Okt. So u. feiertags 14–17 Uhr und nach Vereinbarung).

Durch hügeliges Gelände gelangt man zur ersten festen Schlei-Überquerung, der Klappbrücke bei Lindaunis, die sich stündlich für Schiffe öffnet. Züge, Autos und Fußgänger benutzen abwechselnd dieselbe Fahrspur.

Durch **Lindau** hindurch, mit einer funktionstüchtigen Holländermühle (1837), erreicht man das Lindauer Noor, einen Seitenarm der Schlei. Ein Abstecher führt zum idyllisch gelegenen Lindauhof. Das um 1550 erbaute, reetgedeckte Herrenhaus diente als Kulisse für die Fernsehserie »Der Landarzt«.

Das romantische **Sieseby** etwas weiter am Südufer der Schlei steht als Dorf unter Denkmalschutz. Blühende Gärten, die bis an die Schlei heranreichen, umgeben kleine, reetgedeckte Fachwerkhäuser aus dem 19. Jh.

In der von alten Linden umstandenen Feldsteinkirche (um 1200) sind das Triumphkreuz aus dem 12. Jh. sowie Reste der Ausmalung und die mit biblischen Reliefszenen geschmückte Kanzel aus dem Jahr 1592 sehenswert. Der Schlie-Krog im ehemaligen Pastorat neben der Kirche ist eines der feinsten Restaurants im Lande. Von dort führt ein 2 km langer Wanderweg an der Schlei nach Osten zum Gut Bienebek aus dem 19. Jh.

Freizeitferienpark

Zu den Attraktionen des Familienfreizeitparks **Tolk-Schau** (Reiseatlas: S. 232, B 3) zählen ein Märchenwald, Bootsrutschen, eine Achterbahn, eine Sommerrodelbahn, Minigolf, das Tal der Dinosaurier sowie naturkundliche Lehrschauen und ein Streichelzoo. Es gibt ein Restaurant und zu mietende Grillhütten (Am Finkenmoor 1, Tel. 04622/922, Grillhütten-Reservierung unter Tel. 2084, www. tolk schau. de, tgl. 10–18, Einlass bis 16 Uhr, von Ostern bis zum Ende der Herbstferien in Schleswig-Holstein, Erwachsene 13,50 €, Kinder ab 90 cm Körpergröße 12,50 €).

Tourist-Information Die Schleidörfer: Königstr. 3, 24392 Süderbrarup, 04641/20 47, Fax 34 61, www.ostseefjordschlei.de.

Hotel & Café »Krog«: Kirchenholz 13, Ulsnis, Tel. 04641/989 00, Fax 98 90 29, www.cafe-krog.de. Idyllische Lage, Terrasse zur Schlei hin, allergikergerecht, köstliche Kuchen (Mo Ruhetag). 82–86 €.

Missunder Fährhaus: Missunder Fährstr. 33, Tel. 04622/626. Fischrestaurant, u. a. Edelfischplatte. 8–18 €.
Schlie-Krog: Dorfstraße 19, Sieseby, Tel. 04352/25 31, Mo Ruhetag, Okt.–März Mo, Di Ruhetage. Fischsuppe und Wildgerichte. 18–25 €, Menüs um 46 €.
Café am Noor: Lindaunis, Am Noor 6, Tel. 04641/97 02 09, Fax 97 02 08. Reet-

dachkate von 1782 mit Terrasse und angeschlossenem Gästehaus (55–60 €). Café 10–14 €.

Bad Arnis

Reiseatlas: S. 233, D 3
Am Nordufer der Schlei liegt die mit knapp 300 Einwohnern kleinste Stadt Schleswig-Holsteins. Siegfried Lenz ließ sich bei seinem Roman »Die Auflehnung von Balnis« von dem beschaulichen Ort inspirieren.

Das Stadtgebiet besteht praktisch aus einer 600 m langen Hauptstraße, die von großen alten Linden gesäumt wird. Rechts und links reihen sich kleine Häuser aus dem 18./19. Jh. mit verzierten Fassaden und Erkern, so genannten Utluchten. Jedes Grundstück besitzt einen Anleger an der Schlei.

Die einheitlich hohen Gebäude werden nur vom Rathaus, einem Hotel und der Schifferkirche von 1673 überragt. An der schlichten grauen Holzbalkendecke hängen Votivschiffe, gestiftet als Dank für die Errettung aus Seenot. Die geschnitzte Renaissance-Kanzel von 1573 soll während der ›groten Mandränke‹ (1634), einer der schwersten Sturmfluten an der Nordsee, von Arnisser Fischern aus der zerstörten Kirche von Nordstrand gerettet worden sein.

Arnis erlebte seine Blütezeit im 18. und 19. Jh. Landwirtschaftliche Produkte wurden damals nach Skandinavien und sogar Westindien verschifft. Die Reeder und Kapitäne genossen großes Ansehen, und Arnis galt mit über 1000 Einwohnern und einer 80 Schiffe starken Flotte zeitweise als reichster Ort in Angeln.

Der wirtschaftliche Niedergang kam Ende des 19. Jh. mit der Einführung skandinavischer Zollschranken, schnellerer Dampfschiffe und der Eisenbahn. Den Zusatz ›Bad‹ erhielt Arnis angeblich von einem Kaisersohn. Der sollte zur Kur, wollte aber lieber segeln. Daher schlug er seinem Vater vor, ihn doch nach ›Bad‹ Arnis zu schicken. Der Kaisersohn ging nach vier Wochen wieder, aber das ›Bad‹ blieb.

In Arnis gibt es noch drei Werften und 400 Bootsliegeplätze. Die Schlei ist nicht nur ein beliebtes Segelrevier – sie bietet auch ideale Möglichkeiten für viele andere Wassersportarten.

Café/Restaurant Zur Schleiperle: über der Schlei, Tel. 04642/20 85, Mo Ruhetag, April–Okt. Zander auf Crème Fraîche u. Seeteufel. 8–20 €.
Fährhaus Arnis: an der Schlei-Fähre, Tel. 04642/30 50, Do Ruhetag. Mit kleinem Garten, fangfrischer Fisch aus der Schlei. 9–13 €.

Kappeln

Reiseatlas: S. 233, D 2
Von Bad Arnis erreicht man Kappeln bequem über einen 3 km langen Wanderweg am Schleiufer entlang. Aus dem malerischen Stadtbild erheben sich weithin sichtbar die barocke **St. Nikolai-Kirche** sowie die **Windmühle Amanda,** mit 30 m eine der höchsten Mühlen des Landes. Der 1888 erbaute Galerieholländer beherbergt heute die Touristeninformation und ein Trauzimmer. Das Sägewerk an der Mühle wurde zum **Museum Historisches Sägewerk** umgestaltet, das Einblicke in die Technik der Holzaufbereitung gibt

Heringszäune bei Kappeln

(Schleswiger Str. 1, Tel. 04642/92 01 02, Mo–Do 10–12 u. 13–17, So 10–12 u. 14–16 Uhr).

Ihren Namen erhielt die Stadt nach einer Kapelle aus dem 14. Jh., die dem hl. Nikolaus geweiht war. Von 1789 bis 1793 entstand an gleicher Stelle die Kirche St. Nikolai mit kupfergedecktem Westturm. Das Fundament der Kirche besteht aus Feldsteinen von 22 Großsteingräbern. Innen vereinen sich Altar, Kanzel, Orgel, Logen und die Sakristei zu einer einheitlichen Front, die wie die Kulisse eines Schlosses anmutet.

Schon im 17. Jh. war die 250 m breite Kappelner Enge als Fährort bekannt. Um den Hafen gruppieren sich Gaststätten, Geschäfte und der Museumshafen mit dem Bahnhof der Angelner Dampfeisenbahn. 1904 in Betrieb genommen, dampft sie heute noch an Sommerwochenenden zwischen Kappeln und Süderbrarup. Der Hafen wird von Silos und den drei Schornsteinen der letzten Fischräucherei überragt, in der Schleibückling geräuchert wird.

Die Haupteinnahmequelle der Kappelner Fischer war der Heringsfang. Dazu bedienten sie sich einer besonderen Methode, der Heringszäune. In den Grund gesetzte, mit Weidengeflecht verbundene Pfähle öffnen sich weit in Richtung Schleimünde, verengen sich aber bei Kappeln so sehr, dass es für die Heringe, die jedes Frühjahr in ihre Laichgründe zurückkehren, kein Entrinnen gibt und sie leicht aus dem Wasser gefischt werden können. Der letzte Zaun, als Kulturdokument restauriert, wird noch heute von den Fischern genutzt.

Alljährlich werden zu Himmelfahrt die Kappelner Heringstage gefeiert. Über die maritime Geschichte der Stadt gibt das **Schleimuseum** (Auskunft Mittelstr. 7, Tel. 04642/14 28, 15.3.–31.10. Di–Sa 10 bis 12.30 u. 13.30–17 Uhr).

Tourist-Information: in der Windmühle Amanda, Schleswiger Str. 1, 24376 Kappeln, Tel. 04642/40 27, Fax 54 41, www.kappeln.de.

Hotel-Restaurant Aurora: Rathausmarkt 6, Tel. 04642/

4088, Fax 50 88, www.landarztkneipe.de. Die Kneipe aus der bekannten Fernsehserie »Der Landarzt«, nordisches Fischbuffet. 70–115 €.
Apparthotel Svenson: Stadtteil Kopperby, Uferweg 1, Tel. 04642/984 00, Fax 98 40 40, www.apparthotel-svenson.de. Idyllische Schleilage, familiär, Wellness- und Beautybereich. 65–72 €.
Hotel Kappelner Hof: Wassermühlenstr. 1, Tel. 04642/48 66, Fax 22 79, www.kappelner-hof.de. Kaminzimmer, Fischspezialitäten. 70–100 €.
Hotel-Restaurant-Café Zur Schleibrücke: Eckernförder Str. 1, Tel. 04642/810 21, www.schleibruecke.de. An der Schlei, Garten mit Terrasse. 50–70 €.
Jugendherberge: Eckernförder Str. 2, Tel. 04642/85 50, Fax 810 86. 13,20–15 €.

Camping
Camping Oehe-Draecht: Kappeln-Hasselberg, Tel. 04642/61 24, Fax 691 59. An der Ostsee, flache Badezone.

La Case Kreol-Mauritius: Arnisser Str. 4, Tel. 04642/96 46 79, tgl. ab 18 Uhr, Mi Ruhetag. Kreolische Küche, gemütlicher Hinterhofgarten, Buffets und Folklore aus Mauritius. 8–19 €.
Café Alte Schmiede: Schmiedestr. 41, Tel. 04642/15 68. Spezialität: Gratins und Zitronenbuttermilchtorte. 7–10 €.
Rikate: Kappeln-Ellenberg, Fischergang 2, Tel. 04642/84 83, Mo Ruhetag. Hobby-Kunst-Ausstellung, hausgem. Kuchen.

Kappelner Heringstage: Großes Stadtfest aus Anlass der Restaurierung der historischen Heringszäune; jedes Jahr ab Himmelfahrt vier Tage.

Stadtführung: Treffpunkt Mühle Amanda, in der Saison Di 15 Uhr.
Die Angelner Dampfeisenbahn fährt von Kappeln nach Süderbrarup, Tel. 0461/505 49 96, www.angelner-dampfeisenbahn.de. Juli–Sept. So 11 u. 14 Uhr, auch an Feiertagen (Ostern etc.) 6–10 €, einfach 3–5 €.
Schlei-Rundfahrten: »MS Kappeln«: Kappeln (Maasholm) – Schleswig bzw. Schleimünde, April–Okt. (Tel. 04642/ 61 84); Raddampfer »Schlei Princess«: nach Schleimünde, Sieseby, Lindaunis o. Missunde (Tel. 04642/65 32). Tgl. 1–7 Std., ca. 6–16 €, einfach 9–10,50 €.

Maasholm

Reiseatlas: S. 233, D 2
Hinter Kappeln liegt an der Südspitze der einstigen Insel Oehe der kleine Ort Maasholm. Häuser und Katen reihen sich in zwei schmalen Gassen. Bis in die zweite Hälfte des 20. Jh. lebten in Maasholm nur Fischer. Dann bauten die Bewohner einen Seglerhafen, der den Fischereihafen heute an Größe übertrifft. Von den Fischrestaurants kann man den Hafenbetrieb beobachten.

Eines der ursprünglichsten Naturschutzgebiete an der Ostsee, das **Seevogelschutzgebiet Oehe-Schleimünde,** umfasst zahlreiche Biotope: Dünen, Strandwälle, Salzwiesen, Moorreste und so genannte Windwatten, bei westlichen Winden entstehende Wattflächen an der flachen Westküste. Führungen März–Sept. tgl. außer Mo, 10 Uhr von der Vogelwärterhütte (Tel. 04642/68 17) etwa 2 Std.; nicht vergessen, Fernglas und Gummistiefel mitzunehmen.

Die Halbinsel ist wie die Lotseninsel ein ideales Brutgebiet für Watvögel und Möwen. Auf ihrem Nordteil wurde das **Naturerlebniszentrum Maasholm-Oehe-Schleimünde** mit einem Infozentrum eingerichtet. Ein großes Hörrohr, ein Froschperspektivkasten, ein Sinnesgarten u. v. m. laden zum Naturerleben ein. (Tel. 04642/92 16 80, Park ganzjährig, Infozentrum Apr.–Okt. 10–19 Uhr, Eintritt frei). Zu beiden Naturräumen gelangt man nur zu Fuß oder mit dem Fahrrad über einen 2 km langen biologisch-geologischen Lehrpfad. (Von Ende Juni bis Sept. fährt auch eine Kutsche, Do u. So, 14–18 Uhr).

Tourist-Information: 24376 Hasselberg-Kieholm, an der B 199-Kreuzung Kieholm, Tel. 04643/777, Fax 442, www.ferienlandostsee.de.

Hotel Maasholm: Uleweg 26, Tel. 04642/60 42, Fax 691 37. An der Ostsee, ideal für Segler. 76 €.
Hotel-Restaurant Am Schleieck: Schmiedestr. 140, Tel. 04642/60 16, Fax 96 98 10, www.schleieck-maasholm.de. Blick auf die Schlei, Terrasse und Biergarten am Wasser. 52–70 €.

Hotel-Restaurant Schunta: Maasholm, Hauptstr. 38, Tel. 04642/ 965 60, Fax 96 56 18. Frische Ostseefische. 10–19 €.

Hochseeangelfahrten: Hochsee-Angelfahrten Bruhn, Am Hafen, Tel. 04642/60 62, Fax 60 35.
Surfschule Winter: Ortseingang Wormshöfter Noor, in der Saison tgl. außer Do 9–18 Uhr (Tel. 0171/347 44 50).

ECKERNFÖRDE UND DIE ECKERNFÖRDER BUCHT

Eckernförde: kleine Stadt mit großer Atmosphäre. Alles liegt eng um den Hafen herum, wo das Herz der Stadt schlägt. An der Bucht lockt die Straße der Herrenhäuser – immer noch majestätisch. Natur in allen Variationen im Hinterland: Seen, Wälder, ›Berge‹, große Steine und ein Tierpark.

Eckernförde

Reiseatlas: S. 234, C 1
In dem über 20 000 Einwohner zählenden Ostseebad gelangt man zu Fuß innerhalb kurzer Zeit in die Altstadt mit Kopfsteingassen, schönen Häuserfassaden und der Fußgängerzone, zum Hafen oder zum 4 km langen Sandstrand. Der Name geht auf das dänische Wort für Eichhörnchenfurt zurück. Der Sage zufolge konnten die Tiere einst von Eckernförde bis Kiel über die Bäume des Dänischen Wohldes gelangen, ohne den Boden zu berühren.

Obwohl Eckernförde im Zweiten Weltkrieg Marinestützpunkt und Torpedoversuchsanstalt war, blieb es unzerstört. So kann man in den Altstadtgassen noch Gebäude aus dem 18. Jh. bewundern, wie in der Langebrückstraße Ottes Speicher oder die weiß verputzten Zwillingshäuser Ecke Kieler Straße/Langebrückstraße.

Zentrum der Stadt ist der mittelalterliche Rathausmarkt, auf dem mittwochs und samstags ein Wochenmarkt, ansonsten Flohmärkte und Konzerte stattfinden. Er ist umgeben von Geschäftshäusern, dem Neuen und **Alten Rathaus** [1]. Der Bau mit seiner eindrucksvollen Freitreppe wurde um 1420 vermutlich als Zeughaus errichtet. Heute ist dort das Heimatmuseum untergebracht, das die Geschichte der Räucherei, Fischerei und Elektrotechnik dokumentiert (Rathausmarkt 8, Tel. 04351/71 25 47, www.eckernfoerde.net/museum, Di–Sa 10–12.30, 14.30–17, So 11–17 Uhr, Nov.–April Di–Sa 14.30–17, So 11–17 Uhr).

Durch einen Torbogen gelangt man zum Kirchplatz mit der **St.-Nicolai-Kirche** [2] (in der Saison regelmäßig Konzerte, Infos im Kirchenbüro Langebrückstr. 13, Tel. 04351/71 23 74 oder 71 23 67). An der Außenwand fällt ein eiserner Anker zu Ehren des Schutzpatrons auf. Modelle im Innern zeigen die Baugeschichte der Backstein-Hallenkirche von der Mitte des 15. Jh. Zu den Besonderheiten gehören ein eicherner Altaraufsatz (1640), die zarten Fresken im Chorgewölbe sowie das bronzene Taufbecken und das Gestühl der Familie Rantzau aus dem 16. Jh.

Wiederum durch einen Torbogen kommt man zur St. Nicolai-Straße mit Geschäften in alten Fachwerkhäusern und von dort zur Fußgängerzone, der Kieler Straße.

Im späten Mittelalter lebten die Eckernförder nicht nur von der Schifffahrt, sondern auch vom Brauen des ›Kakabelle‹-Bieres. Den halblateinischen Namen *cacabella* erhielt das Getränk 1503 von Kardinal Reymundus, der sich nach reichlichem Genuss der verdauungsfördernden Wirkung des Gebräus ausgesetzt sah. Noch heute wird eine Nachfüllung des Bieres zu besonderen Gelegenheiten ausgeschenkt, und selbst eine Straße trägt den Namen Kakabellenweg.

Von den Bootswerften heben sich der neoromanische **Speicher von Wilhelm Siemsen** 3 aus gelbem Klinker ab (1887) sowie das mächtige **Getreidesilo von Heinrich Hansen** 4, ein Backsteinbau von 1930/31. Der alte **Leuchtturm** 5 am anderen Ende des Kais begrüßt einlaufende Schiffe mit den Farben Eckernfördes (blau-gelb). Den Dienst als Seezeichen versieht jedoch der ›Geierschnabel‹, ein moderner Nachfolger.

Das schönste Bauwerk am Hafen ist die **Klapp-Holzbrücke** 6, die zum Stadtteil Borby führt. Einige der alten Pfähle sind noch in der restaurierten Brücke enthalten.

Nur noch wenige Fischer bieten ihren Fang – Butt, Hering und Dorsch – täglich bis etwa 11 Uhr von Bord oder jeden ersten Sonntag im Monat auf dem Fischmarkt an.

Sehenswürdigkeiten

1 Altes Rathaus
2 St.-Nicolai-Kirche
3 Speicher von Wilhelm Siemsen
4 Getreidesilo von Heinrich Hansen
5 Alter Leuchtturm
6 Klapp-Holzbrücke
7 Galerie Nemo
8 Stadthalle
9 Feldsteinkirche in Borby

Übernachten

10 Stadthotel Eckernförde
11 Hotel-Café Siegfried-Werft
12 Hotel-Restaurant Zum Seepferdchen
13 Jugendherberge
14 Campingplatz Hemmelmark

Essen und Trinken

15 Domkrug
16 Alte Post
17 Ratskeller Eckernförde
18 Eckernförder Fischdeel
19 Kaffeehaus Heldt
20 Café in Gut Windeby
21 Rehbehn & Kruse

Schleswiger Str.
K.-Kollwitz-Str.
K.-Groth-Str.
Falkestr.
Ostland-str.
Norder-str.
Bystedtredder
Holweg
Tonderstr.
Tondernstr.
Saxtorfer Weg
Riesebyer Str.
Hasenheide
Norderstr.
Linden-weg
Feldweg
Siemenstr.
Clairmont-str.
Prinzenstr.
Cäcilienstr.
Cäcilienstr.
Irenestr.
Louisen-str.
Margareten-str.
Louisenberger Weg
J.-H.-Fehrs-Weg
Karl-str.
Bergstr.
Vogelsang
Jungmannufer
Am Ort
14
9
76
203
Pferdemarkt
Mühlen-berg
11
6
12
18
Gasstr.
4
Fischerstr.
Kattsund
5
3
St.-Nikolai-Str.
Noorstr.
2
15
Jungfernstieg
17
1
21
16
Flensburger Str.
Winde-byer Noor
Norder-hake
19
Schulweg
Reeperbahn
Kieler Str.
Kur-strand
7
8
10
Ostsee
Preußerstr.
Süderhake
Lornsen-platz
20
Kakabellenweg
Hindenburgstr.
Stolbergring
Windebyer Weg
Adm.-Scheer-Str.
Möhlenkamp
13
Sehestedter Str.
Brennofenweg
Wulfsteert
Berliner Str.
Distelkamp
203
Nettelbeckstr.
Domstag
Hoheluft
Eichborn
Domstag
Wiesenredder
Süd-strand
Am Eichberg
Rendsburger Str.
Westerrade
Auf der Höhe
Lütthorn
Brookhorn
76
Weiden-str.
Sauerstr.
Eichkamp
Osterrade
ECKERNFÖRDE
0
750 m

Am feinsandigen Strand können kleine Kinder im seichten Wasser plantschen. Größere üben sich im Segeln, Surfen, Tret- oder Bananenbootfahren. An Regentagen genießt man das Wasser der Ostsee eher im Hallenbad an der Strandpromenade.

Beiderseits der **Galerie Nemo** 7 stehen Skulpturen moderner Künstler am Strand. Das Gegenstück der orangefarbenen »Brücke über das Meer« des Rigaer Künstlers Ojars Petersons steht in dessen Heimatort.

Am 5. April 1849, am Tag der Seeschlacht von Eckernförde, ankerten zwei dänische Kriegsschiffe in der Bucht und bedrohten die Stadt. Zwei kleine Küstenbatterien zerstörten das dänische Linienschiff und erbeuteten die Fregatte »Gefion«. Die Freude über den Sieg währte jedoch nur ein Jahr, bis die Dänen die Stadt besetzten. Mehrere Denkmäler erinnern an das Ereignis. Das Süderschanzen-Denkmal wurde 1869 errichtet. Den Gefion-Brunnen (1936) krönt die Gallionsfigur des Seglers; das Original steht in der Eingangshalle des neuen Rathauses. An der Promenade liegt auch die **Stadthalle** 8 mit der Kurverwaltung.

Eckernförde: Blick auf Borby

Stadtteil Borby

Der eigenständige kleine Ort, der 1934 eingemeindet wurde, war einst Erholungsziel der oberen Zehntausend, nachdem sich Kaiser Wilhelm II. zur Kieler Woche im 1831 gegründeten Marien-Luisen-Bad aufgehalten hatte. Die prächtigen Villen an den Straßen Vogelsang und Jungmannufer zeugen von jener Zeit. Kurz vor dem Zweiten Weltkrieg wurde das Bad abgerissen, das Baden fand nun in Eckernförde statt. Auf der Kuppe des Peters- oder Ballastbergs – der früher leeren Segelschiffen den Ballast lieferte – erhebt sich die romanische **Feldsteinkirche** 9. Unter der Holzdecke kommen der Altaraufbau und die Kanzel aus dem 17. Jh. gut zur Geltung. Über dem Chorraum wurden gotische Malereien freigelegt. Die Nordwand schmückt ein spätgotisches Triumphkreuz (um 1500). Ungewöhnlich ist das fast 800 Jahre alte Kalkstein-Taufbecken mit Reliefszenen aus dem Leben Jesu.

In Borby beginnt eine schöne, gut 10 km lange Wanderung rund um das Noor, auf dem die Fischer in erster Linie Aal und Zander fangen.

Eckernförde Touristik GmbH: 24340 Eckernförde, Am Exer 1, Tel. 04351/717 90, Fax 62 82, www.ostseebad-eckernfoerde.de.

Stadthotel Eckernförde 10: Am Exer 3, Tel. 04351/727 80, Fax 72 781 78, www.stadthotel-eckernfoerde.de. Am Strand, zentral, Granitbäder. 100–180 €.
Hotel-Café Siegfried-Werft 11: Vogelsang 12, Tel. 04351/757 70, Fax 75 77 77. Am Fischereihafen, Café-Terrasse mit Blick auf Hafen und Förde. Ab 66 €.
Hotel-Restaurant Zum Seepferdchen 12: Fischerstr. 33, Tel. 04351/727 40, Fax 72 74 38, www.hotelseepferdchen.de. Zentrales Garni-Hotel am Hafen. 70–80 €.
Jugendherberge 13: Sehestedter Str. 27, Tel. 04351/21 54, Fax 36 04. 13,20–15,10 €.

Camping
Campingplatz Hemmelmark 14: 24360 Barkelsby, im Sommer Tel. 04351/811 49, im Winter Tel. 750 70, Fax 876 06. 4 km von Eckernförde, mit Bootsliegeplätzen.

Piratentage

Meist am dritten Augustwochenende überfallen Piraten von ihren Schiffen kommend Eckernförde und übernehmen symbolisch die Macht. Drei Tage lang dauert das Spektakel mit Markttreiben, Straßentheater, Musik und Schatzsuche, Informationen über das Organisationsbüro ›Piratentage‹, Tel. 04351/717 90.

Domkrug 15: Kieler Str. 4, Tel. 04351/28 61, Jan. Betriebsferien. Wildspezialitäten, plattdeutsche Lese- und Gourmetabende. 11–20 €.
Alte Post 16: Kieler Str. 57, Tel. 04351/ 76 74 30. Mediterrane Küche, entsprechendes Ambiente, hausgemachtes Tiramisu, 9–17 €.
Ratskeller Eckernförde 17: Rathausmarkt 8, Tel. 04351/24 12. Holstein. Küche. 10–20 €.
Eckernförder Fischdeel 18: Kattsund 22, Tel. 04351/56 51, Mi Ruhetag. Fischspezialitäten in rustikaler Atmosphäre. 6–18 €.
Kaffeehaus Heldt 19: St. Nikolai-Str. 1, Tel. 04351/27 31. Guter Kuchen, gemütliche Atmosphäre.
Café im Gut Windeby 20: Tee, Kaffee und Selbstgebackenes auf Gutsherrenart, integriert ist das Geschäft »Wohnforum«, Fr–So 14–18 Uhr.
Rehbehn & Kruse 21: Jungfernstieg 19, Fischbrötchen auf die Hand; Mittagstisch.

Galerie Nemo: Bootshaus am Südstrand, Tel. 04351/71 25 00, Fax 71 25 01, www.gonemo.com. Galerie und Kupferdruckwerkstatt, auch Passepartouts und Rahmungen.

Fischmarkt: am ersten So des Monats 9–18 Uhr.
Aalregatta: Pfingsten, Regatta von Kiel nach Eckernförde, auch Traditionssegler. Jeder Teilnehmer bekommt als Dankeschön einen Räucheraal. Buntes Programm im Hafen.
Sprottentage: Mitte Juli im Hafen, Sprotten, Musik und buntes Treiben.

Meerwasserwellenbad: Preußerstr. 1, Tel. 04351/90 54 00, Mo–Fr meist 6–21, Sa, So 9–18 Uhr.
Wassersport Center: am Südstrand (B 76), Tel. 04346/59 55. Windsurfen, Katamaran-Segeln, Kiten.
Tauchen & Meer: Berlinerstr. (Südstrand-Pavillon) Tel. 04351/32 62. Schulung, Service, Schnuppertauchen.
Umweltinformationszentrum: Hans-Christian-Andersen-Weg, Tel. 04351/ 30 27, Mo bis Fr 8–16 Uhr. In der Saison regelmäßig Veranstaltungen, um die Umwelt aktiv zu erleben, u. a. im Färbergarten.
OstseeInfoZentrum: Schiffbrücke 20, Tel. 04351/72 62 66, April–Okt. 10–13, 14–17 Uhr, Nov.–März 14–17 Uhr. Aquarien, Fühlbecken und ein Modell der Ostseeküste, viele Aktionen zum Mitmachen (z. B. Bernsteinschleifen).
Stadtführungen: in der Saison regelmäßig zu Fuß oder mit dem Bus, Führungen auch in die Räucherei. Auskunft bei der Tourist-Information.
Hochseeangeln: mit der MS »Simone R«, Tel. 04351/21 87, tgl. 7–17 Uhr, im Hafen, in der Nebensaison nach Vereinbarung.
Ostseekreuzfahrten: B/S Schifffahrtsgesellschaft, Jungmannufer 7, Tel. 04351/ 815 37, Fax 866 60, o. mit dem Fischkutter »Ecke 4«, ab 9 Uhr, Tel. 0171/416 66 35.
Radwandern: auf dem Rundwanderwegenetz (135 km) mit neun Einzelstrecken. Informationen im Tourist-Büro.
Wandern: In Borby beginnt eine 10 km lange Wanderung rund um das Noor.

Schwansen

Reiseatlas: S. 233, D 3/4
Die breite Eckernförder Bucht trennt die Landschaften Schwansen im Norden und Dänischer Wohld im Süden. Verstreute Siedlungen, weite Kornfelder, malerische Steilküsten und Adelsgüter charakterisieren die sanfte Hügellandschaft von Schwansen. Den schönsten Eindruck erhält man auf einer alten Allee, der Straße der Herrenhäuser, von Eckernförde über Waabs nach Damp.

An Gut Hohenstein vorbei (nicht zu besichtigen) führt ein Abstecher Richtung Küste nach **Karlsminde**. Weithin sichtbar durch die Bäume liegt dort eines der 300 erhaltenen – von einst 5000 – Hünengräber aus der Megalithzeit. Über 100 bis zu 2,5 t schwere Findlinge umfassen das fast 60 m lange, 5,50 m breite Langbett. Die drei Grabkammern wurden auch in christlicher Zeit belegt. Bei der Restaurierung mussten 420 t Findlinge und 550 m^3 Erdreich bewegt werden. Daher glaubten die Menschen, dass nur Riesen (Hünen) die Findlinge als Decksteine auf die Gräber hieven konnten.

Gut Ludwigsburg und Waabs

Reiseatlas: S. 235, D 1
Ludwigsburg war einst eine mittelalterliche Wasserburg, was man am System der Gräben um das Haus erkennen kann. Von außen wirkt das Herrenhaus schlicht, doch im Innern besticht die aufwändige Treppenhalle. Die Bunte Kammer ist bis zur Decke mit 145 kleinformatigen Darstellungen vertäfelt – Zeitdokumente des 17. Jh. Im Vestibül wurden unter den Tapeten wandfüllende Malereien entdeckt.

Im 18. Jh. ließ Baron Friedrich Ludwig von Dehn das Doppelhaus zu einer der schönsten Barockanlagen des Landes ausbauen. Er gab auch der ehemaligen Wasserburg Kohöved den heutigen Namen Ludwigsburg. Im Festsaal von 1742 finden kulturelle Veranstaltungen statt. Das Torhaus aus dem 16. Jh. gibt dem Hof seine besondere Note; sein charakteristisches Türmchen erhielt es nach einem Brand im Jahre 1904. Das Herrenhaus, das man nach telefonischer Anmeldung besichtigen kann, wird heute von der Familie Carl bewohnt, die einen Reitbetrieb unterhält und Ferienwohnungen vermietet (Tel. 04358/988 19, Fax 560, www.gut-ludwigsburg.de).

Auf halbem Weg nach Waabs führt ein Abstecher ans Meer zum Großsteingrab Langholz aus der Trichterbecherkultur (ca. 2900–2600 v. Chr.).

Die schlichte Feldsteinkirche in **Waabs** wurde um 1400 erbaut. Neben dem reich geschnitzten Barockaltar, dem Orgelprospekt und der Pokaltaufe aus dem 17. Jh. sowie der Kanzel aus dem 16. Jh. besitzt die Kirche eine gotländische Kalksteintaufe aus dem 13. Jh. und gotische Schnitzfiguren.

Tourist-Information Waabs: Mühlenstr. 1, 24369 Waabs, Tel. 04352/12 44, Fax 91 29 19, www.ostsee-waabs.de.

Heuherberge Sophienhof: Gut Sophienhof, Waabs, Tel. 04358/10 25, Fax 99 99 92, www.heuherberge-waabs.de. Für Allergiker steht ein Blockhaus zur

Verfügung. Übernachtung mit Frühstück 14, Kinder (bis zu 12 Jahren) 12 €.

Camping

Campingplatz Karlsminde: Waabs, Tel. 04358/10 14 u. 344. Kleiner, gemütlicher Platz, Freizeitangebote für Kinder.

Ostseecamping Heide: Klein Waabs, Strandweg 31, Tel. 04352/25 79, Fax 1398, www.waabs.de. Beheiztes Hallenschwimmbad und Sauna, Sommerfreizeitprogramm.

Hofcafé Gut Ludwigsburg: in der alten Gutsräucherei, Tel. 04358/988 18, tgl. 14–18, im Winter nur Sa/So, So Brunch ab 10.30 Uhr. Leckerer Kuchen.

Hofladen im Gut Ludwigsburg: heimische Spezialitäten wie Wildschweinfleisch, Honig, Gemüse, etc.

Gut und Ostseebad Damp

Reiseatlas: S. 233, D 3/E 4

Das dreiflügelige Herrenhaus von **Gut Damp** mit schlichter Fassade wird im Innern von einem großen Rittersaal beherrscht (Führungen nur für Gruppen nach Anmeldung: Tel. 04352/22 03). Um 1700 wurde die prachtvolle Halle in einen zweigeschossigen Raum mit reich stuckiertem Treppenhaus umgebaut. Der Orgelprospekt aus dem 17. Jh. und ein Kamin aus dem 19. Jh. dominieren den Saal. Ein innerer und ein äußerer Wassergraben trennen das Herrenhaus von den Tor- und Wirtschaftsgebäuden, zu denen eine mächtige reetgedeckte Scheune (17./18. Jh.) gehört. In der ehemaligen Kuhscheune befindet sich heutzutage ein Café.

Gut Damp

Johann Rudolph von Ahlefeldt gründete im 18. Jh. das St. Johannis-Stift in Vogelsang als Altersheim für die Gutsarbeiter. Seit Ende des 19. Jh. gehört das Gut den Grafen von Reventlow, die am Strand bei Dorotheenthal Campingplätze anlegen ließen – hier entstand auch das Ostseebad Damp.

Das Freizeitdorf am Ostseestrand bietet neben Sportanlagen (Indoor-Kletterwand u. a.), einem Yachthafen (400 Liegeplätze) und Restaurants ein großes Rehabilitationszentrum (Orthopädie, Innere Medizin, Neurologie).

Baden kann man am 3 km langen Sandstrand, im Vital Centrum mit Sauna, Fitness- und Wellnessbereich sowie im Badeparadies Aqua Tropicana. Mit 29 °C warmem Wasser, 70 m langer Rutsche, Wasserfall und echten Palmen zaubert dieses auch bei kräftigstem ›Nordwest‹ südliches Flair.

Tourist-Information Damp: Ladenzeile 1, 24351 Damp, Tel. 04352/80 11 11 oder Damp Touristik GmbH (Reservierungen), Seeuferweg 10, 04352/806 66, Fax 80 89 21, www.damp-urlaub.de.

Ostseehotel Damp im Freizeitpark, Tel. 04352/806 66. Mit Meerblick. 60–140 €.

Camping
Campingplatz Dorotheenthal: Tel. 04352/51 21, Fax 56 03, www.camping-damp.de. Ruhig, an der Ostsee, behindertengerecht. Dusche/WC, Reiterhof 500 m entfernt.

Café-Restaurant Kuhhaus: Gut Damp, Tel. 04352/22 03, Fr–Sa 14–18 Uhr, gemütliches Ambiente.

Antiquitätengeschäft N. Benz: im Torhaus des Gutshofs Damp, Tel. 04352/22 03, Di–So 14–18 Uhr.

Erlebniswelt Damp: Aqua Tropicana, Tel. 04352/80 58 80, i. Sommer 10–21, i. Winter 11–19 Uhr; Vital Centrum, Tel. 80 86 90, Sauna (ab 16 Jahre), Mo–Do 12–21, Fr–So 10–22 Uhr, Schwimmbad Mo–Fr 16–21, Sa/So 10–22 Uhr; Fun & Sport Center, Tel. 80 70 00, tgl. 9–21, NS 11–19 Uhr, u. a. 270 m² Kletterfläche.
Tauchfahrt: Mit der »Bubblewatcher« Wracktauchen, Infos unter Tel. 04355/989737, Mobil 0171/777 48 08, www.bubblewatcher.de.

Schwansener See

Reiseatlas: S. 233, E 3
Der Ostseestrandwall, die Salzwiesen, die Flachwasserbereiche der Ostsee und der Binnensee des Naturschutzgebiets sind Brutgebiete zahlreicher Vogelarten sowie Rastplatz von Wintergästen. Am Ende des Strandwallwegs steht eine Hütte der Naturschutz-Mitarbeiter, die Führungen anbieten und Fragen beantworten.

Der Strand ist zwischen April und September wegen der Brut von Seeschwalben und Regenpfeifern gesperrt. Mehr über die Vögel erfährt man im natur- und vogelkundlichen Informationszentrum im nahen Ort **Dörphof**. Dort werden 600 präparierte Tiere, überwiegend aus der Region, in ihrem Lebensraum präsentiert.

Das Material zur Abriegelung des Schwansener Sees stammt vom Steilufer bei **Schönhagen**. Das familiäre Ostseebad besitzt einen langen Sandstrand, an dem auch für Surfer ideale Bedingungen herrschen.

Tourist-Information Ostseebad Schönhagen: Strandstr. 13, 24398 Schönhagen, Tel. 04644/95 11, Fax 95 13, www.schoenhagen-ostsee.de.

Camping

Campingplatz Seestern: Strandstr. 22, Ostseebad Schönhagen, Tel. 04644/305, Fax 10 62. An der Ostsee, Wohnwagen für vier und fünf Personen mietbar.

Naturschutzgebiet Schwansener See: Führungen nach telefonischer Vereinbarung (Tel. 04644/401) oder anschließend an den Besuch des Informationszentrums Dörphof, Mai–Sept. 14–17 Uhr, tgl. um 15 Uhr 30-minütiger Diavortrag, Okt.–April Sa, So gleiche Zeiten.

Dänischer Wohld

Reiseatlas: S. 235, D 3–E 4

An der Südküste der Eckernförder Bucht wechseln flache Sandstrände mit bis zu 30 m hohen Steilhängen ab. In reizvollem Kontrast dazu stehen verwunschene Moore und die Wälder des Hinterlands. Die Lage im Grenzgebiet zwischen Dänen und Holsten bestimmte die Geschichte dieses Landstrichs und gab ihm auch den Namen, Dänischer Wohld. Ende des 13. Jh. verpfändete der Dänenkönig das Gebiet an den Grafen von Holstein, der neue Siedler aus Holstein, Niedersachsen, Westfalen und Holland holte. Bis heute zählt der Dänische Wohld zu den waldreichsten Gebieten Schleswig-Holsteins.

Beim Stohler Kliff

Feuerwehrmuseum

Ein kleiner Abstecher von Krusendorf ins Binnenland führt an die Landstraße nach Birkenmoor-Sprenge. Oswald Wohlfahrt hat in seinem Feuerwehrmuseum alles zusammengetragen, was seit 240 Jahren verwendet wird, um Feuersbrünste zu löschen. Ausgestellt sind unter anderem ungewöhnliche Feuerwehrfahrzeuge wie Handpumpenkutschen aus dem 19. Jh., historische Uniformen, Löscheimer und Hydranten (Osdorfer Landstr. 23, Tel. 04308/239, Mai–Sept. Mi, Sa, So 9–17 Uhr).

Gut Altenhof

Reiseatlas: S. 234, C 2
Das mächtige Gebäude mit imposantem Eingangsportal liegt in einer reizvollen Umgebung, der Golfplatz zählt zu den schönsten des Landes. Das Herrenhaus (1410 erwähnt, bis 1728 von Cay Friedrich Reventlow fertig gestellt) kann nach Vereinbarung von Mai bis September in Gruppen besichtigt werden (Tel. 04351/468401, www.gutaltenhof.de, 3 €, mit Kaffeetafel 10 €.

Gut Altenhof ist bekannt wegen seiner historischen Bibliothek, die über 10000 Bände enthält, einem eindrucksvollen Speisesaal, Stuckaturen (1750/55) und vier großen Gobelins sowie von Giuseppe Anselmo Pellicia gemalten Tapeten. Außerdem besitzt das Haus eine Sammlung von Porträts der Reventlows und fast aller dänischen Könige vom Ende des 17. bis ins 19. Jh. Im Kuhhaus, der restaurierten Scheune, finden Konzerte des Schleswig-Holstein Musik Festivals statt.

Bewaldete Düne Noer

Reiseatlas: S. 235, D 1
Das Naturschutzgebiet umfasst eine selten hohe und bewaldete Düne. In der Vegetationsfolge sieht man Strandhafer und Sandsegge, Schlehen- und Weißdornbüsche sowie einen Stieleichenwald mit Bergahorn, Sandbirke und Holzapfel, in dessen Strauchschicht man vielerlei Beeren und Waldmeister findet.

Schwedeneck

Reiseatlas: S. 235, D 1-E 1
Der Nordostzipfel des Dänischen Wohlds mit den Gemeinden Krusen- und Surendorf, Dänisch-Nienhof, Hohenhain, Stohl, Sprenge und Birkenmoor wird Schwedeneck genannt. Bei den Auseinandersetzungen zwischen Schweden und Dänen im Dreißigjährigen Krieg war das Gebiet ein Brückenkopf der Schweden. In der beliebten Ferienregion mit einem 16 km langen Sandstrand und Steilhängen kann man entlang der Küste auf Wanderwegen spazieren oder baden.

Krusendorf lag einst unmittelbar an der Steilküste, musste aber wegen des stetigen Küstenrückgangs versetzt werden. Der neuen Hl. Dreifaltigkeitskirche (1733-37) ist nur die alte Glocke aus dem Jahre 1635 geblieben. Ihr geschweifter Zwiebelturm fällt weithin auf.

Durch eine Siedlung am Ortsrand gelangt man an die Steilküste. Fast senkrechte Stufen führen hinunter zum Strand, wo der **Teufelsstein** aus dem Wasser ragt. Der Teufel soll ihn von Schwansen gegen die Kirche geschleudert haben – ohne Erfolg.

Im Norden des Dänischen Wohlds, dort, wo Eckernförder und Kieler Bucht zusammentreffen, ragt das **Stohler Kliff** empor, eines der schönsten und geologisch interessantesten Steilufer der Ostseeküste.

Ostseebad Schwedeneck: Zum Kurstrand, 24229 Schwedeneck, Tel. 04308/331, Fax 12 60, www.ostseebad-schwedeneck.de. Die Kurverwaltung stellt mietfrei Strandrollis für Rollstuhlfahrer zur Verfügung.

Restaurant/Cafe Kiekut: Altenhof, an der B 76, Tel. 04351/413 10, Di Ruhetag. Gemütliches Reetdachhaus am Ostseestrand. Frischer Fisch und Wild, Menü zu empfehlen. 8–22 €.
Restaurant Schmeerhörn: Altenhof, Tel. 04351/420 25. Uriges Lokal am Waldrand. 8–19 €.

Golf-Club Altenhof: 18-Loch-Platz, Tel. 04351/412 27, www.gcaltenhof.de.

Gettorf und in die Hüttener Berge

Gettorf

Reiseatlas: S. 235, D 2
Der freundliche Ort ist der Mittelpunkt für die Dörfer der Umgebung. Am Karl-Kolbe-Platz begrüßt die restaurierte **Holländer-Windmühle** (1869) schon von weitem die Besucher. Bis 1945 lief die imposante, 18,5 m hohe Mühle mit Windkraft. Heute werden die drei Ebenen als Bücherei und Gemeindearchiv genutzt. Das **Heimatmuseum** schräg gegenüber zeigt haus- und landwirtschaftliche Geräte sowie Möbel (Mühlenstr. 19, Tel. 04346/91 52, 15.5.–15.9. Di–Fr, So 14–17 Uhr, Okt.–April nur Do u. Fr.

Der 64 m hohe Westturm (15. Jh.) der **Gettorfer Kirche** besitzt Steinritzungen, die evtl. von Ritzungen auf den Hünengräbern übernommen wurden. Der Legende zufolge soll ein Ritter auf dem Weg nach Schleswig an einem Meeresarm Rast eingelegt haben. Da sei die Königin des Meeres aus dem Wasser gestiegen, habe dem Ritter eine goldene Axt gegeben und ihn beauftragt, den Wald an einer Stelle zu roden und dort dem heiligen Jürgen zu Ehren eine Kapelle zu bauen als Wallfahrtsort für die Armen und Kranken.

Anstelle der Jürgenskapelle von 1110 wurde im Jahre 1250 eine Wehrkirche errichtet und später zur einschiffigen Backsteinkirche erweitert. Das Innere beeindruckt durch einen geschnitzten Marienaltar (1518), eine spätgotische Bronzetaufe (1424) sowie eine kunstvoll geschnitzte Doppelreihen-Kanzel (1598).

Jüngere Besucher erfreuen sich vor allem am **TierPark**. Dort gibt es ein Affenvolk, Vögel, Zebras, Tapire, Alpakas, ungewöhnliche Scheckesel und die einmaligen Vierhorn-Ziegen. Ein Streichelzoo, Restaurant und Café runden das Angebot ab (Süderstr. 33, Tel.

04351/416 00, Fax 41 60 60, www.tierparkgettorf.de, tgl. 9–18, im Winter 10 Uhr bis zur Dunkelheit, 4–7 €).

Fremdenverkehrsverein Gettorf: Alte Dorfstr. 15, 24214 Tüttendorf, Tel. und Fax 04346/35 20, www.fvv-gettorf.de.

Naturpark Hüttener Berge

Reiseatlas: S. 234, B/C 1–B/C 2

In einer waldreichen Hügellandschaft erstreckt sich der Naturpark mit zahlreichen Seen, die Wassersportler, Angler und Wanderer anziehen. Die Wälder und die Wasserflächen sind der Sage zufolge die Heimat von Märchenwesen, etwa Zwergen. Das Verhalten habgieriger Menschen und der laute Klang der Kirchenglocken der Hüttener Dorfkirche soll sie aber veranlasst haben fortzuziehen.

Das auch ›Kleiner Harz‹ genannte Gebiet ist das Ergebnis vorstoßender Gletscherzungen, die Moränenschutt aufstauten. Daher stammen auch die vielen großen Findlinge. Oder war es doch das Werk des Teufels, wie die Sage erzählt? Der schlug sich nämlich bei seiner Reise durch Schwansen so den Bauch mit Mehlbeuteln voll, dass er sich übergeben musste. Die Mehlbeutel liegen seit dieser Zeit zu Stein geworden herum.

Die Hüttener Berge erheben sich sich im Westen des Naturparks, vor allem im Brekendorfer Forst mit dem 106 m hohen **Scheelsberg** sowie dem 14 m niedrigeren **Heidberg**. Vom Parkplatz Heidberg führt ein etwa 20-minütiger Fußweg zum Gipfel.

Fisch vom Fischmeister

In **Sande,** einem kleinen Ort südwestlich von Klein-Wittensee, sollte man frischen Fisch aus dem Wittensee probieren. Vielleicht gibt es auch die geräucherte Maräne. Der wohlschmeckende Edelfisch ist eine schleswig-holsteinische Spezialität (Fischgeschäft Arne Bening, Sande 7, Di bis Fr, So 9 bis 18 Uhr, Tel. 04356/327 oder am See).

Am Fuß von Heid- und Arnsberg versteckt sich der kleine, verwunschende **Rammsee.** Man kann von Brekendorf zu einem Wanderparkplatz fahren und das kurze Stück zum See laufen. Vom unbewaldeten Gipfel des **Aschbergs** südöstlich des Brekendorfer Forstes hat man eine schöne Aussicht. Neben einer Gaststätte versteckt sich eine 7 m hohe Bronzefigur von Bismarck. Hinter der Jugendherberge beginnt ein Waldlehrpfad, auch der Europäische Fernwanderweg E 1 von Flensburg nach Genua führt hier entlang.

Zu den bekanntesten vorgeschichtlichen Funden aus den Hüttener Bergen zählen der Svebenkopf aus Osterby und fünf Moorleichen aus Damendorf, die im Moor einen schimpflichen Tod erlitten. (Archäologisches Museum in Schloss Gottorf, s. S. 71f.).

Fremdenverkehrsverein Hüttener Berge e.V.: 24361 Holzbunge, Hauptstr. 2 (im »Redderhus«), Tel. 04356/

98 61 07, Fax 98 61 09, www.Tourismus-huettener-berge.de. Redderhus mit Krog, Café und Bauerngarten (Mi Ruhetag).

Seehotel Töpferhaus: Am See, Alt-Duvenstedt, Tel. 04338/997 10, Fax 99 71 71, www.toepferhaus.com. First-Class Landhotel, Tolle Lage am Bistensee. 135–185 €.

Café-Restaurant Aschberg Stuben: Aschberg, Tel. 04353/593, Mo Ruhetag. Herrlicher Rundblick, hausgemachte Torten, regionale Küche, 8–17 €. **Keramikcafé:** Alt-Duvenstedt, Tel. 04338/99 92 25. angeschl. Werkstatt, Di–So, 13–18 Uhr.

Der Wittensee

Reiseatlas: S. 234, C 2
Bewaldete Hänge, sumpfige Verlandungszonen sowie Wiesen und Äcker bilden das Ufer des größten Sees im Naturpark Hüttener Berge. Sein Fischreichtum zieht Angler an und auch Wanderer finden ein ruhiges Plätzchen, um die Natur zu genießen.

Etwa 2 km hinter **Groß Wittensee** beginnt ein Rundwanderweg. Der silbrig schimmernde Wittensee ist auch ein beliebtes Bade-, Segel- und Surfzentrum. In kalten Wintern flitzen Eissegler auf drei Kufen über das Eis.

Der Wittensee

Ein Rundgang durch Groß Wittensee führt an malerischen Reetdachhäusern und der Mühle Auguste aus dem Jahre 1877 vorbei, einem Gallerieholländer (Besichtigung nach tel. Vereinbarung: 04356/99 51 49). Baden kann man im Wittensee, Toben oder Faulenzen in einem Freizeitgelände am Seegarten.

Tourismus »Am Wittensee« e.V.: 24361 Groß Wittensee, Dorfstr. 1, Tel. 04356/98 67 01, Fax 12 04, www.am-wittensee.de.

Hotel-Restaurant Schützenhof: Groß Wittensee, Rendsburger Str. 2, Tel. 04356/170, Fax 17 66, www.hotel-wittensee.de. Sauna und Fitnessraum. Gutbürgerliches Essen. 78–122 €.

Landhaus Wolfskrug: Klein Wittensee, Dorfstr. 11, Tel. 04356/354, Di Ruhetag. Frische, klassische Küche. 10–20 €.

Maleratelier Lambertz-Reese: Groß Wittensee, Habyer Str. 15, Tel. 04356/410, Do–Sa 15–18 Uhr.

Tagesangelkarten: sind erhältlich bei den Seepächtern (z. B. A. Bening, Tel. 04356/327) oder bei den Gemeinden.

Kiel und die Kieler Förde

Krusenkoppel,
die Kreativecke
für Kinder während
der Kieler Woche

Reiseatlas S. 235

LANDESHAUPTSTADT KIEL UND UMGEBUNG

Zeigt sich die Landeshauptstadt nur während der Kieler Woche von ihrer charmanten Seite? Keineswegs: der Kleine Kiel und die vielen Parks lockern das Stadtbild auf – Museen und Galerien laden zu einem Besuch ein. Kleine und größere Badeorte an der Förde sind nicht nur im Sommer beliebte Ziele. Das Freilichtmuseum Molfsee ermöglicht einen Blick in die Vergangenheit.

Kiel, Stadt am Wind

Reiseatlas: S. 235, E 2/3
Kiel stand lange im Schatten der anderen Küstenstädte Lübeck, Schleswig und Flensburg. Erst Kaiser Wilhelm I. beförderte es zur Marinehochburg, sodass Hafen und Kais gebaut sowie Werften und Industrie angesiedelt wurden. 1936 und 1972 fanden die Segelwettbewerbe der Olympischen Spiele in Kiel statt. Auch heute ist die Landeshauptstadt vor allem wegen großer Segelereignisse bekannt wie etwa der Kieler Woche. Eigentlich hat alles in Kiel mit dem Wasser zu tun: der Schiffsbau, die Fährhäfen, die Promenade ›Kiellinie‹ und der Nord-Ostsee-Kanal.

Selbst die Erfindungen, die aus der Fördestadt stammen, sind auf Wasser ausgerichtet wie das Echolot von Alexander Behm, der Kreiselkompass von Hermann Anschütz-Kaempfe und das erste, von Wilhelm Bauer konstruierte U-Boot, der Brandtaucher. Sogar der Matrosen- oder ›Kieler Anzug‹ ist weit über die Grenzen der Stadt hinaus bekannt. Kommt man also nur des Wassers wegen nach Kiel?

Gegründet wurde Kiel zwischen 1233 und 1241 von Adolf IV. von Schauenburg. Zwar wurde die Stadt Mitglied der Hanse, jedoch währte die Blütezeit nur kurz, da Lübeck Kiel im Wettbewerb ausstach. Im 18. Jh. brachte Herzog Karl Friedrich von Holstein-Gottorf zeitweise höfischen Glanz an die Förde, Adelshöfe entstanden, und das Schloss wurde neu errichtet, in dem Karl Friedrichs Sohn, der spätere Zar Peter III., geboren wurde. Der industrielle Aufschwung begann 1785 mit der Freigabe des Schleswig-Holsteiner Canals (Eider-Kanal).

Im Jahre 1867 wurde Kiel dem preußischen Staat einverleibt und vier Jahre später zum Reichshafen ernannt. In den Werften wurden immer mehr Kriegsschiffe gebaut, die Stadt lebte

Kiel

nun von und mit der Marine. Am 21. 6. 1895 weihte Kaiser Wilhelm II. den Nord-Ostsee-Kanal ein. 1918 unterschrieb er seine Abdankung. In Kiel hatte die Revolution der Matrosen und Werftarbeiter begonnen, die Auslöser für die Novemberrevolution war. Es wurde wieder still um Kiel, bis es im Zweiten Weltkrieg abermals als Marinestützpunkt diente, was der Stadt allerdings zum Verhängnis werden sollte. 1945 stand nach 90 Luftangriffen nur noch jedes vierte Haus.

Im Jahre 1949 wurde Kiel Hauptstadt des Bundeslandes Schleswig-Holstein und der Aufschwung kam mit dem Fährverkehr nach Skandinavien und Osteuropa.

Die Fußgängerzone

Die Holstenstraße, eine der ältesten Fußgängerzonen Deutschlands, reicht vom überdachten **Sophienhof** 1 – einem Einkaufszentrum gegenüber vom Bahnhof – bis zum Alten Markt. Im **Neuen Rathaus** 2 sind auch das Tourist-Büro und die Stadtgalerie untergebracht. Die Fußgängerzone weitet sich neben dem Café Fiedler, einem der ältesten Cafés der Stadt, zum Europaplatz mit der **Ostseehalle** 3, in der sportliche und musikalische Veranstaltungen stattfinden. Der Exerzierplatz dahinter dient als Parkplatz, mittwochs und samstags findet dort ein Wochenmarkt statt (8–13 Uhr).

Auf dem Asmus Bremer-Platz sitzt der Namensgeber unter einer Eiche. 1982 fertigte Frauke Wehberg die Bronzefigur des zum Wahrzeichen gewordenen Bürgermeisters, der Kiel von 1702 bis 1720 regierte. Aus derselben Hand stammt der Zeitungsjunge, der von der Ecke Fleethörn vergnügt zu Asmus Bremer hinüberpfeift.

Die Fleethörn führt zum Rathausplatz, dessen Südwestseite das zwischen 1907 und 1911 erbaute **Alte Rathaus** 4 mit dem 106 m hohen Turm, dem ›Campanile von Kiel‹, einnimmt. Von der Aussichtsplattform hat man einen herrlichen Rundblick (Mai–Sept. Mi u. Sa 12.30 Uhr). Das **Opernhaus** 5 und Kiels erstes privates Bankhaus (Ahlmann-Haus) flankieren den Rathausplatz. Davor glitzert inmitten einer Grünanlage die Wasserfläche des Kleinen Kiel, an dessen Ufern Wasservögel brüten.

Die Altstadt

Der Alte Markt war einst das Zentrum des ersten Stadtkerns mit der St. Nikolai-Kirche. Nach der Neugestaltung in den 70er Jahren des 20. Jh. mit Pavillons und einem Brunnen hat der Platz an Weite und Wirkung verloren.

Auch die eindrucksvolle **St. Nikolai-Kirche** 6 wirkt wie zur Seite geschoben (Mo–Fr 10–18, Sa 10–13 Uhr). Wahrscheinlich um 1242 erbaut, wurde die Kirche nach schwerer Zerstörung im Zweiten Weltkrieg nur teilweise im alten Stil wieder aufgebaut. Im Durchgang zur Pommernkapelle sieht man Wandmalereien aus der ersten Hälfte des 15. Jh. Im Gedenken an die 1940 von deutschen Bomben zerstörte Kathedrale von Coventry hängt links im Altarraum ein Kreuz aus drei Nägeln jener Kirche. Die Buntglasfenster stammen aus dem 20. Jh. Der

»Geistkämpfer« von Ernst Barlach (1927/28) wacht vor der Kirche.

Vor dem Neubau Küterstraße Nr. 17 erinnert ein Gedenkstein an den Physiker Max Planck, den berühmten Sohn der Stadt, der 1858 in dem vom Krieg zerstörten Haus geboren wurde.

Auch das 1240 gegründete **Franziskanerkloster** 7 fiel den Bomben zum Opfer. Erhalten blieben das Refektorium und der Westflügel des Kreuzgangs mit dem Grabstein des Stadtgründers Adolf IV. Bei Führungen (Di–So 15–18 Uhr) kann man bis in den Glockenstuhl steigen und sich gegen eine Spende ein Lied des Glockenspiels wünschen. Das Glockenspiel des Carillons ertönt um 12, 15 und 18 Uhr. Im neu gestalteten Klostergarten kann man im Sommer in einem Pavillon einen Kaffee trinken.

Dänische Straße

Friedrich III. von Gottorf schenkte den einzigen erhaltenen Adelshof Kiels, den **Warleberger Hof** 8, Anfang des 17. Jh. seinem Amtsschreiber. Heute zeigt dort das Stadtmuseum in Wechselausstellungen Kiels Geschichte (Dänische Str. 19, Tel. 0431/901 34 25, 16.4. bis 14.10. 10–18, sonst Di–So 10–17 Uhr).

Alljährlich im Februar ›erweckt‹ dort der amtierende Kieler Oberbürgermeister den legendären Bürgermeister Asmus Bremer, der dann den Kieler Umschlag eröffnet. Nach dem Startschuss am Alten Markt wird ›den Börgermester sin Büx‹ am Turm der Nikolaikirche gehisst. Die Stadtfahne aus Eisenblech verhieß während der Zeit des Umschlags Marktfreiheit und Marktfrieden.

Sehenswürdigkeiten

1 Sophienhof
2 Neues Rathaus/Stadtgalerie
3 Ostseehalle
4 Altes Rathaus
5 Opernhaus
6 St. Nikolai-Kirche
7 Franziskanerkloster
8 Warleberger Hof
9 Schloss
10 Museum für Seeschifffahrt
11 Sartori-Speicher
12 Zoologisches Museum
13 Kunsthalle zu Kiel
14 Alter Botanischer Garten
15 Literaturhaus
16 Aquarium
17 Schrevenpark
18 Klappbrücke zum Ostufer

Übernachten

19 Steigenberger Hotel
20 Hotel Kieler Yacht Club
21 Hotel Consul
22 Hotel Erkenhof
23 Hotel Astor
24 Bekpek
25 Jugendherberge
26 Campingplatz Falckenstein

Essen und Trinken

27 Lüneburg-Hus
28 Fördeblick
29 Louf-In-Kneipe
30 September
31 Der Bauch von Kiel
32 Forstbaumschule
33 Klosterbrauerei
34 Café Fiedler

26 28 32
20 29
Olshausenstr.
Franckestr.
Beselerallee
Waitzstr.
Gerhardstr.
Lornsenstr.
Feldstraße
Reventlouallee
Hohenbergerstr.
Niemannsweg
Kirchen-
str.
Knooper Weg
Holtenauer Str.
Schauenburger Str.
Schwanenweg
15
16
14
Jungmannstr.
Breiter Weg
Feldstraße
Düsternbrooker Weg
Hospitalstr.
12
13
Knooper Weg
Holtenauer Str.
Mittelstr.
Brunswiker Str.
17
Lessing-
platz
Bergstr.
Blocks-
berg
Seeburg
Wilhelminenstr.
Lorentzendamm
Rats-
diener-
garten
19
Legienstr.
31
Kiel
Prinzen-
garten
Ostseekai
Humboldt-
str.
Gartenstr.
Muhliusstr.
Lorentzendamm
Jensendamm
Falckstr.
8
9
Dänische Str.
Burg-
str.
Kleiner
Martensdamm
7
Küterstr.
33
Kieler
Hafen
Knooper Weg
Körnerstr.
Fleethörn
Alter
Markt
27
Wall
10
22
5
Holstenstr.
Dammstr.
Rathausstr.
Rathaus-
platz
6
11
A.-
Bremer-
Pl.
Sartorikai
4
Fleethörn
Holstenbrücke
Wall
Möllingstr.
24
Hafen-
str.
Kl. Kuhberg
Exerzier-
platz
Europa-
pl.
3
Hafen-
str.
23
Andreas-Gayk-Str.
Kaistr.
Schwedenkai
Schwedenkai
Ziegelteich
34
21
Schülperbaum
2
Ringstr.
Herzog-Friedrich-Str.
Kirchhofallee
Aug.-Viktoria-
Str.
Norwegen-
kai
Königsweg
Hopfenstr.
Sophienblatt
Bollhörnkai
GAARDEN
Werftstraße
1
18
Kieler Str.
Von-der-Tann-Str.
Haupt-
bhf.
Ringstr.
Königsw.
Hörn
25
KIEL
Harmstr.
Kaistr.
30
0
300 m

Bereits seit 1482 kamen einmal im Jahr Kaufleute von weither zu dem größten Tausch- und Geldmarkt des Nordens. Mit der Gründung von Sparkassen und Banken um 1900 war das Geldgeschäft des Kieler Umschlags allerdings überholt, übrig blieb der Jahrmarkt.

Am Ende der Dänischen Straße steht das Symbol der Fördestadt, die Figur der Kilia. Die Stadt schenkte Prinz Heinrich von Preußen und Prinzessin Irene von Hessen zur Hochzeit für den Schlosshof einen Brunnen (1888/90) mit der Statue. Als 1918 in Kiel die Revolution ausbrach, nahm der Prinz den Brunnen mit auf sein Gut nach Hemmelmark. Erst 1977 wurde Kilia an die Stadt zurückgegeben und mit Blick in Richtung Schloss aufgestellt.

Das ›Schloss‹ und der ›Schlossgarten‹

Manch einer wird sich beim Anblick des modernen Betonklotzes verwundert fragen, wo hier ein **Schloss** [9] sei, wo die Residenz des Herzogs oder gar die Wiege eines russischen Zaren.

Der Schwedenkai in Kiel

Adolf IV. und sein Sohn Johann I. ließen bis 1239 dort eine Burg errichten. Fast 300 Jahre später baute Herzog Friedrich I. an gleicher Stelle das Alte Schloss als Witwensitz für seine erste Frau, Herzogin Anna, und zugleich als Sitz des Amtmannes. Im Jahre 1665 gründete Herzog Christian Albrecht dort die Universität, die Christiana Albertina. Aber auch dieser Bau war nicht für die Ewigkeit bestimmt: Herzog Friedrich IV. gab 1695 ein neues dreiflügeliges Schloss in Auftrag. Den Luftangriffen des Zweiten Weltkriegs hielt nur ein Teil, der Rantzaubau, stand. Das heutige ›Schloss‹, das als Konzertsaal dient, wurde in den 60er Jahren des 20. Jh. errichtet. Um eine Ähnlichkeit wenigstens im Äußeren zu erreichen, bauten die Architekten an alter Stelle einen Treppenturm an. Am Platz des barocken Südflügels steht der marmorgetäfelte Flachbau.

Parallel zum Schloss, im Wall, liegt an der Innenförde das Schifffahrtsmuseum (s. S. 106) und ein Stück weiter der **Sartori-Speicher** [11] von 1925/26 mit der Landesbibliothek (Wall 47–51, Tel. 0431/696 77 33, Di, Do 10–19, Mo, Mi 10–17, Fr 10–13 Uhr).

Von dem sich nach Norden an das Schloss anschließenden Garten ist nicht viel mehr übrig als eine von Straßen unterbrochene Grünfläche mit Teilen der Lindenallee. Auf der linken Seite des Schlossgartens sind das **Museum für Völkerkunde und das Zoologische Museum** [12] in einem Gropius-Bau aus dem Jahre 1881 untergebracht (Hegewischstr. 3, Tel. 0431/880 51 70 u. 880 50 01, Di–Sa 10–17, So 10–13 Uhr). Neben einer Insekten- und Schneckensammlung sind unter dem lichtdurchfluteten Dach auch seltene Exponate zu sehen, wie die Ausbeute der ersten Weltumseglung der »Galathea« (1845–48) und der ›Ersten Planktonexpedition‹ von 1889. Für regen Zulauf sorgen Sonderausstellungen, auch mit lebenden Reptilien zum Anfassen. Das Museum für Völkerkunde gewährt mit Bootsmodellen, Kleidern, Schmuck und Steingeld Einblick in die Kulturen der Südsee.

Museumshafen

Im Kieler **Schifffahrtsmuseum** 10 in der ehemaligen Fischhalle von 1909/10, wo einst der Fang umgeschlagen wurde, sieht man heute alles, was mit Schiffsbau zu tun hat, sowie maritime Erfindungen. Kinder mögen dieses kleine und übersichtliche Museum und stöbern besonders gern auf den drei historischen Schiffen des Museumshafens herum (Wall 65, Tel. 901 34 28, tgl. 10–18, 15.10.–15.4. Di–So 10–17 Uhr).

Düsternbrook

Die **Kunsthalle zu Kiel** 13 zeigt Werke von der Romantik bis zum Expressionismus, russische und schleswig-holsteinische Malerei des 19. und 20. Jh. sowie eine umfangreiche graphische Sammlung und eine Antikensammlung (Düsternbrooker Weg 1, Tel. 0431/880 57 56, Di–So 10–18, Mi bis 20 Uhr).

Der **Alte Botanische Garten** 14 bildet mit über 100 Jahre altem Baumbestand ein wertvolles Biotop für die Tierwelt (Düsternbrooker Weg 19, Tel. 0431/954 36, ständig geöffnet, Führung jeden zweiten So im Monat, 10.30 Uhr, außer im Januar und Februar. Von März bis Oktober kann man die unterschiedlichsten Blüten bewundern. Bei Führungen wird die Ausstellung über »Die Geschichte Düsternbrooks und die botanischen Gärten in Kiel« im mehr als 100 Jahre alten Pavillon besucht. Die Aussichtsplattform mit filigraner, schmiedeeiserner Kuppel bietet ein ruhiges Plätzchen mit Blick auf die Kieler Förde.

Im **Literaturhaus** 15, das man über den Eingang Schwanenweg 13 erreicht, finden Lesungen, Seminare und Diskussionsforen statt.

An der Förde

Die 17 km lange Kieler Förde ist Anlegestelle von Kreuzfahrtschiffen, großer und kleiner Fähren – etwa am Schweden- und Ostseekai – sowie von Ausflugsdampfern. Die Ministerien der schleswig-holsteinischen Landesregierung und mehrere Institute wie etwa das Institut für Meereskunde mit dem **Aquarium** 16 säumen das Ufer. In über 30 Becken kann man die heimische Wasserwelt sowie tropische Korallenriffe bewundern. Publikumslieblinge sind die Seehunde in den Außenbecken an der Kiellinie (Düsternbrooker Weg 20, Eingang Kiellinie, Tel. 0431/600 16 32, April–Sept. 9–19 Uhr, im Winter bis 17 Uhr, Seehundfütterung tgl. außer Fr 10 u. 14.30 Uhr). Gegenüber ankern die Forschungsschiffe der Meereskundler, die bis nach Grönland und Afrika fahren.

Auch die »Gorch Fock«, das Segelschulschiff der Bundesmarine, ankert in der Förde, im Tirpitzhafen. Seinen Namen verdankt das Schiff dem Marinedichter Johann Kienau, genannt Gorch Fock.

Die **Kieler Woche** Ende Juni ist aus einer Regatta im Jahre 1882 hervorgegangen. Neben sportlichen Wettbewerben auf der Förde gibt es heute neun Tage lang Einzelveranstaltungen in der ganzen Stadt, etwa den Internationalen Markt am Rathausplatz mit Kunstgewerbe, Folklore und Köstlichkeiten aus aller Herren Länder sowie Konzerte und Ausstellungen. Die Kiellinie, auf der Kinder besonderen Spaß an der bespielbaren Kunst haben, ist dann ein beliebter Treff.

Vom anschließenden Hindenburgufer kann man am vorletzten Tag der Kieler Woche die Windjammerparade beobachten. Auf der Krusenkoppel im Düsternbrooker Gehölz wird eine Kreativecke für Kinder eingerichtet, wo sie zimmern, Lehmöfen bauen oder Theater spielen können. Den spektakulären Abschluss der Kieler Woche bilden das Lichtermeer der Fackelschwimmer in der Förde und ein Feuerwerk.

Seebad und Parkanlagen

Wer keinen Sand mag, ›liegt‹ in der Seebadeanstalt Düsternbrook am Hindenburgufer richtig. Auf dem Steg, von dem man ins Wasser springen kann, bieten Liegen Erholung. Schatten findet man unter den hohen Bäumen des Diederichsen-Parks und der benachbarten Forstbaumschule. Mit kleinen Teichen, Anhöhen, Liegewiesen sowie alten Bäumen gehört der Park neben dem Düsternbrooker Gehölz und dem **Schrevenpark** 17 zu den beliebtesten Sonntagsausflugszielen der Kieler.

Blick auf die Kieler Förde

Die Hörn

Vom innersten Stück der Förde führt eine gut 100 m lange **Klappbrücke** 18 für Fußgänger zum Ostufer mit dem dritten großen Fährschiffterminal, dem Norwegen-Kai. Die Brücke wurde gegen den Widerstand von Naturschützern gebaut, die um den Bestand der Heringe besorgt sind, die jedes Jahr im Frühjahr zum Laichen an das Fördeende kommen. Seit Generationen treffen sich dann Angler in Scharen an der Hörn.

Tourist Information Kiel e. V.: Andreas-Gayk-Str. 31, 24103 Kiel, Tel. 01805/65 67 00, www.kiel-tourist.de.

Steigenberger Hotel Conti Hansa 19: Schlossgarten 7, Tel. 0431/51 15-0, Fax 51 15 444, www.kiel-steigen berger.de. Gegenüber vom Schloss, Whirlpool, Sauna. 120–235 €.
Hotel Kieler Yacht Club 20: Hindenburgufer 70, Tel. 0431/88 13-0, Fax 881 34 44. Ausgesprochen schöne Lage an der Förde. 132–172 €.
Hotel Consul 21: Walkerdamm 11, Tel. 0431/53 53 70, Fax 535 37 70, www.hotel-konsul-kiel.de. Zentral, individuell gestaltete Zimmer, sehr freundlicher Service. 100–115 €.
Hotel Erkenhof 22: Dänische Str. 12-16, Tel. 0431/97 10 90, Fax 971 09 10. In der Nähe von Schloss, Theater und Museen gelegen. 76–92 €.
Hotel Astor 23: Holstenplatz 1–2, Tel. 0431/930 17, Fax 963 78, www.astor-kiel.de. In der Innenstadt, Restaurant mit schönem Blick auf die Stadt. 75–95 €.
Bekpek Kiel 24: Kronshagener Weg 130 a, Tel. 0431/888 80 09, Fax 888 80 33, www.bekpek-kiel.de. 2- u. Mehrbettzimmer. Küche für Selbstversorger, 46–58 €.
Jugendherberge 25: Johannesstr. 1. Neben der Gaardener Schwimmhalle, Tel. 0431/73 14 88, Fax 73 57 23. 16,50–19,50 €.

Camping
Camping Falckenstein 26: Palisadenweg 171, Kiel-Friedrichsort, Tel. u. Fax 0431/39 20 78. Sehr schön gelegen.

Lüneburg-Hus-Restaurant zum Hirschen 27: Dänische Str. 22, Tel. 0431/98 26 00-0. Feine Küche. 12–19 €.
Restaurant-Café Fördeblick 28: Tiessenkai 20, Kiel-Holtenau, Tel. 0431/36 28 38, Okt.–Ostern Mo Ruhetag. Fischspezialitäten, man kann die ›großen Pötte‹ auf der Förde beobachten. 8–19 €.
Louf 29: Reventlouallee 2, Tel. 0431/55 11 78. Terrasse an der Förde. 8–15 €.
September 30: Alte Lübecker Chaussee 27, Tel. 0431/68 06 10, So Ruhetag (im Winter auch Mo). Ehemalige Schmiede mit sehr schönem Ambiente, hervorragende internationale Küche. Im Bistro 10–16, im Restaurant nur Menüs um 38 €.
Der Bauch von Kiel 31: Legienstr. 16, Tel. 0431/512 15, mediterrane Küche, 13–18 €.
Forstbaumschule 32: Düvelsbeker Weg 46, Tel. 0431/33 34 96. Tradition seit 100 Jahren; Biergarten, im Sommer sonntags morgens Live-Musik. 8–14 €.
Klosterbrauerei 33: Alter Markt 9, Tel. 0431/90 62 90. Selbst gebrautes Bier und deftige Speisen in wahrhaft uriger Atmosphäre. 7–13 €.
Café Fiedler 34: Holstenstr. 92–94, Tel. 0431/99 71 90. Torten, Blick auf die Fußgängerzone.

Vielfältiges Angebot in kleineren Fachgeschäften und Boutiquen, vor allem im Sophienhof und dem Kleinen Herzog (Sophienblatt) sowie in der Fußgängerzone Holstenstraße und der Holtenauerstraße, zum Teil unter schönen Arkaden.

Casino: Holstenbrücke 30, Tel. 0431/98 70 00, Mo–Do ab 18, Fr–So ab 15 bis etwa 3 Uhr, Einlass nur mit Jackett und Personalausweis.
Stadtgalerie und KulturForum: Andreas-Gayk-Str. 31, Tel. 0431/901 34 00, Di, Mi, Fr 10–17, Do–19, Sa, So 11–17 Uhr, Führungen So 11.30 Uhr. Wechselnde Ausstellungen zeitgenössischer Kunst sowie Vorträge, Kabarett, Musik und Literatur.
TraumGmbH: Grasweg 19, Tel. 0431/54 44 50, tgl. ab 17.30, So ab 12 Uhr. Multikulturelles Zentrum, Restaurant, Disco, Kino, Konzerte.

Kieler Umschlag: letztes Wochenende im Feb. (Do–So), Winterfest in der Holstenstraße, auf dem Alten Markt und dem Rathausplatz.
Schleswig-Holstein Kid's Festival: Mitte Mai, drei Tage Sport und Spiel zu Wasser und zu Lande.
Kieler Woche: drittes bis viertes Wochenende im Juni, größte Segelregatta der Welt mit internationalem Markt und großer ›Spiellinie‹.
Museumsnacht: Ende Aug., Museen und Galerien in der Innenstadt sind bis spät nachts geöffnet, kulturelles Rahmenprogramm.

Themengebundene Stadtrundfahrten: Kiel zu Fuß, Besuch der Brauerei, Weinprobe etc. werden von der Tourist Information angeboten.
Hafenrundfahrt: Mai–Okt., tgl. außer Fr 11, 13 u. 15 Uhr, ab Bahnhofsbrücke, ca. 2 Std. 4,50–9 €.
Neuer Botanischer Garten: Olshausenstr. 40, Tel. 0431/880 42 76, tgl. 9–18, im Winter bis 15 Uhr, Führung jeden ersten So im Monat um 11 Uhr, im Winter gibt es stattdessen Vorträge, tropische und subtropische Pflanzen im Freiland und in Gewächshäusern, Rosen- und Arzneipflanzengärten sowie ein Alpinium.
Mediendom: Planetarium, Sokratesplatz 6, Tel. 0431/210 17 41, www.mediendom-fh-kiel.de. Fr 18–21 Uhr (alle 1,5 Std), Sa/So ab 15 Uhr. 4–10 €.

Tipp

Der **Raddampfer »Freya«** legt für eine Fahrt auf dem Ostsee-Kanal bis nach Rendsburg und zurück von der Bahnhofsbrücke in Kiel ab. Man kann die Rückreise auch mit dem Bus oder der Nordseebahn antreten (Adler-Schiffe, Tel. 04651/987 00, Fax 263 00, www.raddampfer-freya.de, 31,50 €).

Regionalbahnen: Tel. 01803/19 41 95.
Stadtbusse: KVAG, Tel. 0431/594 12 34.
Überlandbusse: Kreis Plön, Tel. 0431/70 58 41.
Kilius: Bus zum Flughafen Hamburg, Tel. 0431/666 22 22.
Schlepp- und Fährgesellschaft: SFK, Tel. 0431/594 12 66.
Fähren: nach Oslo (Color-Line, Tel. 0431/730 03 00), nach Göteborg (Stena-Line, Tel. 0431/90 99), nach Klaipeda/Litauen (Lisco Baltic Service, Tel. 0431/20 97 64 20), www.port-of-kiel.de.
Flughafen Kiel-Holtenau: Boelckestr. 100, Tel. 0431/32 91 90, mit Sylt Air Mo–Do nach Berlin (Tempelhof), Tel. 04651/78 77, www.syltair.de; mit Rhein Air Fr nach Frankfurt (Egelsbach), Tel. 02132/93 59 94, www.rheinair.net; mit Cirrus Airlines Mo–Fr nach München, Tel. 06893/800 40, www.cirrus-world.de.

Drachenfest am Strand von Friedrichsort

Das Westufer der Kieler Förde

Verlässt man das Stadtzentrum Richtung Norden, überquert man den 1895 erbauten und 1914 erweiterten **Nord-Ostsee-Kanal,** an dessen Eingang der alte Holtenauer Leuchtturm grüßt. Die Schleuse sieht man am besten von der Aussichtsplattform an der Kanal-Südseite (Kiel-Wik). Wenn man Glück hat, kann man ein Schiff bei der Passage durch den meistbefahrenen Kanal der Welt beobachten. Die Ausstellung auf der Schleuseninsel (Kanal-Nordseite) gibt Auskunft über die Baugeschichte und Kanaltechniken (Führungen tgl. 9, 11, 13 u. 15 Uhr, Tel. 0431/36 03 40).

Friedrichsort

Reiseatlas: S. 235, E 2
Der Industrievorort von Kiel besitzt noch beschauliche Stellen am Fördeufer, etwa den kleinen Sportboothafen. Am Deichweg entlang führt ein Spazierweg zum grün-weiß geringelten Friedrichsorter Leuchtturm.

Friedrichsort entstand 1631 als Festung Christianspries des dänischen Königs Christian IV. Die Anlage wurde nach dem Neuaufbau durch Friedrich III. 1667 in Friedrichsort umbenannt. Etwa 150 Jahre später war die Festung Gefängnis für dänische Staatsgefangene, in dem auch der schleswig-holsteinische Freiheitskämpfer Uwe Jens

Lornsen (1831) einsaß. Von 1871 bis zum Zweiten Weltkrieg diente die Festung wiederum als Verteidigungsanlage und als Fabrik für Marinewaffen. Heute sieht man nur noch Gräben und Wälle sowie zwei Kasematten.

Schilksee

Reiseatlas: S. 235, E 2
Der Ort, vom dem schon seit 1882 alljährlich die Seglerwettbewerbe der Kieler Woche starten, war 1972 Sitz des Organisationszentrums der Olympischen Spiele. Die damals errichtete Hafen- und Wohnanlage wird noch heute viel besucht. In den Hochhäusern sind die Schwimmhalle, Geschäfte und Gaststätten untergebracht.

Der 2 km lange, feinsandige Strand mit Restaurants und DLRG-Wächterhäuschen bietet genügend Platz für Beach-Volleyball-Spiele. Vor allem Jugendliche und Familien besuchen diesen Abschnitt, da er mit Bussen gut erreichbar und zudem kurtaxefrei ist. Das alte Schilksee mit engen Straßen findet man um den kleinen Kurpark herum.

Strande

Reiseatlas: S. 235, E 2
Von Schilksee führt ein etwa 2 km langer Spazierweg fast immer an Strand und Wasser entlang bis zum Strander Hafen. Im Hafen ankern Fischerboote neben kleinen und großen Jachten. An der Promenade kann man in den Kiosken oder Pavillons mit Blick aufs Meer Kaffee trinken oder in einem der Restaurants Strander Butt essen. Der flache, saubere Strand lädt zum Baden ein.

Einen der schönsten Leuchttürme des Landes erreicht man von Strande in gut einer viertel Stunde zu Fuß. **»Hein Bülk«** wurde bis 1865 errichtet, erhielt über 100 Jahre später aber einen neuen ›Kopf‹ und eine schwarze Bauchbinde. 97 Stufen steigt man bis zur Plattform mit dem Rundumblick auf die Förde (Tel. 04349/92 64, www.leuchtturm-buelk.de, Mai–Sept. Di–So 11–17 Uhr oder auf Anfrage). Allerdings ist es recht zugig dort oben. Dieser Teil der Kieler Bucht ist wegen seines ständigen Windes bekannt. Daher ist er auch ein Paradies für Surfer. Baden ist jedoch verboten, da die Kieler Kläranlage unmittelbar im Hinterland liegt.

Vom Bülker Leuchtturm führen Spazierwege durch den Nadel- und Erlenbruchwald im Hinterland und zur Steilküste. Das **Stohler Kliff** zwischen Eckernförder Bucht und Kieler Förde ist geologisch und landschaftlich sehr interessant. Außerdem findet man zwischen den Geröllen immer noch versteinerte Seeigel, Stielglieder von Seelilien oder Donnerkeile, Innenskelette versteinerter Tintenfische. In den sandigen Lagen der Steilhänge brüten ab April Uferschwalben in ihren Nistlöchern. Dann ist das ganze Ufer ge-

Frisch aus dem Meer

Im Kiosk der Fischräucherei Seidentoff am Strander Hafen gibt es Fischbrötchen aller Art. Hier treffen sich Fußgänger und Strandurlauber. Auch die Skipper holen sich ihren Imbiss für die Fahrt aufs Meer.

Fördefahrt

Die Förde-Fährlinie bietet eine schöne Rundfahrt entlang der Strände der Kieler Bucht. Es geht im Zickzack-Kurs von Ufer zu Ufer in etwa einer Stunde von Kiel nach Laboe. Angelegt wird in Kiel (Bahnhof–Seegarten–Reventlou), Mönkeberg, Möltenort, Friedrichsort, Falckenstein und Laboe. Von Juni bis September geht es noch weiter nach Schilksee und Strande. Im Oktober werden diese Stationen und Falckenstein nicht mehr angefahren. Fahrpläne liegen in den Fähren oder den Tourist-Büros aus (Auskunft: Tel. 0431/594 12 66, www.sfk-kiel.de).

schützt, es darf nicht gesurft und Drachen- oder Modellflugzeug geflogen werden. Ist der Weg am Strand nach Stürmen unpassierbar, führt ein Pfad vom Parkplatz an der Straße Marienfelde–Dänisch-Nienhof bis zum Strand und über eine Treppe ans Wasser.

Touristinformation Strande: in der Strandstr. 12, 24229 Ostseebad Strande, Tel. 04349/290, Fax 90 99 74, www.strande.de.

In Schilksee
Hotel Olympia: Drachenbahn 20, Tel. 0431/37 57 50, Fax 37 57 55 00, www.olympia-hotel-kiel.de. Apartment-Hotel mit Meerblick und Meerwasserhallenbad am Haus. 80–127 €.
Hotel-Restaurant Gode Wind: Kurallee 8, Tel. 0431/379 77, Fax 37 99 83, www.hotel-gode-wind-kiel.de. Familiäre Atmosphäre, 30 m zum Strand. 55–77 €.

In Strande
Strandhotel: Strandstr. 21, Tel. 04349/917 90, Fax 91 98 40, www.strandhotel.de. Strandblick, gediegene Atmosphäre, Sauna.115–160 €.
Yachthafen-Hotel: Rudolf-Kinau-Weg 2, Tel. 04349/80 80, Fax 808 11, www.yachthafenhotel-strande.de. Freundliche Zimmer, Strandblick. 95–105 €.
Hotel garni Haus am Meer: Bülker Weg 47, Tel. 04349/12 34, Fax 15 44, www.hotelgarni-haus-am-meer.de. In der Nähe des Bülker Leuchtturms, Blick aufs Meer, reichhaltiges Frühstücksbuffet. 64–82 €.
Ostseehaus Bünger: Dorfstr. 7, Tel. 04349/807 77, Fax 807 80, www.ostseehaus-buenger.de. Exklusiv renoviert, sehr schöne Bäder, Apartments für ein bis drei Personen. 60–129 €.

In Schilksee
Café Neptun: im futuristischen Pavillon, Fördeblick 3, Tel. 0431/37 39 77, im Herbst und Winter Mo Ruhetag. Kleine Dachterrasse, Fischspezialitäten. 9–14 €.

In Strande
Restaurant Yachthafenhotel: Rudolf-Kinau-Weg 2, Tel. 04349/80 80, Blick auf den Jachthafen und die Förde, Fischspezialitäten, 9–16 €.
Atelier Café: Strande, Dorfstr. 6, Tel. 04349/12 98. Köstliche Kleinigkeiten, hausgemachter Kuchen, im Nebenraum Ausstellungen Kieler Künstler.

Schwimmhalle Schilksee: Drachenbahn, Tel. 0431/378 11, Mo–Fr 6.30–8, Mo 13–20, Mi, Do13–18, Fr 13–21 (13–15 nur Frauen), Sa, So 10–18 Uhr.
Fahrradverleih Hamann: Strande, Klaus-Groth-Str. 5, Tel. 04349/85 54, 1.4.–1.10. Auch Kindersitze und Bollerwagen.

Busse: Abfahrt vom Hbf. in Kiel, auch in die weitere Umgebung.

Das Ostufer der Kieler Förde

Das Ostufer der Förde erreicht man mit dem Auto oder Bus, schöner ist es jedoch, die einzelnen Stationen mit dem Fördedampfer anzulaufen, etwa vom Bahnhof Kiel (s. S. 112). Der erste Halt am gegenüberliegenden Ufer ist **Mönkeberg**. Seit 1906 besitzt der Ort einen eigenen Fahranleger. Von dort bis zum Jachthafen zieht sich der kleine, saubere Strand, dem jedoch ein bisschen die Weite eines Ostseestrands fehlt.

Das anschließende Waldstück, der Kitzeberg, reicht bis ans Wasser. Daher muss man dort auf dem Fördewanderweg, der insgesamt 27 km von Kiel nach Stein/Wendtorf führt, mit nassen Füßen rechnen. Es empfiehlt sich der Umweg über die Konsul-Lieder-Allee – mit Jugendstilvillen heute noch eine vornehme Adresse. So wundert es nicht, dass dort Kiels ältester Golfplatz, ein 18-Loch-Platz mit Klubhaus und eigenem Fähranleger, zu finden ist (Golf Club Kitzeberg, Wildgarten 1, 0431/ 601 03 00, www.golf-kiel.de).

Heikendorf

Reiseatlas: S. 235, E 2
Der Ort bietet alle Annehmlichkeiten eines modernen Erholungsbades, ist aber überschaubar geblieben und besitzt noch bäuerliches Hinterland. Das älteste Haus von 1865, ehemals Atelier und Wohnsitz des Heikendorfer Malers Heinrich Blunck (1891–1963) im Teichtor 9, beherbergt heutzutage ein Museum.

Künstlermuseum

In dem liebevoll restaurierten Heikendorfer Künstlermuseum sieht man Werke der Künstlerkolonie Heikendorf vom Spätimpressionismus bis zum ausklingenden Expressionismus, unter anderem von Heinrich Blunck, Georg Burmeister und Jeanne Flieser. Die Lithographie-Werkstatt wird bei Sonderveranstaltungen wieder in Betrieb genommen. Der Bauerngarten ist nach historischen Vorlagen gestaltet. Wechselnde Ausstellungen zeigt die Halle im Garten – ein ruhiger, Ort voller Harmonie (Di–Sa 14–17, So 11–17 Uhr, Cafeteria So 14–17 Uhr, Tel. 0431/24 80 93.

Der Strand, an dem man den vorbeifahrenden großen Dampfern so nah ist wie sonst nirgends an der Förde, und der Fischerhafen haben ihre Beschaulichkeit erhalten. Die Seebadeanstalt mit einer Rutsche vom Brückensteg und Badekabinen lohnt einen Besuch (Mitte Juni–Ende Aug. 13–18, in den Sommerferien ab 10 Uhr).

Der Weg führt weiter zum Ortsteil Möltenort mit Fischerhafen, an dem man täglich frischen Fisch kaufen kann, auf Wunsch auch filetiert.

Dort, wo sich der Fördewanderweg zu einem kleinen Platz weitet, steht die Bronze »Gerettet« (1887–90) von Adolf

Der Hafen von Laboe

Brütt, wie gerade dem Wasser entstiegen. Ein pompöser kupferner Adler bewacht aus 16 m Höhe die Bronzetafeln des **U-Boot-Ehrenmals Möltenort** mit den Namen der in den Weltkriegen gestorbenen U-Boot-Besatzungen (tgl. 9–18 Uhr). Vom Landvorsprung hat man eine gute Sicht auf die Mündung des Nord-Ostsee-Kanals.

Der weitere Weg um den Jägersberg ist immer dann kurzfristig gesperrt, wenn Schiffe aus dem Munitionsdepot im Wald beladen werden. Dies wird auf einer Tafel angezeigt, der Umgehungsweg ist ausgeschildert.

Touristikinformation: 24226 Heikendorf, Strandweg 2, Tel. 0431/24 11 20, Fax 22 37 94 40, www.ostseebad-heikendorf.de.

Camping
Campingplatz Möltenort: am Fischereihafen, Uferweg 24, Tel. 0431/24 13 16.

Das kleine Strandhaus: Uferweg 1a, Tel. 0431/249 87, Nebensaison Mo u. Di Ruhetag. Toller Fördeblick, frischer Fisch, mediterrane Küche, 12–18 €.
Café-Restaurant Witt-Huus: Möltenort, Strandweg 8, Tel. 0431/25 90 00. Stets frische Fischgerichte. 10–19 €.
Galerie-Café Roehrskroog: Möltenorter Jachthafen, Tel. 0431/24 17 47. Gemütliche alte Kate mit wechselnder Kunstausstellung und köstlichem Kuchen.

Wasserlehrpfad: Schautafeln mit Wissenswertem rund um den Lebensraum Wasser auf 18 Stationen rings um Heikendorf. Infos beim Touristbüro und unter www.wasser-lehrpfad.de.

Hochseeangelfahrten mit der MS »Forelle«, Kpt. Mielitz, Rojastr. 14, Tel. 0431/ 244 07, Fax 244 48.

Mit Bussen von Kiel oder den Fördefährschiffen.

Laboe

Reiseatlas: S. 235, E 2
Der wohl bekannteste Badeort des Kieler Ostufers (Labö ausgesprochen) liegt am Mündungstrichter der Kieler Förde – deutlich spürt man schon das ungezähmte Meer. Der gepflegte, weiße Strand, der zu den schönsten und feinsandigsten Stränden am Ostufer der Kieler Förde gehört, fällt flach ins Meer ab, sodass Kinder ungefährdet baden können. Für buddel- und bademüde Kinder gibt es Klettergeräte, Tischtennisplatte, Torwand und Trampoline.

Während Kinder sich austoben, können sich die Erwachsenen in einem der Lokale oder Cafés an der **Promenade** erfrischen. Bei schlechtem Wetter badet man im 28 °C warmen **Meerwasserhallenbad,** das auch eine Wasserrutsche und ein Baby-Plantschbecken besitzt.

Im malerischen **Fischerei- und Jachthafen** liegen Segelboote, Fischkutter und Hochseeangelschiffe und laden zu Ausflugsfahrten nach Dänemark oder zu Angeltouren auf die offene See ein. Fördeschiffe bringen Besucher in knapp einer Stunde vom Laboer Hafen ins Zentrum von Kiel zum Hauptbahnhof, was dort die Suche nach einem Parkplatz erspart.

Am Nordende des Kurstrands ragt das bis 1936 von Gustav August Munzer errichtete **Marine-Ehrenmal** mit 72 m Höhe als Wahrzeichen und Mahnmal für gefallene Marinesoldaten empor. Das rote Bauwerk aus Granit und Ziegelstein erinnert an einen Schiffsbug.

Von der Aussichtsplattform – 341 Stufen oder 57 Sekunden mit dem Fahrstuhl – hat man einen weiten Blick über die Kieler Förde, die Probstei und den Dänischen Wohld.

Am Strand, zu Füßen des Denkmals, liegt das **U-Boot »U 995«**, das ab 1943 im Nordmeer operierte. Bei der Besichtigung beeindruckt die Enge, vor allem, wenn man sich vorstellt, dass über 50 Mann mit bis zu 240 m Wasser über dem Kopf wochenlang in der stählernen Konservendose leben

Erlebniswelt Ostsee

Die Meeresbiologische Station in Laboe vermittelt Einblicke in das Ökosystem und die Unterwasserwelt der Ostsee. In Aquarien lassen sich viele Tiere der Kieler Förde beobachten und teils berühren (nördlich des U-Bootes, Tel. 043 43/42 93 21, Di–So 11–18 Uhr, Nov.–März auch Di u. Mi geschl.). Die Station informiert über die sie umgebenden 8 ha »Naturerlebnisraum Dünenlandschaft«. Das Wachsen einer Sandbank ließ hier eine Lagune entstehen, die vielen Tieren einen neuen Lebensraum bietet. Bei der Durchwanderung lassen sich rastende und brütende Seevögel beobachten.

mussten (Strandstr. 92, Tel. 04343/427 00, 9.30–18, 16. Okt.–15. April bis 16 Uhr).

Tourist-Information Ostseebad Laboe: 24235 Laboe, Strandstr. 25, im Schwimmbad, Tel. 01805/55 71 72, Fax 04343/17 81, www.laboe.de.

Hotel Seeterrassen: Strandstr. 84–88, Tel. 04343/60 70, Fax 607 70, www.seeterrassen-laboe.de. Am Strand beim Ehrenmal, Sauna und Solarium, Dez. und Jan. geschl. 66–90 €.
Pension Landhaus Arp: Oberdorf 6, Tel. 04343/81 78, www.landhaus-arp.de. Bauernhaus in idyllischer Lage, eine Küche steht zur Verfügung. 46–50 €.

Camping
Campingplatz: Ostsee-Camp Kliff, oberhalb der Steilküste, Tel. 04343/62 22, Fax 49 93 30. www.ostsee-camp.de. Freizeitcenter und Sportplatz.

Das kleine Nudelhaus: Strandstr. 5, Tel. 04343/42 15 24. Kleine, feine Gerichte. 6–12 €
Fischküche Laboe: Am Hafen, Tel. 04343/42 97 99, Jan.–Mitte März geschl. Köstliche Fischspezialitäten, schöner Blick von der Terrasse. 7–11 €.
Det Koffiehuis: An der Au 2, Richt. Stein, Tel. 04343/77 68. Mousse-au-chocolat-Torte.

Laboer Dorschtage: Anfang April. Wettkampf um den Titel der DorschkönigIn mit Rahmenprogramm an Land.

Meerwasserschwimmhalle: Strandstr. 25, Tel. 04343/12 49, Mo–Di 10–18, Mi –22, Do –16, Fr –18, Sa u. So –17 Uhr, Wassertemperatur 28 °C.
Förde-Angelshop H. Nagel: südl. Hafenpavillon. Wirklich alles, was ein Angler benötigt!

Busverbindungen nach Kiel und Umgebung sowie nach Schönberg.

Ausflüge in die Umgebung von Kiel

An die Schwentine

Reiseatlas: S. 235, E-F 3
Neben der Kossau ist die Schwentine der einzige nahezu naturbelassene Fluss in Ostholstein. Sie entspringt am Bungsberg und verbindet die Seen der Holsteinischen Schweiz von Eutin über Plön bis Kiel.

Wasserwanderer können bei zahlreichen Verleihen ein Boot für die Tour von Kiel bis Eutin mieten. Das Faltblatt »Schwentine Wasserwandern« und eine detailliertere Wassersportkarte erhält man im Touristenbüro in Kiel.

Lohnend ist auch der Bootsausflug von Kiel-Wellingdorf zur **Oppendorfer Mühle**. Von dort kann man durch den Wald bis zum Restaurant und **Vogelpark Villa Fernsicht** spazieren. Besucher erwarten neben Speisen verschiedener Länder in entsprechend dekorierten Räumen rund 200 gefiederte, mehr oder weniger exotische Bewohner in den Freigehegen sowie ein Reptilienzoo.

Nun ist es nicht mehr weit zum **Schwentinepark**, einem Freizeitpark mit beheiztem Freibad (Mai–Mitte Sept., Tel. 04307/67 76) und Turnierplatz sowie Wildgehegen mit Ziegen, Ponys, Zwergeseln, Steinböcken und

Im Freilichtmuseum Molfsee

Mufflons. Der 16 km lange Schwentine-Wanderweg führt vom Preetzer Klosterhof nach Kiel-Wellingdorf.

Villa Fernsicht, Raisdorf, Fernsichtweg 36, Tel. 04307/222, Do Ruhetag. Von der Terrasse schöner Fernblick über die Schwentine, internationale Küche. 8–19 €.

Schwentinetalfahrt: Abfahrt an der Holsatiamühle, Tel. 0431/72 24 28, mit dem Motorboot ab Kiel-Wellingdorf, Mai–Okt., Mo–Sa 13.45, 15 u. 17, So 11, 12 u. ab 13.30 Uhr, stdl.; hier kann man auch Ruderboote oder Kanus mieten. Die Schwentine-Fährlinie verbindet Kiel-Reventlou mit Dietrichsdorf und Neumühlen, Mo–Fr 6.30–18 Uhr, Tel. 0431/594 12 66.

Freilichtmuseum Molfsee

Reiseatlas: S. 235, E 3

Das Freilichtmuseum vor den Toren Kiels ermöglicht Besuchern eine Zeitreise durch Schleswig-Holstein. Seit 1961 werden dort Gebäude möglichst naturnah zusammengestellt – Bauernhäuser, Katen, Speicher, Mühlen, Scheunen und Handwerksstätten, die so einmal an anderer Stelle im Lande gestanden haben.

Tiere, die man auf den Höfen hielt, und alte Bauerngärten vervollständigen das Bild des früheren Lebens. Bäckerei, Meierei, Räucherei, Korbflechterei, Schmiede, Imkerei und Töpferei bieten ihre Produkte an. Beim Rundgang durch das Freilichtmuseum kann man ein Glas frische Milch und ein kleines, leckeres Picknick mit Brot, Schinken und Käse genießen (am Kiosk gibt es alternativ auch Würstchen und Pommes frites).

Eine besondere Attraktion für Kinder ist der alte Jahrmarkt mit Schiffschaukel, Karussell und ›Hau den Lukas‹. Zu den vielen Sonderveranstaltungen im Freilichtmuseum gehören auch der Gärtnermarkt im April, der Herbstmarkt im Oktober sowie der Weihnachtsmarkt. Die blau-gelbe Museumsbahn fährt Fußmüde stündlich vom Eingang bis zur alten Meierei. Einen Bollerwagen kann man für 2,50 € an der Kasse leihen. (Hamburger Landstr. 97, Tel. 0431/65 96 60, April bis Okt. tgl. 9–18, Nov.–März nur So u. feiertags 11–16 Uhr).

Drathenhof: Freilichtmuseum Molfsee, Hamburger Landstr. 97, Tel. 0431/65 08 89, Mo Ruhetag. Sehr gute Holsteiner Küche. 8–22 €.

Naturpark Westensee

Reiseatlas: S. 235, D 3
Der Naturpark mit idyllischen Badestellen und Spazierwegen rund um den Westensee, den Ahrensee, den Bossee sowie den Großen und den Kleinen Schierensee schützt Hügel, Bäche, Moore, Sümpfe und Wälder sowie Heidelandschaften. Dort blieb eine artenreiche Tier- und Pflanzenwelt erhalten mit Wasserralle, Rohrweihe oder Fischotter sowie Knabenkraut und Schlammschachtelhalm. Die höchste Erhebung des Naturparks Westensee ist der 94 m hohe Kieler Berg im Blocksdorfer Holz.

Schon früh ließen sich Menschen am Westensee nieder, was die vielen Großsteingräber in der Umgebung bezeugen. Im Mittelalter lauerten die Herren von Westensee mit Söldnern Handelsschiffen auf. Diese kamen von Flandern und Holland die Eider herauf, um in Westensee ihre Ladung zu löschen, denn dort endete der Schifffahrtsweg zwischen Nord- und Ostsee. Mitte des 14. Jh. wurden die Raubburgen von den Holstengrafen zerstört, das Geschlecht der Westenseer durch die 1349 beginnende Pest ausgelöscht.

Viele der Wanderwege folgen den alten Kirchensteigen, über welche die Bewohner der umliegenden Dörfer zur Westenseer St. Catharinenkirche aus dem 12. Jh. gelangten. Die dunkle Holzbalkendecke des Kirchenschiffs überspannt die aus dem späten 16. Jh. stammende Kanzel, das Triumphkreuz mit dem Christuskorpus aus dem 15. Jh. sowie den Granittaufstein des 12./13. Jh. Von Mai bis September finden sonntags Konzerte in der Kirche statt.

Tourismus Naturpark Westensee e. V.: 24589 Nortorf, Niedernstr. 6, Tel. 04392/896 20, Fax 896 21, www.tourismus-naturpark-westensee.de.

Jugendherberge Westensee: Am See 24, Tel. 04305/542, Fax 1360. 12,30–15 €.

Camping
Campingplatz Wrohe am Westensee: Kanuverleih, Tel. 04305/10 76.

Restaurant-Café Zum Fischmeister: Wrohe am Westensee, Seeweg 21, Tel. 04305/773, Mo Ruhetag. Fischgerichte und Wildspezialitäten sowie Torten aus der eigenen Konditorei. 9–20 €.
Gasthaus Zur Linde: Schierensee, Tel. 04347/33 37, Ende Okt.–März Mo Ruhetag. Gerichte nach dem Jahreszeitenkalender. 9–16 €.
Café Zeit: Westensee, Dorfstr. 23, Tel. 04305/681. Sehr gemütliches Ambiente, Marzipantorte mit Kirschen.

Arche Warder: Langwedeler Weg 11, Tel. 04329/913 40, tgl. 10–20 Uhr (Einlass bis 18 Uhr), im Winter bis zum Dunkelwerden. Tierpark für seltene Nutztierrassen, Streichelhof und Hofladen. 2,70–5 €.

Gut Emkendorf

Reiseatlas: S. 234, C 3
Der Park des Gutes zählt zu den schönsten in Schleswig-Holstein. Nach dem Rittergeschlecht derer von Westensee wohnten die Familien Ahlefeldt und Rantzau bis 1720 im Herrenhaus. Sie bauten das reetgedeckte Kuhhaus und die Kornscheune, in der alljährlich das Erntedank-Fest gefeiert wird und wegen der besonderen Akustik Konzerte des Schleswig-Holstein Musik Festivals stattfinden.

Die interessantesten Bewohner waren Graf Fritz Reventlow und seine Gemahlin Julia, geborene Schimmelmann (die so genannte Kanapée-Gräfin). Um die Wende zum 19. Jh. machte die Gräfin das Herrenhaus zu einem Musenhof mit prominenten Gästen, zu denen Friedrich Gottlieb Klopstock, die Brüder Graf Christian und Graf Friedrich Leopold zu Stolberg, Johann Caspar Lavater und Friedrich Heinrich Jacobi zählten. Matthias Claudius soll auf Emkendorf sein berühmtes Abendlied »Der Mond ist aufgegangen« gedichtet haben, was durchaus glaubhaft ist, wenn man die Landschaft um das Gut betrachtet.

Mit dem Tod von Julia Reventlow im Jahre 1816 endete schließlich die große Zeit von Emkendorf. Teile der Ausstattung gingen an das Landesmuseum in Schloss Gottorf (s. S. 71f.). Die letzten Erben, Helmuth Freiherr von Lüttwitz-Heinrich und seine Frau Ella, ließen das Gut Emkendorf im Stil der Zeit von Fritz und Julia Reventlow restaurieren.

Das Haus kann nach Vereinbarung oder bei Veranstaltungen besichtigt werden (Tel. 04330/99 46 90).

Fahrradtour

Eine etwa 25 km lange Fahrradtour um den Westensee führt von Achterwehr über Gut Marutendorf, Wrohe und Westensee zurück nach Achterwehr. Man kann sich auch an andere Stationen bringen lassen (Informationen über das Service-Center der DBZugBus in Kiel, Raiffeisenstr. 1, Tel. 0431/66 62 22, von Mai bis September fährt sonntags vom ZOB in Kiel der Westensee-Rundkursbus zu Stationen am Westensee).

Die südliche Kieler Bucht und Fehmarn

Graswarder
bei Heiligenhafen

Reiseatlas S. 235–237

DIE PROBSTEI

Der Landstrich nordöstlich von Kiel, schon immer reich, ist heute noch überwiegend Bauernland. Klosterfrauen in Preetz lenkten einst die Geschicke. Heute bestehen klösterliche Stille und geschäftiges Treiben nebeneinander. An der Küste laden kilometerlange Promenaden zum Flanieren ein und breite Strände versprechen Badevergnügen.

Fast 600 Jahre lang, vom 13. bis zum 19 Jh., stand das sanft hügelige Gebiet, das dem Preetzer Benediktiner-Nonnenkloster gehörte, unter der Verwaltung des Propstes, woher sich auch der Name ableitet. Unter der Hand der Klosterfrauen lebten die Bauern der Probstei als Erbpachtbauern frei und entwickelten Eigenständigkeit. Andere Gutsbesitzer übten ihre Lehnsherrschaft weitaus härter aus und banden ihre Bauern unerbittlich an den Hof.

Als im Jahre 1612 Otto von Qualen, Verwaltungsbeamter des zum Damenstift umgewandelten Klosters, auch bei den Probsteier Bauern härtere Maßnahmen durchsetzen wollte, kam es zwischen den Bauern und den Stiftsknechten des Klosters Preetz zum Kampf, den erst die Stiftsdamen schlichten konnten. Es gab geringe Gefängnisstrafen für die ›Rädelsführer‹ und die Probsteier zogen als freie Bauern wieder ab. Ihre Zugehörigkeit zum Preetzer Kloster blieb bis 1867 erhalten, doch da der Boden gute Erträge brachte, fiel es ihnen nicht schwer, die Abgaben zu entrichten. Stattliche Dörfer entstanden, die vor allem wegen ihrer Speicherbauten sehenswert sind.

Preetz

Reiseatlas: S. 235, F 3
Der nette Luftkurort konnte viel vom alten Stadtbild bewahren wie etwa in der Kirchenstraße das Fachwerkhaus aus dem Jahre 1729 (Nr. 54) sowie das Grothkopf´sche Haus (Nr. 43) von 1738. Schräg gegenüber erhebt sich die Stadtkirche **St. Lotharii,** die bis 1210 als Wehrkirche angelegt, im 18. Jh. erweitert und mit Logen und Emporen ausgestaltet wurde. Ein Abstecher ins **Gängeviertel** mit Schuster-, Bäcker- und Quergang in Alt-Preetz lohnt sich schon wegen der malerischen Haustüren.

Ein idyllischer Spazierweg führt von der Kirche um den Kirchsee herum zurück ins Stadtgebiet. Über die Seestraße gelangt man zum Kirchsee an den Wehrberganlagen, über den alten Eisenbahndamm ans andere Ufer. Die Drillerbrücke führt zurück zu den Preetzer Fußgängerzonen Lange Brückstraße und Marktplatz (Wochenmarkt Mi u. Sa). Eines der schönsten Häuser der Stadt ist das **Heß'sche Haus** (Lange Brückstr. 22), ein Giebelhaus aus dem 17. Jh. mit verzierter Rokokotür. Es beherbergt die gemütlichen Preetzer Caféstuben.

Das **Heimatmuseum** zeigt Töpfer- und Goldschmiedehandwerk des 18. Jh. (Mühlenstr. 14, Tel. 04342/18 88, Mi, Sa u. So 15–18, So auch 10–12 Uhr).

Im ersten **Circus-Museum** Deutschlands erinnern Requisiten von Artisten, etwa die Riesenschuhe des Clowns Charlie Rivel, der glitzernde Pailettenumhang von Josephine Baker oder der Elefantenhocker von Josef Holzmüller an den Nervenkitzel und das Lachen in der Manege. Die funktionsfähigen Modelle von Zirkuszelten begeistern nicht nur Kinder (Mühlenstr. 14, Tel. 04342/18 69, Sa, So 15–18, So auch 10–12 Uhr).

Der Beiname ›Schusterstadt‹ erinnert daran, dass Preetz noch bis Ende des 19. Jh. ein Handelszentrum war, das vor allem Schuster anzog. Zur Bearbeitung des Leders benötigten sie das nahe Wasser. Ende des 17 Jh. lebten dort 26 Schuhmachermeister, Mitte des 19. Jh. gab es über 150 Betriebe. Das schlägt sich auch in einem Vers aus dem Wanderlied der Schuhmachergesellen nieder: »Ole Fräuleins wahnt dor in dat Kloster, jede drütte Mann, seggt he, is een Schoster.« Vor allem die ›Wadestevelen‹ der Preetzer Schuster waren berühmt. Die trägt auch der bronzene Schusterjunge am Feldmannsplatz. Alljährlich im Mai wird das Schusterfest gefeiert.

Preetzer Nonnenkloster

Ein wenig im Verborgenen liegt das Kloster am Ortseingang von Preetz. Eine kurze Lindenallee trennt das Gelände von der Außenwelt. Durch das Torhaus aus dem 18. Jh. erblickt man die 1000-jährige Eiche, die eine Rolle bei der Entstehung des Klosters spielte: Im Jahre 1211 verfolgte Graf Albrecht von Orlamünde einen Hirsch, der erschöpft unter der Eiche stehen blieb. Als der Graf den tödlichen Schuss abfeuern wollte, erblickte er im Geweih des Tieres ein goldenes Kreuz. Dies nahm er als Zeichen, neben einer Siedlung aus dem 9. Jh. ein Kloster zu errichten, zu dem bald 41 Dörfer gehörten. Eine der Nonnen war Anna von Buchwald, die das Klosterleben anschaulich in einer Chronik (»Buch im Chore«) beschrieb. 1484 wurde sie Priorin und ließ während der nächsten 24 Jahre die Gebäude renovieren, ein Siechenhaus errichten (heute Nr. 11) und eine Heizung in das Refektorium einbauen. Während der Reformation wurde das Kloster zum Adelsdamenstift umgewandelt, was es bis heute geblieben ist.

Die Klosterkirche, zwischen 1325 und 1340 auf den Fundamenten des Vorgängerbaus errichtet, wurde 1885 neogotisch renoviert. Drei der sechs Joche bilden den Nonnenchor mit gotischem Gestühl. Die Armlehne eines der Sitze endet in einem Frauenkopf. Der Kopf trägt auf einer Seite einen Schleier, auf der anderen fällt das Haar lang herab. Vielleicht sollten Novizinnen auf diesem Sitz ihre Entscheidung überdenken.

Das Preetzer Kloster

Die Rückwand des Nonnengestühls wurde um 1490 mit biblischen Szenen geschmückt, um den Nonnen, die kein Latein verstanden, das Evangelium zu veranschaulichen. Mitte des 17. Jh. wurden die Malereien barock verändert. Ein schmiedeeisernes Gitter trennt den Nonnenchor vom barocken Holzaltar. Auf dem linken Flügel des St. Annen-Altars vom Anfang des 16. Jh. befindet sich eine Darstellung des hl. Bartholomäus, des Schutzheiligen der Schuster.

Um die Kirche gruppieren sich das alte Konventhaus, das Verwaltungsgebäude im klassizistischen Stil des 19. Jh. und die Wohnhäuser aus dem 16. bis 19. Jh. mit Backsteinfassaden, Rokokotüren und malerischen Veranden. Heute leben hier auch Familien mit Kindern.

Tourist-Information: 24211 Preetz, Wakendorfer Str. 3, Tel. 04342/ 2207, Fax 5698, www.preetz-tourismus.de.

Landhaus Schellhorn: Schellhorn, Am Berg 12, Tel. 04342/860 01, Fax 827 91, www.landhaus-schellhorn.de. Oberhalb des Stadtkerns, ruhig, Bier- und Kaffeegarten. 77–82 €.

Preetzer Appartementhotel & Caféstuben: Lange Brückstr. 22, Tel./Fax 04342/ 98 21. Schönes Fachwerkhaus aus dem 17./18. Jh., Ausstattung mit alten Möbeln, Zugang zur Schwentine. 70–80 €, Café Mo Ruhetag, im Sommer kann man auch im Garten sitzen.

Holzschuhmacherei Lorenz Hamann: Wakendorfer Str. 17, Tel. 04342/812 17. Kleine Werkstatt, in der seit über 150 Jahren Holzschuhe hergestellt werden. Mo–Sa 9–13 Uhr.

Internationales Papiertheatertreffen: Kirchenstr. 31 (VHS), Tel. 04342/71 98 63. 1. o. 2. Sept.-Wochenende, Papiertheater aus aller Welt auf 15 Bühnen.
Schusterfest: Stadtfest Ende Mai. Um den Marktplatz herum Straßentheater, Live-Musik, Spiele.

Stadtrundgang mit dem Nachtwächter »Otto Wachsam«, Fr 19 Uhr, Tel. 04342/22 07, Mitte Juni bis Ende Okt. ca. 45 Min., Treffpunkt: Brunnen/Markt.
Klosterführung: Tel. 04342/809 68, Mai–Sept. tgl. 15 Uhr, Di, Mi, Fr auch 11 Uhr.
Natur- und Erlebnisraum »Schusteracht«: Ausgeschilderte Rund-(Rad-) Wanderwege von ca. 30 km (Nord- bzw. Südschleife), Rast- und Naturbeobachtungshütten, regionale Gastronomie. www.schusteracht.de.

Von Preetz zur Küste

Die Strände der Probstei

Reiseatlas: S. 236, A 2
Besonders beliebt sind die breiten Strände von **Wendtorf** über **Heidkate** bis **Schönberger Strand** an der offenen Ostsee. Auch die exotisch klingenden Abschnitte **Brasilien** und **Kalifornien** bieten reinen Badespaß.

Im Sommer werden am Strand von Kalifornien Spielgeräte aufgebaut, der Abschnitt an Buhne 31 wird dann zum Spielen ›freigegeben‹, etwa für Beach-Volleyball. Der kilometerlange Strandweg eignet sich hervorragend zum Inline-Skaten. Die neue Schönberger Seebrücke lädt nicht nur zum Flanieren ein, man kann dort auch angeln (20–6 Uhr, mit gültigem Fischereischein).

Schönberg

Reiseatlas: S. 236, A 2
Schönberg ist seit 1259 Mittelpunkt der Probstei. Kunstvolle Hausfassaden bezeugen den Wohlstand der ehemaligen Bewohner. Die Schönberger Kirche hingegen ist ein schlichter, spätbarocker Backsteinsaalbau. Auf dem Turm thront als Windfahne ein Barsch – das Wappentier der Familie von Barsbeke aus dem Nachbarort Barsbek, dessen Anger zur Krokusblüte vielfarbig leuchtet.

Im **Probsteier Heimatmuseum,** dem ältesten erhaltenen Bauernhaus, sieht man Arbeitsalltag und Kultur der Probsteier im 18. und 19. Jh. Ein bunter Bauerngarten ergänzt das Bild. Das Museum bietet (Rad-)Wanderungen in die Probstei an und für Kinder Aktionen wie Buttern, Seildrehen, Trachten-

Lanker See

Das Naturschutzgebiet Lanker See ist mit dem Kührener Teich weiter im Süden Brutraum vieler Tauch- und Entenvögel sowie Lebensraum vieler Möwenarten und im Röhricht lebenden Vögel. Ein Seeadlerpaar hat es sich als Nahrungsrevier auserkoren. Ein 16 km langer Wanderweg um den See herum führt durch eine abwechslungsreiche Landschaft (Führungen und Informationen über den NABU, Infohütte am Lanker See, Tel. 04342/78 94 53, oder in Preetz, Apenrader Str. 2, Tel. 04342/59 97).

schmuck basteln etc. (Ostseestr. 8, Tel. 04344/31 74, 15.5.–Okt. Di–So 14–17, Do auch 10–12 Uhr).

Das **Kindheitsmuseum** zeigt die Kindheitsgeschichte der letzten 100 Jahre, u. a. Spielzeug, Möbel, Kleidung und eine alte Schule (Knüllgasse 16, Tel. 04344/68 65, Juni–Mitte Sept., Di–So 14–18, Do auch 10–12 Uhr). Einige Spiele kann man ausprobieren.

Tourist-Service Ostseebad Schönberg: Käptn´s Gang 1, 24217 Schönberger Strand, Tel. 01805/18 38 00, Fax 04344/41 41 14, www.schoenberg.de. An der Kuhbrücksau 2, 24217 Kalifornien, Tel. 04344/18 38, Fax 41 55 67.

Tourismusverband Probstei e. V.: Knüll 4, 24217 Schönberg/Ostsee, Tel. 01805/30 61 63, Fax 04344/30 62 06, www.probstei.de.

In Schönberg

Hotel Stadt Kiel: Markt 8, Tel. 04344/30 51-0, Fax 30 51 51, www.hotel-stadt-kiel.de. Liebevoll restauriert, gutes Essen im Restaurant. 72–82 €.

Bahnhofshotel Schönberg: Knüll 2, Tel. 04344/13 05, Fax 95 56, www.bahnhofshotel-schoenberg.de. In der Fußgängerzone. 68 €.

Jugendherberge: Stakendorfer Weg 1, am Ortsrand. Tel. 04344/29 74, Fax 44 84. 13,20–15,10 €.

In Kalifornien

Gasthaus Kalifornien: Deichweg 3, Tel. 04344/305 80, Fax 30 58 02, www.hotel-gasthaus-kalifornien.de. Familiär, mit schöner Terrasse und eigener Konditorei. 80 €.

Naturfreundehaus Kalifornien: Deichweg 1, Tel. 04344/13 42, Fax 43 94. 50 m zum Strand, Zimmer mit Dusche oder

Am Schönberger Strand

Etagendusche. Erwachsene 27–32 €, Kinder 10–24 €, Nichtmitglieder 30–35 €.

Camping
Ferienpark California: Deichweg 46–47, Tel. 04344/95 91, Fax 48 17, www.camping-california.de. Hinter dem Deich.

In Schönberg
Kaffeehaus: Am Markt, Tel. 04344/41 39 30, in der Nebensaison Mi Ruhetag. So und feiertags erweitertes Frühstücksbuffet mit warmen Gerichten. 12,50 €.

Am Schönberger Strand
Restaurant Wind und Welle: Promenade 18, Tel. 04344/41 48 48. Frischer Fisch und Wildschwein, 10–17 €.
Oma's Kaffeestuuv: Promenade 15, Tel. 04344/41 51 02, 11–18 Uhr. Reetgedeckte Kate aus dem 17. Jh. Pfannkuchen und hausgemachter Kuchen.

In Kalifornien
Seestern: Seesternweg, hinter dem Deich, Tel. 04344/14 65, Fax 41 52 86. Fischrestaurant und Strandcafé, eigene Kutterfischerei, hausgemachter Kuchen. 8–16 €.
Café-Restaurant Strandläufer: Große Heide 6, Tel. 04344/41 54 64, Fax 41 26 65. Kleine Terrasse, viel Spielzeug, hausgemachter Kuchen. 8–15 €.

Probsteier Korntage: Ende Juli bis Ende Aug. Veranstaltungen »rund ums Korn«, Wahl der Kornkönigin.

Metallgestaltung Heiko Voss: Schönberg, Ratjendorfer Weg 1, Tel. 04344/57 56, 7.30–17 Uhr. Laden: Mi 9.30–12, Fr 15–18, Sa 10–14 Uhr.

Busse nach Kiel, Laboe, Plön, Preetz und Lütjenburg.

Mit Schiff und Bahn

Von Juli bis Anfang September startet samstags eine Rundfahrt über die Kieler Förde mit der **»MS Heikendorf«** von der Bahnhofsbrücke in Kiel bis zur Seebrücke Schönberger Strand und mit der Museumsbahn **»Hein Schönberg«** zurück zum Hauptbahnhof Kiel oder umgekehrt. Der alte Bahnhof am Schönberger Strand beherbergt historische Waggons und Straßenbahnen (Am Schierbek 1, Tel. 04344/23 23, www.vvm-museumsbahn.de. Sa, So ,Ostern, Juni–Mitte Sept., 6–12 €).

LÜTJENBURG UND HOHWACHTER BUCHT

Der Lütjenburger Marktplatz mit historischen Gebäuden und gemütlichen Restaurants scheint wie aus dem Bilderbuch. Ganz in der Nähe: der Strand von Hohwacht und Panker, einer der schönsten Gutshöfe des Landes. Ausflüge führen nach Selent und zur Blomenburg. Und über allem liegt während des Schleswig-Holstein-Festivals der Zauber der Musik.

Lütjenburg

Reiseatlas: S. 236, B 3
Die über 800 Jahre alte ›Stadt der Handwerker und des Korns‹, die heute 5700 Einwohner zählt, wuchs an einer Kreuzung alter Handelswege von Oldenburg nach Kiel und von Plön nach Hohwacht. Trotz schwerer Zeiten mit Kriegen und verheerenden Bränden konnten sich bis ins 18. Jh. Kornbrennerei und Handwerk gut entwickeln.

Zentrum des geschlossenen Stadtbilds ist der Marktplatz, umrahmt von Bürgerhäusern aus dem 17. bis 19. Jh. und dem **Färberhaus** von 1576. Im Fachwerkgiebelhaus mit ungewöhnlicher Bemalung ist heute das Standesamt untergebracht. Der legendäre Polizei- und Schuldiener Hein Lüth schaut von seinem Platz über dem **Marktbrunnen** auf das mittwochs und samstags stattfindende Markttreiben.

Über allem wacht der mächtige Turm der **St. Michaelis-Kirche,** die wahrscheinlich 1156 gegründet wurde. Die Bausubstanz stammt jedoch überwiegend aus dem 13. Jh. Im Innern dominieren der Flügelaltar und das Triumphkreuz aus dem 15. Jh. Die romanische Granittaufe wurde 1745 durch einen schwebenden Taufengel ersetzt. Heute haben beide Taufen nebeneinander ihren Platz in der Kirche.

Über die Markttwiete gelangt man zum barocken **Rathaus** aus dem Jahre 1790, das von hohen Linden umgeben ist. Von einst elf **Kornbrennereien** in Lütjenburg ist heute nur noch die Spirituosenfabrik von Detlef Hinrich Boll geblieben, die seit 1824 Lütjenburger Korn liefert. Die Produktion aus dem Stammhaus wurde an den Stadtrand (Waldweg 36) verlegt.

Im Ofenmacherviertel kurz hinter dem Rathaus steht das **Bäckerhaus** von 1790 mit einer Rokoko-Zopfstiltür. Aus derselben Zeit stammte der alte **Kaisersaal,** heute ein Restaurant. Nach einem Brand im Jahre 1976 wurde das Haus neu erbaut und die alten Zunftschilder der Zimmerleute, Maurer, Schlosser, Schlachter und Schuhmacher angebracht. Der **Alte Posthof,** ein Fachwerkhaus, war bis 1880 Postamt.

Von dort fuhren die Postkutschen nach Plön, Kiel und Oldenburg ab.

Auf dem 78 m hohen Vogelberg nördlich von Lütjenburg thront der **Bismarckturm**. Der Aussichtsturm im Wald wurde 1898 zunächst aus Holz erbaut, 1910 dann aus Backsteinen errichtet. Über den Zugang im Café-Restaurant Bismarckturm führen 96 Stufen zur 18,5 m hohen Plattform hinauf, von der man das Panorama auf das Ostholsteiner Hügelland und die Ostsee bis zu den dänischen Inseln genießen kann.

Tourist-Information: 24321 Lütjenburg, Markt 4, Tel. 04381/41 99 41, Fax 41 99 43, www.stadt-luetjenburg.de und www.hohwachterbucht.de.

Hotel Ostseeblick: Am Bismarckturm 3, Tel. 04381/66 88, Fax 72 40. Idyllisch im Wald, Pantry-Küche, Schwimmbad und Sauna. 56–90 €.
Privat-Pension Christel Kloth: Am Eetzteich 49, Tel. 04381/63 91, Fax 98 79. Liegewiese, Tischtennis, Nichtraucher. 38 €.
Gasthaus Zur Twiete: Kurze Twiete 4, Tel. 04381/40 48 41, i. Winter Fr Ruhetag. Holsteinische Küche, 6–12 €.

Sandro – Der Italiener: Markt/Kurze Twiete, Tel. 04381/69 57, i. Winter Mi Ruhetag. Winzig klein, aber sehr nett. 5–17 €.
Eiscafé Wede: Teichtorstr. 7/Am Stadtteich, Tel. 04381/78 19, Di Ruhetag. Eis aus eigener Herstellung.
Café am Markt: Markt 21, Tel. 04381/41 89 19. Leckere Torten und Gebäck aus eigener Herstellung.

Von Kiel bis Plön mit dem Zug, von dort mit Bussen.

Die alte Kornbrennerei in Lütjenburg

Erlebnisreiches Mittelalter

Im Nienthal, nordwestlich von Lütjenburg, entsteht die Rekonstruktion einer mittelalterlichen Burganlage nach historischen Vorbildern. Die Turmhügelburg (Motte) war die häufigste Befestigungsform der Adligen, die so ihren Wohnsitz mit Ringwall und Wassergraben schützten. Aus einigen solcher Burgen entwickelten sich später Herrenhäuser. Feste Besichtigungstermine i. d. Hauptsaison (s. www.turmhuegelburg.de), Gruppenführungen nach Voranmeldung (Tel. 04381/40080). Historische Veranstaltungen im Sommer (Infos: Touristbüro).

Die Umgebung von Lütjenburg

Helmstorf

Reiseatlas: S. 236, B 3
Gut Helmstorf liegt vor den Toren Lütjenburgs. Seit dem 17. Jh. ist es im Besitz der Familie von Buchwaldt. Das Herrenhaus von 1725 erfuhr im 18. und 19. Jh. mehrere Umbaumaßnahmen, zuletzt noch 1912. Heute ist das Gut durch Forellen aus eigener Zucht bekannt, die man dort kaufen kann (Reese, tgl. bis 17, Sa bis 13 Uhr, Tel. 04381/404532). Von der 1730 erbauten Gutsscheune mit Fischteichen führt ein Naturlehrpfad bis nach Wetterade (im Süden).

Gut und Herrenhaus Panker

Reiseatlas: S. 236, B2/3
An den Nordosthängen des Pilsbergs steht das schlossartige Herrenhaus, umgeben von einem prächtigen englischen Garten. Wie ein Dorf mutet das Gut an, mit einer Schlosskapelle von 1867, Stallungen und einem Torhaus aus dem 18. Jh. Dort stellt die Galerie Noran Gegenwartskunst aus (Tel. 04381/41 88 11, www.galerie-noran.de, Di–Fr 14 bis 19, Sa, So 11–19 Uhr.

Detlev von Rantzau ließ das weiße, dreiflügelige Herrenhaus Panker um 1650 bauen. Im Barockgarten herrscht präzise Ordnung, selbst bei den verspielten Formen der Bäume und Büsche steht kein Zweig in verkehrter Richtung. Ab 1739 gehörte das Haus Landgraf Friedrich von Hessen-Cassel, dem König von Schweden. Noch heute wohnt mit Moritz von Hessen ein Mitglied des kurhessischen Hauses auf Panker. Daher darf das Herrenhaus nicht betreten werden. Aber die Besucher kommen zum Spazierengehen in die Anlage mit Alleen, alten Bäumen und Wiesen, auf denen Trakehner-Pferde grasen – und auch wegen des guten Essens in dem Wirtshaus »Ole Liese« von 1797.

Landgraf Friedrich ließ den zu Gut Panker gehörenden Backsteinturm **Hessenstein** bis 1841 im Stil der Neogotik auf dem 128 m hohen Pilsberg errichten. Aus 17 m Höhe kann man an den acht gezackten Türmchen vorbei bis zum Kalkberg von Bad Segeberg und zu den Dänischen Inseln schauen. Das Drehkreuz auf halber Höhe muss mit 0,50 € frei geschaltet werden.

Behrensdorf

Reiseatlas: S. 236, B 2
In der kleinen Gemeinde schnuppert man bereits die Luft der offenen See. Nahebei liegt das **Naturschutzgebiet Kleiner Binnensee**. Auf den Salzwiesen und am Strand brüten gefährdete Vogelarten wie Sandregenpfeifer, Rotschenkel, Zwergschwalbe und Bekassine. Zwischen Juni und September führen Vogelschützer Besucher am See entlang und erläutern das Biotop.

Ein Strandwall trennt die Wiesen von der Ostsee, die man zum Schutz des Walls nur über kleine Holzbrücken erreicht. Der Strand ist kurtaxefrei und längst kein Geheimtipp mehr. Im Sommer kann man zweimal im Jahr sonntags (Juli u. August) den alten Leuchtturm von 1918 besteigen und von der Plattform in 40 m Höhe die schöne Aussicht genießen (Auskunft im Touristbüro, Tel. 04381/4986, www.behrensdorf-ostsee.de).

Camping
Familie Schuldt, Behrensdorf, Neuland 3, Tel. 04381/416545, Fax 416546, www.schuldt-behrensdorf.de.

Ole Liese: Gut Panker, Tel. 04381/906 90, Mo Ruhetag, im Winter auch Di, im Sommer Di ab 18 Uhr. Traditionshaus, Spezialitäten nach Jahreszeiten. 20–22 €.
Forsthaus Hessenstein: unterhalb des Aussichtsturms, Tel. 04381/9416, Mo Ruhetag, Di–Fr ab 18, Sa ab 14, So ab 12 Uhr. Rustikal-gehobenes Essen. 14–33 €.

Gut Panker: in den Nebengebäuden u. a. **Flora Magica** (Rosen, Steinfiguren, Wein u.v.m.), **Stefan G.** (Dekorationsartikel), **Haus am See** (UnikArt-Kleidung).

Blick vom Hessenstein

Die Hohwachter Bucht

Hohwacht

Reiseatlas: S. 236, C 3
Der Wald wächst bis in den Ort hinein, der als grünstes Bad an der Ostsee bekannt ist. Der Name weist auf die geschichtliche Bedeutung hin: Hier wurde darüber gewacht, ob Feinde im Anmarsch waren. Bis vor 100 Jahren lebten die Hohwachter fast ausschließlich vom Fischfang. Die Fischer wohnten in Alt-Hohwacht in reetgedeckten Häuschen.

Als 1890 die Bahnstrecke Malente–Lütjenburg in Betrieb genommen wurde, kamen viele Künstler und Naturfreunde aus der weiteren Umgebung. Auch heute zieht es Besucher an den 3 km langen, von Heckenrosen gesäumten Strand und an die Steilküste mit hohen Dünen. An der Promenade genießt man eine Tasse Kaffee oder ein Essen mit Blick aufs Meer. Und immer noch wird Fisch am Strand geräuchert.

Neues Se(e)hgefühl

Die fächerförmige Seebrücke »Flunder« ist Blickpunkt aufs Meer, Rastplatz sowie vielfältiger Veranstaltungsort. Der »Howachter Ausguck« am Hohen Ufer (Richtung Alt-Hohwacht), wie die Flunder mit einem hohen Pylon als Markenzeichen versehen, bietet einen umfassenden Panoramablick über die Bucht.

Vom Wasser kann man den nahen Buchenwald sehen, der zu Spaziergängen einlädt. Die Idylle zog auch Maler wie Philipp Otto Runge, Karl Schmidt-Rottluff und Erich Heckel an.

Für Gäste, die Sport treiben möchten, gibt es eine Segel-, Surf- und Tauchschule, Tennisplätze, einen 27-Loch-Golfplatz (Golf & Country Club, Tel. 04381/96 90), ein Boulodrom im Kurpark (Boule-Spiel Mo unter Anleitung) sowie Rad- und Wanderwege.

Weissenhäuser Strand

Reiseatlas: S. 236, C 3
Hinter dem besonders breiten und feinsandigen Strand liegt der Freizeitpark gleichen Namens mit Apartments, Bungalows und Spaß zu jeder Jahreszeit, etwa in der Freizeithalle. Die Wasser- und Inselwelt des **Columbus-Parks** lockt mit einem Kletterparcours über Land und Wasser, zahlreichen Wasservögeln sowie Booten aller Art zum Mieten. Das Subtropische Badeparadies (Wasser 29 °C, Luft 31 °C) bietet eine 157 m lange Wasserrutsche, Sauna und Solarium.

Nur einen Katzensprung entfernt befindet sich **Gut Weissenhaus**. Das alte Gutshaus aus dem 18. Jh. wurde nach einem Brand im Jahre 1895 durch einen neobarocken Bau ersetzt. Zum Gut gehören ein Kavaliershaus und das eingeschossige Vogthaus von 1817 sowie ein Fachwerkhaus aus dem 18. Jh. mit kleinem Geschenkladen und ein Rosengarten. Von den Caféterrassen an der Rückfront des Gutes hat man einen herrlichen Blick auf den Landschaftsgarten bis hin zur Ostsee.

Tourist-Information: Berliner Platz 1, 24321 Ostsee-Heilbad Hohwacht, Tel. 04381/905 50, Fax 90 55 55, www.hohwachterbucht.de.

Hotel Hohe Wacht: Ostseering/Kurpark, Tel. 04381/900 80, Fax 90 08 88, www.hohe-wacht.de. Schwimmbad, Sauna, Tennisplatz, exzellentes Restaurant. 116–210 €.
Hotel Genueser Schiff: Seestr. 18, Tel. 04381/75 33, Fax 58 02, www.genueser-schiff.de. Am Meer, im Nov. und Feb. gibt es ›Mords Wochenenden‹, während der Gäste unter Anleitung Miss Marple oder Sherlock Holmes spielen und einen Mörder entlarven. 80–160 €.
Hotel-Restaurant Seeschlösschen: Dünenweg 4, Tel. 04381/407 60, Fax 40 76 50, www.intus-hotels.de. Am Meer, Sauna und Wellness. 126–166 €.
Landhotel Walbrecht: Bickbeerenbrook 6, Tel. 04381/400 20, Fax 79 67, www.ostseekueste.de/landhotel. Im Landhausstil, ruhige Lage, zentral, Langschläferfrühstück, separates Landhäuschen für zwei bis vier Personen. 70–125 €.
Hotel Seelust: Strandstr. 8, Tel. 04381/407 90, Fax 407 93 00, www.hotelsee-lust.de. In Alt-Hohwacht, familiäre Atmosphäre. 58 bis 80 €.
Pension Waterkant: Tel. 04381/80 26, Fax 41 93 50. Gemütliche kleine Pension am Strand, kinderfreundlich. 54 €.

Althohwachter Fischstube: in der Strandstr. 10–12, Tel. 04381/60 91. Holstein. Gerichte, unter Arkaden. 9–18 €.
Seaside Lounge: Seestr. 14, Tel. 04381/41 48 60. Hinter dem Deich, frischer Fisch. 9–19 €.
Restaurant/Eis-Café Nudelladen: Möwenweg 10, Tel. 04381/40 59 50. Gerichte auch zum Mitnehmen. 6–10 €.
Schloss Weissenhaus: Schlosscafé u. Bistro, Tel. 04382/350, Mi–Fr 14–21, Sa/So ab12 Uhr. Hausgemachter Kuchen, Fisch u. Wildschwein. 10–16 €.

Weissenhäuser Strand: mit Subtropischem Badeparadies, Seestr. 1, Tel. 04361/55 27 61, freier Eintritt für alle Geburtstagskinder, 9.30–20.30 Uhr.
Sport- und Spielcenter: i. d. Freizeithalle, Kegeln, Minigolf, Billard, Auto- und Motorbootscooter, Tennis, Tischtennis u. v. m. (Tel. 04361/55 27 95).

Music on Fire: drittes Wochenende im Juli, Feuerwerk zu Klängen der Pop- und Klassikhits.

Ausflüge ins Binnenland

Gut Kletkamp

Reiseatlas: S. 236, C 3
Eine alte Kastanienallee säumt die Straße zum Gut Kletkamp. Der Gutshof liegt fernab vom Autolärm umgeben von Karpfenteichen, sanften Hügeln und grünen Wiesen, auf denen Pferde grasen. Man betritt das Gelände durch das lang gestreckte Torhaus aus dem Jahr 1775. Von dort führt der Weg an den Schutzgräben der ehemaligen Wasserburg entlang auf das weiß verputzte Herrenhaus zu.

Im 16. Jh. von den Grafen von Rantzau als Wasserburg gebaut, fiel die Anlage 1612 an die Familie von Brockdorff, die den viergeschossigen Fassadenanbau in holländischem Stil errichten ließ. Der Kutschstall bildet zu der barocken Anlage einen klassizistischen Kontrast und fügt sich dennoch ideal in das Gesamtbild ein.

SALZAU UND DAS SCHLESWIG-HOLSTEIN MUSIK FESTIVAL

Gut Salzau war im Gegensatz zu anderen Gütern dieser Größe nur wenigen bekannt. Im Mittelalter wird eine Wasserburg »dominus Otto de Salsov« am Selenter See genannt. Das heutige Herrenhaus oberhalb des Sees wurde 1882/83 von dem bereits 86-jährigen Otto Graf Blome im Stil der Gründerzeit errichtet. Der große, massige Bau beeindruckt im Innern wegen der 90 Räume und dem 9 m hohen Salon. Hinter dem Haus beginnt ein Park mit Lindenallee und kleinem See. Ende der 1980er Jahre erwarb die Landesregierung den Besitz als Kulturzentrum und ließ einen Stall mit hervorragender Akustik als ›Konzertscheune‹ einrichten. Damit avancierte Salzau zum Mittelpunkt eines der bekanntesten Sommerfestivals in Deutschland.

Den Anstoß hatte Justus Frantz mit seiner Idee gegeben, die Musik aufs Land zu bringen. In der Folge wurden Schlösser und Herrenhäuser wieder mit Leben gefüllt, Scheunen leer geräumt und Kirchen für Konzerte reserviert. Der Pianist gewann namhafte Musiker, allen voran Leonard Bernstein. So wurde am 2. Juli 1986 mit dem Bernstein-Konzert in der Kieler Ostseehalle das Schleswig-Holstein Musik Festival (SHMF) aus der Taufe gehoben. Seitdem erklingt jedes Jahr im Juli und August an 33 verschiedenen Orten Musik. Das außergewöhnliche Ambiente macht die nicht immer ideale Akustik wett. Im Grünen sind die Darbietungen vielfach ungezwungener, da kann schon mal eine kleine Spinne auf den Flügeltasten mitspielen oder eine Schwalbe im Tiefflug über die Köpfe der Musiker jagen. Aber gerade das macht das Besondere aus.

Salzau selbst wird sieben Wochen lang zur Orchesterakademie – Leonard Bernstein regte 1986 diese begehrten Workshops an. Junge, begabte Stipendiaten aus der ganzen Welt werden von namhaften Dirigenten und Dozenten zu einem Festivalorchester zusammengeschweißt. Die jungen Interpreten ziehen ein junges Publikum an; es locken aber auch große Namen von Musikern, Dirigenten und Komponisten.

Rings um das Herrenhaus lädt die schöne Landschaft zum Spazierengehen ein. Konzertkarten erhält man über die Kartenzentrale des Schleswig-Holstein Musik Festivals, Postfach 3840, 24037 Kiel, Tel. 0431/57 04 70, Fax 570 47 47, www.shmf.de, oder in Lübeck, Tel. 0451/38 95 70, Fax 389 57 57.

Literaturtipp: Über das Gut Salzau informiert »Salzau – Geschichte eines ostholsteinischen Gutes« von Hartmut B. Klinger sehr anschaulich. Schon als Schüler in Preetz war der Autor nicht nur von der Baugeschichte von Salzau fasziniert, sondern auch von den zum Gut gehörenden Dörfern Fargau, Pratjau, Schlesen und Stolteberg. Beleuchtet werden auch die Gerichtsbarkeit, das Schulwesen und das gesellige Leben. Der reich bebilderte Band erschien im Wachholtz-Verlag.

Gut Salzau – hier finden Konzerte des Schleswig-Holstein Musik Festivals statt

Besichtigungen des vollständig renovierten Hauses sind nach Absprache mit der Familie von Brockdorff in Gruppen möglich. In einem Nebengebäude wurden zwei Apartments für vier bzw. sechs Personen eingerichtet (Tel. 04381/90 80, 100 €).

Harmsdorf

Reiseatlas: S. 237, D 3
Die über 330 Jahre alte **Schinkenräucherei Braasch** bietet echten Holsteiner Katenschinken an. Dieser wird zunächst mit wenig Salz gepökelt, über Buchenspänen langsam geräuchert und hängt dann vom 15. Oktober an ein halbes Jahr in der reetgedeckten Räucherkate. Am 15. Mai, dem Bündelstag, wird er verkauft. Im Hauptgeschäft schräg gegenüber kann man den Schinken das ganze Jahr über kaufen (Hauptstr. 25, Tel. 04363/16 43, Mo–Fr 8–18, Sa 9–12 Uhr).

Eselspark i-a

Reiseatlas: S. 236, C 3
Vor über 25 Jahren begann die Familie August in Nessendorf eine Zucht mit der kleinen Eselin Elfriede. Heute erkunden Besucher bei Eselskutschfahrten und Muli-Ritten die romantische Umgebung der Holsteinischen Schweiz. Neben Zwerg- und Hauseseln werden auch so seltene Arten wie Katalanischer und Andalusischer Riesenesel oder der französische Poitou-Esel

nachgezüchtet (Nessendorf, Wiesengrund 3, Tel. 04382/748, Fax 744, www.eselpark.de, 15.3.–31.10., tgl. 10 bis18 Uhr, Kutsche 1 Std. 16 €).

Selenter See

Reiseatlas: S. 236, A–B 2
Wälder und Wiesen umgeben den zweitgrößten Binnensee Schleswig-Holsteins. Die Ufer im Nordosten mit seltenen Brutvogelarten stehen unter Naturschutz und dürfen nicht betreten werden. Sonst ist der See zum Baden und Wassersport freigegeben. Wander- und Radwege erlauben immer wieder Blicke auf den See, den kein Zufluss trübt, da er unterirdisch gespeist wird. Im Winter kann es auf dem zugefrorenen See an manchen Stellen gefährlich werden, da um die unterirdischen Quellen das Eis brüchig ist.

Selent

Reiseatlas: S. 236, A 3
Das Zentrum des Erholungsgebiets erstreckt sich idyllisch zwischen Selenter See und Wald. Schon von weitem zieht die **St. Servatius-Kirche** die Blicke auf sich. Mit über 800 Jahren ist sie eine der ältesten Kirchen Schleswig-Holsteins, benannt nach dem Schutzpatron der Flamen, dem hl. Servatius. Sehenswert sind der holzgeschnitzte Flügelaltar aus dem 15. Jh., das Gemälde »Anbetung des Kindes durch die Hirten« (1566) und die mit Reliefs geschmückte Renaissance-Kanzel vom Ende des 16. Jh.

Am Ortsrand von Selent, auf dem Großen Heidberg, steht die als Jagdschloss 1842 von Graf Otto von Blome – als Gegenpart zum Hessenstein – in Auftrag gegebene **Blomenburg.** Der eigenwillige Bau mit Erkern, Türmen und Zinnen, der an den englischen Tudorstil erinnert, stammt aus der Zeit der neogotischen Burgenromantik.

Graf Blome inszenierte hier das Ritterleben mit Zugbrücke, Empfang der Gäste mit Fackelspalier und Ochsen am Spieß. Im Jahre 1996 fiel die Burg an einen privaten Investor. Spaziergänge im Park sind jederzeit möglich.

Tourist-Information Selenter See: 24238 Selent, Kieler Str. 18, Tel. 04384/670, Fax 59 79 79, www.selentersee.de.

Apartmenthaus Sonnenberg: Im Blomenburg-Park, Vermittlung über Selenter Hof (s. u.). Sehr ruhig. 53–58 €.

Seekrug Giekau: Tel. 04381/49 08, Mo Ruhetag. Die bekannteste Fischkate am See, Spezialität Süßwasserfische, auch Außer-Haus-Verkauf. 10–14 €.
Zur Wildente: Schlesen, Tel. 04303/338, Mo u. Di-Mittag Ruhetage. Gemütlich-gediegene Atmosphäre. 10–16 €.
Selenter Hof: Kieler Str. 14, Tel. 04384/1800. Regionale Küche, 9–20 €.

Selenter Burgkonzerte: April–Dez. in der St. Servatius-Kirche. Informationen über Selenter Burgkonzerte Freundeskreis e. V., 24256 Schlesen, Seebrock 15, Tel. 04303/280.

Wasserski: Am Passader See, 1. Kieler Wasserski-Club e. V., Tel. 04342/86393, www.1kwsc.de. Anfänger-Meister, auch für Rollstuhlfahrer auf einem Spezialski.

DIE WAGRISCHE HALBINSEL

Drei größere Orte mit langer Geschichte markieren den Ostzipfel von Schleswig-Holstein: das Fischerstädtchen Heiligenhafen, Oldenburg, die Seestadt der Wagrier, und Neustadt mit einem Seglerhafen. An der Küste reihen sich die Badeorte Dahme, Kellenhusen und Grömitz – mal familiär und gemütlich, mal quirlig und mondän.

Heiligenhafen

Reiseatlas: S. 237, D 2
Eine kleine Stadt mit großen Gegensätzen: In der Altstadt sowie am Kommunal- und Fischereihafen ›lebt‹ die Geschichte des einstigen Fischerorts, der heute gut 9200 Einwohner zählt. Den modernen Kontrast dazu bilden der Jachthafen mit 1000 Liegeplätzen und der größten Hochseeangelflotte Europas sowie der Ferienpark mit Kuranlagen, Freizeitzentren und dem »Aktiv-Hus« mit Sauna, Wellness, Meerwasserbad, Sportarena, Läden und Panoramagalerie (Tel. 04362/1291). Am langen Strand von Steinwarder gibt es Segel-, Surf- und Katamarankurse sowie Minigolf- und Bolzplatz.

Steinwarder und die hakenartige Strandwälle von **Graswarder** liegen quer vor der Stadt und bilden einen natürlichen Hafen. Im 14. Jh. war hier der Hauptausfuhrhafen für die Waren des Oldenburger Landes. Der Salzspeicher von 1587, Heiligenhafens ältestes profanes Gebäude, bezeugt diesen Wohlstand. Nach dem Eisenbahnanschluss 1898 verlor der Hafen an Bedeutung, und als 1954 bei einer Sturmflut die Warder zusammenwuchsen, wurden die Schiffer ihres bequemeren Hafenzugangs beraubt und mussten nun einen Bogen um die Ostspitze fahren. Der einsetzende Badebetrieb profitierte dagegen von dieser Verlängerung des Strandes, die

Natureum Steinwarder

Kinder und Erwachsene erleben mit allen ›Spür‹-Sinnen die Natur und werden zu Umweltdetektiven. Entdecken kann man den Naturlehrpfad »Lebensraum Küste« und einen Naturerlebnis-Spielplatz. Außerdem werden Aktionen angeboten wie ein Piratenwochenende mit Übernachtung im Heu, Baden in der Ostsee um 7 Uhr früh, Feuerwache etc. (Umweltschule auf dem Steinwarder, tgl. April–Okt., Info-Telefon 0171/366 66 88).

sich bis heute mit 2 bis 3 m pro Jahr fortsetzt.

Der **Graswarder** ist ein Seevogelschutzgebiet. Naturschutzwarte bieten Führungen an (ab Naturschutzhaus Ostern–Okt. 10.30 u.15 Uhr, Tel. 04362/ 6947). Vom neuen Beobachtungsturm überblickt man aus 12 m Höhe die idyllischen Sommerhäuser und den Warder mit über 40 Brutvogelarten.

Das Zentrum des gemütlichen Städtchens wurde von dem Holsteiner Grafen Adolf IV. um 1255 planvoll angelegt. Der Weg zum Marktplatz führt vorbei an Patrizierhäusern aus der Blütezeit des Seehandels. Den Marktplatz beherrscht das **Rathaus**, ein roter Backsteinbau von 1882. Auf dem Dach hängt die Kökschenglocke, die Feuerglocke, die im 19. Jh. die Bürger um 22 Uhr zur Heimkehr mahnte. Über der Eingangstür prangt die hölzerne Nachbildung der Schwanzflosse eines Wales, den Heiligenhafener Fischer 1742 in der Ostsee gefangen haben sollen.

Deutlich erhöht steht, von Bäumen umgeben, die **Stadtkirche.** Die gotische Backsteinkirche, deren Form an einen Schiffsbug erinnert, wurde nach einem Brand 1390 wieder aufgebaut. Der modern gestaltete Altarraum birgt zwei fast 500 Jahre alte Chorgestühle mit geschnitzten Heiligenstatuen, wie dem hl. Nikolaus, dem die Kirche wohl einmal geweiht war, sowie Schnitzfiguren von Adam und Eva, ebenfalls um 1500 entstanden. Bemerkenswert sind auch die überlebensgroße Figur des Christophorus aus dem 16. Jh., die Fregatte »Samson«, mit über 360 Jahren eines der ältesten Schiffsmodelle Deutschlands, sowie die Empore, der ›Schifferstuhl‹. Dort durften nur die ›Stohlbröders‹ sitzen – Reeder, Ka-

Bei Heiligenhafen

pitäne und höhere Steuerleute (Führungen in der Saison Di, Do, Sa 11 Uhr, Tel. 04362/26 51).

Schräg hinter der Kirche fällt das **Heimatmuseum** durch sein Türmchen auf (Thulboden 11a, Tel. 04362/38 76, April–Okt. Di–Fr u. sonn- u. feiertags 15–17 Uhr, Gruppen ganzjährig nach Vereinbarung). Die Exponate dokumentieren die Entwicklung von Hafen und Stadt.

Drei berühmte Namen verbinden sich mit Heiligenhafen: Der Lyriker und Erzähler Wilhelm Jensen wurde 1837 dort geboren. Die Begegnung mit Wilhelm Raabe und Emanuel Geibel weckte seine Liebe zur Dichtkunst. Von seinen 128 Werken spielt aber nur eines in seiner Geburtsstadt – »Mettengespinst‹« ist zu Zeiten des Dreißigjährigen Krieges angesiedelt. Der Dichter starb 1911 in Oberbayern.

Theodor Storm (1817–88), dessen Tochter Lisbeth in Heiligenhafen wohnte, schrieb in deren Haus 1881 die Novelle »Hans und Heinz Kirch«, der eine tragische Begebenheit von Vater und Sohn aus Heiligenhafen zugrunde liegt. Der dritte Prominente ist Lyonel Feininger, der Heiligenhafen 1921 besuchte und während seines Aufenthalts die Bilder »Das Hohe Ufer« und »Kleine Hafenstadt« vorskizzierte.

Tourist-Information Heiligenhafen: 23774 Heiligenhafen, Bergstr. 43, Tel. 04362/907 20, Fax 39 38, www.heiligenhafen.de. Zweigstelle im ›Aktiv-Hus‹ des Ferienparks (Juli–Sept.).

Hotel Stadt Hamburg: Hafenstr. 17, Tel. 04362/902 70, Fax 58 36, www.hotelstadthamburg-oh.de. Histori-

sches Haus, Nichtraucher-Zimmer, zentral. 85–100 €.
Luises Sporthotel garni: Hermann-Löns-Str. 3-9, Tel. 04362/70 10, Fax 58 52, www.luises-sporthotel.de. Ruhig, auf einer Anhöhe, Sauna, Schwimmbad. 76–88 €.

Lütt Hus: Brückstr. 8, Tel. 04362/23 81. Kate. Regionale Gerichte. 10–18 €.
Weberhaus: Kirchenstr. 4, Tel. 04362/28 40, Mo Ruhetag. Spezialität Weberhauslachs, regionale Küche. 12–16 €.
Zum Alten Salzspeicher: Hafenstr. 2, Tel. 04362/28 28, Di Ruhetag (nicht im Juli und Aug.). Gebäude von 1587. Spezialität Dorsch auf Salzspeicher Art. 10–16 €.
Fisch-Hütte: Industriestr. 13, Tel. 04362/22 32, tgl. bis 19, Di bis 14, So bis 16 Uhr. Räucherfisch, hier kann man beim Räuchern zuschauen. 5–7 €.
Café Nentwig: Am Markt 10, Tel. 04362/70 00, Nov.–Ostern Di Ruhetag, hausgemachte Torten.

Segel- und Surfschule am Binnensee: Axel Malicke, vor dem Ferienzentrum am Eichholzweg, Tel. 04362/14 41, Fax 60 10, www.malicke.de. Vom Kindersegeln bis zum Hochseetörn.

Mit der Bahn von Hamburg über Lübeck nach Oldenburg bzw. Puttgarden. Von Oldenburg bzw. Puttgarden mit dem Bus nach Heiligenhafen.

Großenbrode

Reiseatlas: S. 237, E 2
Der rege Fährverkehr von und zu dem kleinen Ort erhielt 1905 mit der Eisenbahnfähre nach Burg auf Fehmarn weiter Aufschwung. Damit war es 1963 nach dem Bau der 963 m langen **Fehmarnsundbrücke** allerdings vorbei. Die E 47 oder auch Vogelfluglinie führt nun, an Großenbrode vorbei, bis nach Skandinavien.

Die Bewohner machten aber das Beste daraus und setzten auf ihre idyllische Umgebung. Sie bauten ein Kurmittelhaus sowie ein Ferienzentrum am 15 km langen Strand und hatten nun ein Ostseeheilbad. Der überwiegend steinfreie Strand ist auch für kleine Kinder ungefährlich. Im Jachthafen haben Fischerboote neben kleinen Jollen festgemacht und vor dem Strand tummeln sich Surfer, die dort ideale Bedingungen finden.

Für einen Besuch der **St. Katharinen-Kirche** (tagsüber geöffnet, oder Schlüssel im Pastorat holen) quert man die Bahnschienen. Trutzig wirkt der Backsteinbau der Frühgotik mit dem niedrigen, hölzernen Glockenturm aus dem 18. Jh. Das Innere beherrschen der Altar (1694), umrahmt von Engeln und Evangelisten, die barocke Kanzel mit geschnitzten, bunt bemalten Blütenranken und der Taufengel des Oldenburgers Christian Götsche (1713).

Richtung Fehmarnsundbrücke versteckt sich zwischen den Knicks der **Kronsteinberg** mit einem Hünenbett, das mit 97 m Länge zu den größten des Landes zählt.

Kurverwaltung Großenbrode: 23775 Ostseeheilbad Großenbrode, Teichstr. 12, im Rathaus, Tel. 04367/99 71 13, Fax 99 71 26, www.grossenbrode.de. Tourist-Information am Südstrand, Mai–Sept., Tel. 04367/97 89 88.

Die Fehmarnsundbrücke bei Großenbrode

Ostsee-Hotel: Südstrand, Tel. 04367/71 90, Fax 71950, www.intus-hotels. de. Am Strand, Sauna, Solarium, Fitnessgeräte. 92–136 €.
Hotel am Wind: Am Kai 11, Tel. 04367/99 99 11, Fax 99 99 19. Große Wiese hinter dem Haus, Zugang zum Strand ohne Straßenüberquerung. 60–100 €.
Pension Schöning: Strandstr. 9, Tel. 04367/8010, Fax 1092, www.pension schoening.de. Nur Nichtraucherzimmer, strandnah. 40–50 €.

Camping
Strandparadies Großenbrode: Tel. 04367/86 97, Fax 99 90 31, www.camping-strandparadies-grossenbrode.de, Rasen von Bäumen umstanden, behindertengerecht, Wassersportmöglichkeit.

Alter Krug: Schmiedstr. 13, Tel. 04367/394. Gaststätte seit 1638, schön gelegen, Bundeskegelbahnen, regionale Küche. 9–17 €.
Café Meerkieker: Am Kai 15, Tel. 04367/71 7972. Hausgemachte Torten.

Bootsvermietung: Baltic Trolling Center, Tel. 04367/97 8666, www.btc-grossenbrode.de. Gef. Pilk- u. Trollingtouren.
Segelschule: »Kleine Segel«, Ulf Hiersemann, Am Kai 21, Tel. 0173/981 4967, www.kleine-segel.de. Für Kinder auch Katamaran-Segeln.
Ferienkino: Juni–Sept. im Haus des Gastes.

Oldenburg

Reiseatlas: S. 237, D 3
Die im 7. Jh. gegründete Seestadt der Wagrier gilt als älteste städtische Siedlung Norddeutschlands. Über das Oldenburger Grabensystem, einen alten Meersund, der die Hohwachter mit der Lübecker Bucht verband, trieben die Siedler mit flachen Schiffen Seehandel. Ein bis zu 18 m hoher Ringwall – zu besichtigen – schützte die Siedlung. Hier

errichteten die Germanen zwischen 650 und 680 eine Wehrburg. Als das Bistum Oldenburg zu missionieren begann, stand Starigrad (alte Burg) im Mittelpunkt der Aufstände auf der Wagrischen Halbinsel. Der Bau einer Kirche half nicht, die Bischöfe mussten die Missionierung abbrechen.

Im Jahre 1149 zerstörten die Dänen die Burg. Am Fuße der Wallanlage baute Bischof Gerold die Nachfolgestadt Oldenburg, die bis 1160 Bischofssitz war und 1235 Stadtrecht erhielt.

Zentrum der Stadt mit über 10 000 Einwohnern ist der **Marktplatz.** Die meisten mittelalterlichen Gebäude fielen 1773 einem Brand zum Opfer. Das neogotische **Rathaus** mit hölzerner Laterne stammt von 1834. Das Turmglockenspiel lässt zwischen 8 und 20 Uhr alle zwei Stunden wechselnde Melodien erklingen. Straßencafés bestimmen die Atmosphäre, ebenso der Wochenmarkt, der mittwochs und samstags stattfindet, und die alten Gassen, die vom Markt abzweigen.

Die barocke Haube der **St. Johannis-Kirche** weist den Weg zu einem Ort der Ruhe. 1156 an der Stelle einer hölzernen Missionskapelle des Vicelin auf Geheiß Bischof Gerolds erbaut, gilt die Kirche als erster reiner Backsteinbau Ostholsteins. Das aufwändige Westportal stammt vom Anfang des 13. Jh., der Rest der Kirche wurde nach dem großen Brand stark verändert. Kanzel und Altar (1778) gestaltete der Bildhauer Johann Georg Moser.

Auch Oldenburg hat einen berühmten Sohn, der allerdings erst lange nach seinem Tod anerkannt wurde: Der Maler Johann Liss wurde um 1597 in Oldenburg geboren. Im Alter von 17 Jahren ging er unter dem Namen Jan Lys in die Niederlande, um seine Kunst zu perfektionieren. Dann zog es ihn nach Rom und Venedig. 1631 starb der Künstler mit kaum 34 Jahren in Verona an der Pest. Heute gilt er als bedeutender Barockmaler; seine religiösen Werke und Szenen aus dem bäuerlichen Leben sind in berühmten Museen zu sehen, etwa in Berlin, München, Moskau, Rom, Florenz und Venedig.

Das **Wallmuseum** im Wallvorfeld wurde mit Scheunen, Backhaus und einem modernen Mittelbau (heute Restaurant) einem Ostholsteiner Gut nachempfunden (Professor-Struve-Weg 1/ Museumshof, Tel. 04361/26 74, Ostern bis Okt., Di–So 10–17 Uhr, www.oldenburger-wall.de). In zwei Reetdachscheunen aus dem 18. Jh. werden Alltag und Geschichte der vor 1000 Jahren hier ansässigen Wagrier (Slawen) wieder lebendig, etwa im originalgetreu rekonstruierten Arbeits- und Lebensbereich einer west-slawischen Stadt des frühen Mittelalters, die man begehen kann. In der historischen Backstube wird einmal im Monat ein Wallbrot gebacken und verkauft. Die »Starigrad«, der originalgetreue Nachbau eines slawischen Handelsschiffs liegt in einer alten Hafenanlage im angrenzenden Großen Wallsee. Das Museum sollte man vor der Wallanlage besuchen, damit man sich besser in die Zeit zurückversetzen kann.

In den Museumshof sind ein kleiner Rosengarten und das **Gildemuseum** integriert, das die über 800 Jahre alte Geschichte der ältesten Gilde Deutschlands, der St. Johannis Toten- und

Das Wallmuseum in Oldenburg

Schützengilde von 1192, dokumentiert. In der Hauptblütezeit findet der so genannte »Rosenabend« statt mit Führung durch den Garten und einer Rosenbowle.

Tourist-Information: 23758 Oldenburg in Holstein, Markt 1, Tel. 04361/49 81 03, Fax 49 82 00, www.oldenburg-holstein.de.

Hotel Zur Eule: Hopfenmarkt 1, Tel. 04361/49 97 0, Fax 499 72 02. Ab 70 €.
Hotel Günther: Carl-Maria-von-Weber-Str. 18, Tel. 04361/27 30, Fax 16 14, www.hotel-guenther.de. Sehr ruhig. 76–106 €.
Hotel Hoheluft: Hoheluftstr. 32, Tel. 04361/49 93 0, Fax 49 93 25, www.hotel-hoheluft.de. Nettes Familienhotel, 59 €.
Jugendherberge: Göhler Str. 58a, Tel. 04361/76 60, Fax 60 731. 12,20–15 €.

Landlord: Göhler Str. 44, Tel. 04361/82 30, ab 18 Uhr. Urige Kneipe, Bier vom Fass, Bistro-Gerichte u. à la Carte.
Zur Treppe: Kuhtorstr. 3, Tel. 04361/23 98. Mi ab 14 Uhr Ruhetag. Fisch aus der Pfanne, holstein. Spezialitäten. 9–16 €.
Museumshof: auf der Museumsinsel (Wallmuseum), Tel. 04361/26 74, Mo Ruhetag, 10–18 Uhr. Holsteinische Spezialitäten, Themenabende (mittelalterliche Gelage, Kartoffeltage im Herbst). 6–9 €.

Slawentag: Anfang Juni, Fünfkampf, Ritterspiele, Gaukler etc.
Slawenland: Ende Juli–Mitte Aug., Leben wie vor 1000 Jahren, Mitmachaktionen. Zum Abschluss zwei Tage **Wallfest:** Kunsthandwerk und Musik, Brotbacken u. v. m.
Festumzug der St. Johannis Toten- und Schützengilde: Ab So nach Pfingsten wird drei Tage lang gefeiert und auf den ›sächsischen Vogel‹ geschossen.

Im Osten der Wagrischen Halbinsel

Grube

Reiseatlas: S. 237, E 3
Backsteinhäuser aus dem 19. Jh. säumen die lang gezogene Hauptstraße des Ortes. Am Südende weitet sich die die Straße zum Kirch- und Marktplatz mit der **St.-Jürgen-Kirche** aus der ersten Hälfte des 13. Jh. Der Schnitzaltar aus dem 15. Jh. zeigt zwei so genannte Wandlungen: In der festlosen Zeit des Kirchenjahres sind die Flügel geschlossen, sodass man die wie ein Bilderbuch bemalte Außenseite mit Szenen aus dem Leben Heiliger sieht. An hohen Feiertagen werden die Flügel mit farbig gefassten Schnitzfiguren geöffnet – zu sehen ist dann die Kreuzigungsszene. Weitere Blickpunkte sind der Herrenstuhl des Amtmanns von Cismar (1657) sowie der barocke Taufengel und die tulpenförmige Kanzel (Führung Di 19 Uhr).

Das ehemalige **Pfarrhaus** steht als ältestes datiertes Bauernhaus Schleswig-Holsteins im Freilichtmuseum Molfsee (s. S. 117f.). Über dem Türsturz ist in Niederdeutsch zu lesen, dass es 1569 als Wohnung für den Pastor Jeremias Stricker errichtet wurde.

Das **Dorfmuseum** präsentiert eine volkskundliche sowie vor- und frühgeschichtliche Sammlung (Hauptstr. 18, Tel. 04365/74 18, Mai–Sept., Mi–Fr 16–18 Uhr, Mitte Juli im Wechsel Straßen- (2007) bzw. Museumsfest (2008), Juli/ Aug. Kinder-Aktionstag wie Waschen mit altem Waschbrett). Neben der Einrichtung der alten Dorfschule und einer originalen Schlafstube beeindruckt ein handgetriebener Spinnapparat aus dem 19. Jh. mit 60 Spindeln. Auch handgeschriebene Zeilen von Theodor Storm sind im Museum zu finden, da der Dichter 1886 und 1887 seine Tochter Lisbeth in Grube besuchte, wo ihr Mann Pfarrer war. Dem Storch auf dem Nachbarhaus schaut man via Video-Kamera in die Kinderstube.

Gruber Hof: Hauptstraße, Tel. 04364/221. Gutbürgerliches Essen, in der Nebensaison Mi Ruhetag. 9–14 €.

Dorfführung: Gang durch die Gruber Geschichte, alle 14 Tage Di ab 18 Uhr, Treffpunkt vor der Kirche.

Sportflugplatz: Rundflüge mit dem Motorflugzeug oder -segler. Schnupperkurse für Jugendliche (im Segelflug) u. Erwachsene. Tel. 04365/399 (Mo–Fr 10––2 Uhr).

Dahme

Reiseatlas: S. 237, E 3
Der Ort war im Mittelalter der Sitz Ostholsteiner Grafen wie der Rantzaus und der Buchwalds. 1460 fiel er an das Kloster Cismar, erst im 18. Jh. wurde der letzte Hof an die inzwischen freien Bauern verteilt. Die Bewohner entdeckten bald den Wert der Ostseelage, und im 19. Jh. entwickelte sich Dahme zum Badeort.

Die Strandpromenade mit Restaurants und Boutiquen lädt zum Flanieren und Einkaufen ein. Am 6,5 km lange, feinsandigen Strand werden Surfkurse für die ganze Familie angeboten, Aerobic, Basketball und Aktivitäten für

Kinder. In der Umgebung kann man reiten oder Tennis spielen. Bei Regenwetter bietet das **Meerwasserhallenbad** mit einem großen Außenbecken Abwechslung und im öffentlichen Fun-Park können sich Inline-Fans auf Halfpipe und Rampen austoben.

Die Umgebung von Dahme lädt zu ausgedehnten Spaziergängen ein, etwa zum **Leuchtturm von Dahmeshöved** (1879; Besichtigung April–Okt. tgl. außer Sa 15–16.30 Uhr). Der im Wappen von Dahme dargestellte achteckige Turm ragt mit 28 m hoch über dem Land empor. Spätnachmittags, wenn der rote Turm in ein wunderbares Licht getaucht wird, ist er ein beliebtes Fotomotiv. Im Leuchtturm man kann sich auch trauen lassen (Anfragen beim Kurbetrieb).

Kurbetrieb Dahme: Strandpromenade, 23747 Dahme, Tel. 04364/492 00, Fax 49 20 28, www.dahme.com.

Hotel-Restaurant Holsteiner Hof: Strandstr. 9, Tel. 04364/10 85, Fax 87 46. Am Deich mit Seeblick. 90 €.
Hotel Matinee: Haakestr. 6, Tel. 04364/497 70, Fax 49 77 98, www.hotel-matinee.de. Strandnah und ruhig, Sauna, Schwimmbad, Fitnessraum. 84–128 €.
Jugendherberge: Leuchtturmstr. 1, Tel. 04364/47 01 73, 15–17 €.

Camping
Familiencamp Stieglitz: Tel. 04364/14 35, Fax 96 10, Fax 47 04 01. An der Ostsee, Mietwohnwagen, Tischtennis- und Sportplatz.
Eurocamping Zedano: First-Class-Camping mit eigener Nasszelle am Stellplatz, Mietwohnwagen und Mobilheime, Tel. 04364/366, Fax 83 59, www.zedano.de.

Café-Restaurant Blöser: Strandpromenade 22, Tel. 04364/480 20. Eigene Konditorei, mit Terrasse. 9–20 €.

Mit der Bahn nach Oldenburg oder Neustadt, von dort mit Bussen.

Kellenhusen

Reiseatlas: S. 237, E 4
Das ehemalige Fischerdorf hat sich zu einem familienfreundlichen Ostseeheilbad mit 4 km langem Sandstrand entwickelt. An der bunt gestalteten Promenade »Lady Prom« mit Wasserläufen, Springbrunnen und Skulpturen gibt es viele Einkehrmöglichkeiten sowie das Meerwasser-Hallen-Freibad. Die Skulptur »Der Fischer« von Axel Süphke (1997) steht als Wahrzeichen in der Ortsmitte.

Ebenso reizvoll ist das Hinterland mit dem größten Wald an der Ostsee-Küste Schleswig-Holsteins, dem **Eutiner Staatsforst** mit dem **Guttauer Wildgehege** mit Schwarz-, Reh- und Damwild sowie reichem Eichenbestand. Hier gibt es berühmte Bäume wie die Fünfmarkeiche, die als Vorbild für das Fünf-Reichsmarkstück diente, die

Fischbrötchen

Die frischesten Fischbrötchen, auch zum Mitnehmen, gibt es im Strandcafé an der Strandpromenade in Dahme (Tel. 04364/86 42). Eilig darf man es allerdings nicht haben, denn die garantiert frische Zubereitung erfordert etwas Geduld.

OstseeCard

Mit der OstseeCard (s. auch S. 40) wird nicht nur die Kurtaxe abgegolten, man kann auch den öffentlichen Nahverkehr zwischen Dahme, Grömitz, Kellenhusen und Neustadt für nur 1 € je Fahrt nutzen. Zusätzlich gibt es viele Ermäßigungen (z. B. beim Leuchtturm Dahmeshöved) und sogar freien Eintritt in das Meerwasserbad in Kellenhusen sowie kostenlose Nutzung der Bücherei in Grömitz.

Wasserstandseiche mit einer Sturmflutmarkierung von 1872 und die 1000-jährige Kroneiche, deren Stumpf als Naturdenkmal gilt. Der Name Kroneiche kommt nicht etwa von Krone, sondern von den Kranichen, die sich auf der Eiche zum Schlafen niederließen. Entlang der Wanderwege informieren Schautafeln zu Fauna und Flora. Es gibt ein Wildschweingehege und einen Abenteuerspielplatz mit Ritterburg.

Kellenhusen Tourismus-Service: Strandpromenade, 23746 Kellenhusen, Tel. 04364/49 75 13, Fax 49 75 22, www.kellenhusen.de u. www.zimmervermittlungkellenhusen.de.

Hotel Erholung: Am Ring 31, Tel. 04364/47 09 60, Fax 470 96 70, www.hotel-erholung.de. 100 m zum Strand. 60–100 €.
Vier Linden: Lindenstr. 4–6, Tel. 04364/49 50, Fax 49 52 95, www.hotel-vier-linden.de. Mit Spielplatz, Sauna und Solarium. 60–80 €.

Restaurant/Café Kruse: An der Strandpromenade, Tel. 04364/508. Riesige Portionen. 9–19 €.

Plattfischtage: Plattfischtage: Mitte Mai, zwei Wochen lang buntes Familienprogramm, Konzerte, Theater sowie Kurse im Kochen u. Fischräuchern.
Ferien-Zirkusschule: Im Juli, ab 6 J., mit Abschlussvorstellung. Rechtzeitig buchen (Tel. 04364/49 75 13)!
Hubertuswochen: Im Okt., zwei Wochen lang: Waldkonzert, Lichterfest, Baumpflanzaktion, Ponyreiten, Hubertusausritt und Waldspaziergang.

Mit der Bahn nach Oldenburg oder Neustadt, von dort mit Bussen.

Cismar

Reiseatlas: S. 237, E 4
Hauptanziehungspunkt der kleinen Gemeinde am Waldrand ist das über 760 Jahre alte, ehemalige Benediktinerkloster. Wegen des ausschweifenden Lebenswandels der Benediktinermönche des Lübecker Johannisklosters verordnete der Bremer Erzbischof eine ruhigere Umgebung. So baute Graf Adolf IV. ein neues Kloster in der Nähe des Dorfes Cismar. 1249 wurde dort eine heilkräftige Quelle entdeckt.

Die Hl. Johannisquelle und die Schenkung wertvoller Reliquien machten das Kloster zum Wallfahrtsort und brachten Wohlstand. Der Flügelaltarschrein des Reliquienschatzes (1310/20) ist der älteste erhaltene Altar seiner Art. Als es sich Mitte des 15. Jh. allerdings herausstellte, dass die Heilig-Blut-Reliquie lediglich ein zusammengewickeltes Stück Purpurseide war, blieben die Pilger aus. Nach der Reformation fiel das Kloster an das Haus Gottorf (1560) und wurde zum Schloss umgebaut. Zuletzt stand das Gebäude 200 Jahre lang leer und verfiel. Die hervorragende Akustik der **Klosterkirche** gab 1987 den Ausschlag zur Renovierung, heute finden dort Konzerte statt (Führungen Mi, Sa 17 Uhr).

Das ehemalige Laienschiff (Langhaus) ist eine Niederlassung der Stiftung Schleswig-Holsteinische Landesmuseen Schloss Gottorf mit Kunstausstellungen (Bäderstr. 42, Tel. 04366/10 80, Mai–Sept., 10–18 Uhr). Im Keller des Brunnenhauses mit der Johannisquelle ist die Klostergeschichte dargestellt. Das darüber liegende Refektorium ist auch heute wieder Speisesaal – des Kloster-Cafés. Vom Kloster führt ein beschilderter Naturlehrpfad durch den Klosterpark.

Für naturwissenschaftlich Interessierte und Freunde schöner Formen bietet das **Haus der Natur** die größte Schnecken- und Muschelausstellung Deutschlands (Bäderstr. 26, Tel. 04366/12 88, www.hausdernatur.de, tgl. 10 bis 19 Uhr). Eindrucksvoll ist auch die Eiersammlung, vom Kolibri- bis zum Straußenei. Die Skulptur des Mönches mit Karpfen und Schnecke vor dem Museum symbolisiert die Arbeit der Mönche, die auch von der Schnecken- und Karpfenzucht lebten.

Klostercafé und Bistro Brunnenhaus: Auf dem Klosterhof, Tel. 04366/88 88 81, Mo Ruhetag, bis 18 Uhr. Selbst gebackener Kuchen, Kleinigkeiten.
Hofkäserei Klostersee: Klostersee, Tel. 04366/517, Mo–Fr 9.30–12, u. 16–18, Sa 9.30–12 Uhr, Klosterseer Käse u. v. m.

Klosterfest: am zweiten August-Wochenende, historischer Kunsthandwerker-Markt, Musik, Spiel und kulinarische Köstlichkeiten.

Galerie Jan Kollwitz: Bäderstr. 23, Tel. 04366/614, in der Regel tgl. geöffnet, telefonische Anmeldung erbeten. Der Urenkel von Käthe Kollwitz zeigt in traditioneller japanischer Technik hergestellte Keramiken im alten Pastorat.
Kalligraphische Werkstatt: Alte Schriftkunst, Hannelore Fischer, Bäderstraße 36, Tel. 04366/638, tgl. 11–16 Uhr.

Grömitz

Reiseatlas: S. 237, D 4
Das »Bad der Sonnenseite«, das seit 1949 das Prädikat Ostseeheilbad trägt, erhielt zweimal eine Auszeichnung als familienfreundlicher Ferienort. Das hat Grömitz vor allem dem 8 km langen, feinsandigen und sehr sauberen Strand zu verdanken. Eine 3,5 km lange Kurpromenade mit Restaurants und kleinen Geschäften begleitet die halbe Strandlänge. Für Kinder gibt es mehrere Spielplätze.

Die Strandeisenbahn »Rasender Benno« fährt mehrmals täglich vom Ortskern zur **Seebrücke** am Strand, die mit 398 m die längste an der schleswig-holsteinischen Ostseeküste ist.

Die **St. Nicolai-Kirche** am Ende der Fußgängerzone stammt aus dem 13. Jh., der Gründungszeit des Ortes. Der Westturm wurde 1665 errichtet; die Ziegel mussten die armen Grömitzer Bürger beim Lübecker Bischof erbetteln. Im Vorraum der Kirche ertönt das gleichmäßige Ticken des mechani-

Der Strand von Grömitz

schen Uhrwerks, das seit über 90 Jahren nahezu störungsfrei läuft. Durch den gotischen Chorbogen gelangt man in den Altarraum mit überwiegend barocker Einrichtung. Hinter der Kirche erstreckt sich der **Kurpark**.

Sollte die Sonne einmal nicht scheinen, geht man in das **Meerwasserwellenbad Grömitzer Welle** mit Sauna und neuem Wellnessbereich (**Wellarium**).

Einen interessanten Nachmittag verspricht der **Zoo Arche Noah** mit einheimischen und exotischen Tieren, Vogelteich und Streichelhof, in dem man auch Lamas näher kommen kann. Eine Sensation sind die Liger, eine Kreuzung zwischen Löwe und Tiger.

Tourismus Service Grömitz: Kurpromenade 58, 23743 Grömitz, Tel. 04562/25 60, Fax 25 62 46, Zimmer-Reservierung: 01805/23 34 55, www.groemitz.de.

Hof Krähenberg: Nienhagener Weg, Tel. 04562/227 22, Fax 22 72 50, www.hof-kraehenberg.de. Am Ortsrand, familien- und seniorenfreundlich, mit großem Garten, Sauna und Schwimmbad. 70–144 €.
Gosch: Am Markt 6, Tel. 04562/63 41, Fax 14 72, www.gosch-hotel-groemitz.de. Terrasse zum Markt, kostenloser Fahrradverleih. 70–130 €.
Pension Hermer: Am Markt 2, Tel. 04562/98 46, Fax 98 91, www.pensionhermer.de. Zentral, Garten. 54–84 €.

Camping
Camping-Ferienpark Camaro: Grömitz-Lensterstrand, Tel. 04562/88 45, Fax 35 67. Sauna, Hallenschwimmbad, überdachte Grillplätze, Mobilheime.

La Mareé: Christian-Westphal-Str. 52, Tel. 04562/98 27, ab 18, so ab 12 Uhr. Französische Küche. 12–23 €.
Schlemmerland: Kurpromenade 2, Tel. 04562/89 01. Feine regionale Küche. 9–16 €.
Falkenthal's Seafood-Bar: Kurpromenade 6, Tel. 04562/51 52. Leckere Fischgerichte a. d. Theke auszusuchen. 7–14 €.
Burghardt´s Café/Bistro: Kirchenstr. 27-29, Tel. 04562/22 48 17. Hausgemachter Kuchen, Spezialität: Blitztorte mit Ananas.

Ostsee in Flammen: Anfang Aug., Feuerwerk mit musikalischer Untermalung und Rahmenprogramm.
Klassik-Passage: Klassische Konzerte in der Passage des Kur- und Badezentrums, Mai–Okt., Programm im Büro des Tourismus-Service.

Grömitzer Welle: Tel. 04562/25 62 47, tgl. 10–20 Uhr. Meerwasserbrandungsbad mit großer Wasserrutsche und Saunalandschaft.
Zoo Arche Noah: Mühlenstr. 32, Tel. 04562/56 60, www.zoo-arche-noah.de, 9–18 Uhr, zweimal tgl., ab 11 u. ab 16 Uhr Fütterungstour.

Ostseegericht

Die Chefköche einiger Restaurants in 18 Orten an der Ostseeküste kreieren jedes Jahr ein besonderes Gericht, das sie für 11 € anbieten. Auch Grömitz beteiligt sich an dem Wettbewerb, aus dem interessante Kompositionen – meist mit frischem Seefisch – hervorgehen. Ein Faltblatt mit den teilnehmenden Restaurants erhält man im Tourismus Service in Grömitz.

Rasender Benno: Strandeisenbahn von der Seebrücke zum Ortskern von Grömitz, Tel. 0172/412 32 85.
Golfplatz: Golf Club Grömitz, Am Schoor 46, Tel. 04562/22 26 50, www.gc-groemitz.de, 18-Loch-Meisterschaftsplatz, öffentlicher 9-Loch-Platz.
Radeln und Wandern: Radeln und Wandern: Über 300 km Rad- und Wanderwege führen ins Umland. Vier Sondertouren (Rad-, His-, Kul- und Natour) bietet die Karte »à la card« des Tourismus-Service (4 €).
Segelschule: »Blauer Peter«, Yachthafen, Tel. 04562/71 56, ab Mitte Mai.

Mit der Bahn nach Oldenburg oder Neustadt, von dort mit dem Bus.

Neustadt

Reiseatlas: S. 239, E 2
Seit über 750 Jahren lebt die heute 16 000 Einwohner zählende Kleinstadt von ihrem Hafen. Neben Fischerbooten laufen hier auch Ausflugsschiffe ein. Die malerische Kulisse mit Kornspeichern aus dem 19. Jh. verdankt Neustadt vor allem zwei Kaufleuten. Adam Jansen ließ den **Horn'schen Speicher** – heute Restaurant – neben dem Hospital sowie den **Pagodenspeicher** (1830) erbauen, der seinen Namen nach dem mehrfach gestuften Dach mit Trockenluken erhielt. Jakob Lienau führte mit Schiffen aus der eigenen Werft Getreide aus und errichtete ebenfalls einen großen Kornspeicher (1829).

Das **Heilig-Geist-Hospital** wurde 1344 für gebrechliche Pilger auf deren Weg nach Cismar gebaut. Die kleine Backsteinsaalkirche von 1408 zeigt Reste gotischer Ausmalungen; Altar

Gut Hasselburg

und Kanzel stammen aus dem 17. Jh. In den Wohnbauten, von Jakob Lienau gestiftet, wurde ein Altersheim eröffnet. Vorbei am **Brückengeldeinnehmerhaus**, an dem man noch 1930 Zoll für »Mensch, Vieh und Fuhrwerk« bezahlen musste, gelangt man über eine Brücke zum Zentrum von Neustadt.

Bis Ende des 12. Jh. herrschte hier ein wendischer Fürst. Seine Burg befand sich auf der Halbinsel im Neustädter Binnenwasser, die seit dem Eisenbahnbau 1880 durch einen Damm mit dem Festland verbunden ist. Im Jahre 1244 gründete der Holsteiner Graf Adolf IV. dort ein wirtschaftliches Zentrum im südlichen Wagrien. Ein Großbrand zerstörte 1817 viel von der mittelalterlichen Bebauung.

Aus der Gründungszeit stammt die **Stadtkirche** mit mittelalterlicher Ausmalung. Der Barockaltar (1643) war ursprünglich für den Dom in Schleswig geschnitzt worden. Das Triumphkreuz stammt aus dem 15. Jh., die Renaissance-Kanzel aus dem 16. Jh. Gegenüber, an der Nordseite des Marktplatzes, steht das klassizistische **Rathaus.** Die Bronzefiguren zweier Fischer in Ölzeug und mit tief ins Gesicht gezogenem Südwester sehen aus, als würden sie sich jeden Augenblick bewegen.

Über die Kremper Straße mit dem 1820 erbauten Lienau-Stift, das heute ein Wohnheim beherbergt, erreicht man das **Kremper Tor** mit markantem Stufengiebel, das einzige erhaltene von drei Toren, die zu einem Befestigungsring aus Wall, Mauer und Graben gehörten. Seit 1908 ist dort das **Ostholstein-Museum** untergebracht, dessen Exponate bis in die Vorgeschichte zurückreichen (Tel. 04561/ 55 84 24, April, Mai, Sept., Okt. Di–Sa 15–17, So 10–12 Uhr, Juni–Aug. Di–So 10–12 und 15–17 Uhr). Außerdem zeigt es eine alte Zahnarztstube sowie eine Sammlung von Moritatenschildern des Neustädter Malers Adam Hölbing (1855 bis 1929).

Das **Cap-Arcona-Museum** erinnert an den Untergang der »Cap Arcona« in der Neustädter Bucht am 3. 5. 1945, bei dem mehr als 8000 ehemalige KZ-Häftlinge starben (Tel. 04561/397 70, Öffnungszeiten s. Ostholstein-Museum). Britische Bomber versenkten das

nicht als Flüchtlingsschiff gekennzeichnete Schiff, das gemeinsam mit deutschen Kriegsschiffen auf Reede lag.

Das Hafengebiet dient als Filmkulisse für die ZDF-Serie »Küstenwache«.

Der Badebetrieb in Neustadt begann Mitte des 19. Jh. mit den ersten Häusern am Vogelsberg und dem Julienbad, dem heutigen Strandbad. Dort befindet sich auch das **Umwelthaus Neustädter Bucht** (Am Strande 9, Tel. 04561/505 65, ganzjährig geöffnet, Büro Mo bis Do 9–16 Uhr). In Salzwasseraquarien können Seenadeln, Garnelen oder Flusskrebse beobachtet werden, man erfährt etwas über ökologische Zusammenhänge und auf dem Fußtastpfad lernt man, mit den Füßen zu ›sehen‹. Am Umwelthaus beginnen Führungen zum Naturschutzgebiet »Neustädter Binnenwasser«.

Gemeinsam mit den Ortsteilen Pelzerhaken und Rettin besitzt Neustadt einen ausgedehnten Strand. Hermann Löns schrieb dort 1913 seine kleine Novelle »Der alte Seehund«.

Tourismus-Service Neustadt-Pelzerhaken-Rettin: Dünenweg 7, 23730 Neustadt-Pelzerhaken, Tel. 04561/70 11, Fax 70 13, www.neustadt-holstein.de und Touristinformation, Am Markt 1, Tel. 04561/61 95 56.

Seehotel Eichenhain: Ortsteil Pelzerhaken, Strandpromenade, Tel.

04561/537 30, Fax 53 73 73, www.eichenhain.de. Am Strand, großer Wellnessbereich »Villa am Meer«. 110–150 €.
Hotel Wallburg: Am Heisterbusch 4, Tel. 04561/51220, Fax 512222, www.wallburg.de. Auf dem Hochufer am Hafen, klein, aber fein, Café-Terrasse. 95–115 €.
Hotel Hamburger Hof: Lienaustr. 26, Tel. 04561/515 70, Fax 51 57 10, www.hotel-hamburger-hof.de. Familienbetrieb in der Nähe des Hafens. 68–85 €.

Camping
Camping Seeblick: Pelzerhakener Str., Tel. 04561/74 28, Fax 79 47. An der Ostsee, Behinderten-WC, Tischtennis, sehr gute Sanitäreinrichtung.

Dolce Vita: Am Hafen 2, Tel. 04561/47 69. Italienische Küche. 8–21 €.
Ostseestuben: Pelzerhaken, Pelzerhakener Str. 1-3, Tel. 04561/7739, Mo Ruhetag. Fisch- und Wildspezialitäten. 9–20 €.
Hofanlage Marienhof: Rosengarten 50, Restaurant Tel. 04561/16010. Landestypische Küche. 8–19 €, daneben findet man ein Café & Kunst im ehemaligen Stall, Tel. 04561/71311. Hausgemachter Kuchen und Kunsthandwerk.
Willm's Aalkate: Schiffbrücke 15, Tel. 04561/91 31, Nov.–Feb. geschl. Einfach und gut. 8–15 €.
Café Palmenhaus: Heidberg 1, Sierhagen, Tel. 558412, Apr.–Okt. 14–18 Uhr. Hausgemachte Kuchen in der alten Gutsgärtnerei, Terrasse, Pflanzenverkauf.

Stadtführungen »Neustadt gestern & heute«, im Sommer zweimal wöchentl., Informationen bei der Touristinformation am Markt.
Europäische Trachtenwoche: alle drei Jahre im Juli, nächster Termin 2007.
Kultur am Meer: Juni–Sept., Haus des Gastes in Pelzerhaken. Konzerte, Kleinkunst, Kabarett.

Blaudruck: J.H. Koch, Vor dem Kremper Tor 11, 12–14 Uhr Mittagspause. Eine der letzten Blaudruckereien des Landes.

Basilika Altenkrempe

Reiseatlas: S. 239, E 2
Knapp 3 km nördlich von Neustadt errichtete der Schauenburger Graf Adolf III. den prächtigen Bau mit mächtigem Turm. Er glaubte Lübeck für sich verloren und wollte eine neue Hafenstadt bauen. Zur Gründung kam es wegen der Sumpfniederungen nicht, die gegen 1220 fertig gestellte Backsteinkirche blieb erhalten. Sie besitzt einen barocken Schnitzaltar sowie eine Kanzel aus dem 17. Jh. (tgl. 9–17 Uhr).

Von Altenkrempe führt eine 300 m lange Lindenallee zum **Gut Hasselburg** mit einem der schönsten spätbarocken Torhäuser Ostholsteins. Im Torhaus gibt es das Atelier »EinzigArt« einer Bildhauerin (Tel. 0172/4339713, tgl. außer Mo 13–17.30 Uhr; Mi u. Fr werden Kurse angeboten) und eine Antik-Galerie (u. a. Kachelöfen, Tel. 04561/714646, Sa, So 15–18 Uhr). Die schützenden Wassergräben, die noch heute die Gebäude umgeben, trennen den Ehrenhof und das Herrenhaus aus dem 18. Jh. vom Wirtschaftshof mit einer großen, eichenen Kornscheune. Dort, wie auch im Herrenhaus, finden Konzerte des Schleswig-Holstein Musik Festivals statt. Das große Haus besitzt eine zweistöckige Treppenhalle mit umlaufender Galerie, die mit Rokokostuck verziert ist. Das Spiegelgewölbe malte der Piemonteser Johann Gottfried Simola als Scheinarchitektur (Gutshaus, Tel. 04561/4434).

FEHMARN

Erholung für die ganze Familie bietet Schleswig-Holsteins einzige Ostseeinsel, eine der sonnenreichsten und regenärmsten Regionen von Deutschland. Jahrhundertelange Abgeschiedenheit ließ auf dem ›sechsten Kontinent‹ eine besondere Lebensweise entstehen.

Die Kornkammer Schleswig-Holsteins

Reiseatlas: S. 237, E/F 1/2
Es gibt keine großen Entfernungen auf Fehmarn, das durch den 1200 m breiten Fehmarnsund vom Festland getrennt ist. Da die Insel flach wie ein Pfannkuchen ist, können auch weniger Sportliche Fehmarn bequem mit dem Fahrrad erkunden.

Trotz des wachsenden Tourismus ist Fehmarn eine Bauerninsel geblieben. Ein Großteil des Bodens wird landwirtschaftlich genutzt. Bei den Höfen fallen die mächtigen Scheunen auf, die auf reiche Ernten hinweisen. Die Torbogen, die den Namen der Erbauer, der Bewohner und das Baujahr anzeigen, tragen Ritzzeichen. Diese für Fehmarn typischen Hausmarken, teilten auch Leseunkundigen mit, wem das Haus gehörte. Es gab fast 1800 solcher Zeichen, die als Siegel sowie als Unterschrifts- und Wappenersatz benutzt wurden. Man findet sie sogar am Torbogen der St. Nikolai-Kirche in Burg.

Die Fehmaraner Bauern waren nie Leibeigene gewesen und daher immer selbstbewusst und eigenwillig. Ihre freie Lebensart mussten sie sich mitunter schwer erkämpfen. Um 400 n. Chr. besiedelten die slawischen Wagrier die Insel. Inmitten der Ost-West-Passage durch die Ostsee war Fehmarn wie geschaffen als Versteck für Piraten, unter denen die Bewohner oft zu leiden hatten.

Im Zuge der Christianisierung wurden die Slawen von Dänen und Holsteinern vertrieben und überall auf der Insel wurden Kirchen errichtet. In der Folgezeit kämpften Dänen und Holsteiner um die Herrschaft, bis der Dänenkönig Erich der Pommer Fehmarn 1420 einnahm und einen Großteil der Einheimischen tötete. Das Fehmarnsche Memorial, eine Sandsteintafel an der Ostwand der Nikolai-Kirche in Burg, erinnert daran. Im 19. Jh. klärten sich die Machtverhältnisse auf Fehmarn zugunsten der Deutschen.

Burg

Reiseatlas: S. 237, F 1/2
Über die Fehmarnsundbrücke gelangt man in den gut 6300 Einwohner zählenden Inselhauptort Burg. Das roman-

Burg, der Hauptort von Fehmarn

tische Flair des Ortes mit Fachwerkhäusern, Kopfsteingassen und der von knorrigen Bäumen gesäumten Hauptstraße erlebt man am besten morgens, wenn die Straßen noch leer sind. Filigranes Fachwerk sowie Erker und Türmchen schmücken das **Rathaus** von 1900/01 auf dem Markplatz. Ebenso malerisch sind die Häuser Nr. 49–53 der Breiten Straße aus dem 16. und 17. Jh.

Im Haus Nr. 49 und im anschließenden Predigerwitwenhaus befindet sich das **Heimatmuseum »Peter Wiepert«** (Tel. 04371/62 57, Ostern und Juni–Okt. Di–Sa 11–16 Uhr). Der Heimatforscher Wiepert wollte mit seiner Sammlung die alten Bräuche der Insel dokumentieren. So erfährt man auch etwas über die Erntehelfer, Monarchen oder Rosalinden genannt, die von 1598 bis zum Ersten Weltkrieg aus ganz Deutschland zur Erntezeit nach Fehmarn kamen. Es war ein recht eigenes Völkchen, das sich durch Zinken an den Höfen verständigte. Diese Zeichen aus kleinen Ähren und Holzstücken gaben Auskunft über die Verpflegung, die Zahlungsweise und Eigenarten des Bauern.

Im ehemaligen Posthaus verlebte die Dichterin Charlotte Niese (1851 bis 1935) ihre Jugend beim Großvater. Mit Novellen über ihre Heimatinsel trat sie in die Fußstapfen der Burger Schriftstellerin Amalie Schoppe (1791–1858), die mit Friedrich Hebbel befreundet war.

Von den vier Kirchen Fehmarns heißt es: »Die Burger ist die größte, die Petersdorfer die höchste, die Landkirchener die feinste und die Bannesdorfer die kleinste.« Die Burger **St. Nikolai-Kirche,** die aus dem 13. Jh. stammt, wurde im 15. und 16. Jh. vergrößert. Zur Ausstattung gehören eine Bronzetaufe sowie ein Schnitzaltar mit Reliefs von Passions- und Osterszenen aus dem späten 14. Jh., der kleine St. Blasius-Flügelaltar (um 1480) und die spätgotische Figur der Madonna auf der Mondsichel (Mo–Sa 10–17 Uhr).

Im oberen Stockwerk der **Stadtbücherei** im kleinen **Stadtpark** nordwestlich des Marktes ist eine Ernst-Ludwig-Kirchner-Dokumentation untergebracht (Bahnhofstr. 47, Tel. 04371/31 75, Mo Fr 9.30–12 u. 14.30–18.30 Uhr, Mi nachmittags geschl.). Zwischen 1908 und 1914 verbrachte der Maler mehrere Wochen auf der Insel, meist im Haus des Leuchtturmwärters von Staberhuk. In der Landschaft fand er Motive für seine Bilder. Anhand einer Karte kann man noch heute die meisten seiner Inselansichten aufspüren.

Im **Meereszentrum Fehmarn** zeigen fast 40 Aquarien die Tierwelt tropischer Küsten und Korallenriffe (Gertrudenthaler Str. 12, Tel. 04371/44 16, Nov.–Feb. 10–16, März–Mai bis 18, Juni–Aug.bis 19, Sept.–Okt. bis 18 Uhr, Erwachsene 10, Kinder 6,50 €). Der große Haitank mit 10 m langem Unterwasserglastunnel erlaubt eine Rundumbeobachtung der Meeresräuber.

Die **Kapelle St. Jürgen** steht mit zwei Spital- oder Siechenhäusern auf dem St. Jürgen-Hof. Das Stift wurde bereits 1399 als Siechenhaus erwähnt, die Kapelle stammt vermutlich von 1507. Spätgotische florale Ausmalungen schmücken Decke und Wände. Die Kapelle ist sehr beliebt für Taufen und Hochzeiten (geöffnet nach telefonischer Absprache, Tel. 04371/506 33).

In den Gärten der Kapelle befand sich früher ein Blutplatz, eine Calvarie, auf dem im 17. Jh. als Hexen verurteilte Frauen verbrannt und verscharrt wurden.

Vom Stiftsgelände erreicht man in wenigen Minuten den **Hafen Burkstaaken.** Der Name Burkstaaken leitet sich von dem Staaken (Stockhaus, Gefängnis) ab, das noch um 1770 dort stand. Heute findet man auf dem offenen Gelände Altes und Modernes dicht beieinander. Ein Backstein-Getreidespeicher steht neben einem nüchternen Siloturm, Fischerboote haben neben Motorbooten festgemacht. An der gegenüberliegenden Landnase Burgtiefe sieht man die Ringwerft mit Jachthafen.

Vor dem **Kur- und Ferienzentrum** mit Vitarium, Meeresschwimmbad und Restaurants präsentiert sich der gepflegte **Südstrand** mit den so typischen Strandkörben, deren Ursprung nicht ganz geklärt ist. Ähnliche Gebilde tauchen bereits auf Gemälden von Jacob Jordaens (1593–1678) auf. Aber erst der Rostocker Hof-Korbmachermeister Wilhelm Bartelmann machte sie berühmt, als er 1882 von der rheumakranken Elfriede Maltzahn den Auftrag erhielt, einen »weichen Sitz« für ihre Warnemünder Sommerfrische anzufertigen. Ab 1910 wurden Strandkörbe etwa so gebaut wie heute.

Ein Relikt aus der Vergangenheit ist die **Ruine der Burg Glambek,** die König Waldemar 1210 bauen ließ. Die Festung war zunächst dänischer Vogtsitz, dann Sitz der Amtmänner und sogar Piratennest. Wallensteins Truppen zerstörten die baufällige Burg 1627 im

Bürgerbus

Dreimal täglich von Montag bis Freitag werden vom Bürgerbusverein touristische Orte angefahren wie etwa das Mühlenmuseum in Lemkenhafen, das Museum im Katharinenhof oder das Wasservogelreservat Wallnau sowie Dörfer, die nicht mit öffentlichen Bussen erreichbar sind. Abfahrtsort ist der Niendorfer Platz in Burg. Die einfache Fahrt kostet für Erwachsene 2, für Kinder 1 €. OstseeCard-Inhaber zahlen 0,50 € (Auskunft unter www.buergerbus-fehmarn.de).

Dreißigjährigen Krieg. Die Reste der Burg, die verfallenen Ecktürme, wurden bei einer Sturmflut 1872 freigespült und 1908 dann systematisch freigelegt.

Tourismus-Service Fehmarn: Burgtiefe, Südstrandpromenade 1, 23769 Fehmarn, Tel. 04371/50 63 00, Fax 50 63 90, www.fehmarn-info.de. **In Burg**: Landkirchener Weg 46; Buchungshotline: 01805/86 86 00.

Wisser's Hotel: Am Markt 21, Tel. 04371/31 11, Fax 66 20, www.wissers-hotel.de. Historisches Haus im Zentrum, separates Gästehaus. 78–95 €.
Hotel-Restaurant Burg-Klause: Blieschendorfer Weg 1–5, Tel. 04371/500 20, Fax 17 35, www.burg-klause.de. Sauna und Solarium; prämierte Küche, Fisch- und Fleischgerichte. 84–90 €.
Jugendherberge: Mathildenstr. 34, Tel. 04371/21 50, Fax 66 80. 13.20–15,10 €.

Zur Doppel-Eiche: Breite Str. 32, Tel. 04371/99 20. Italienisches Flair, deutsche und italienische Küche. 8–16 €.
Lotsenhus: am Fischereihafen, Burgstaaken 65, Tel. 04371/55 97. Im Stil einer Kajüte, frischer Fisch. 12–19 €.
Haus am Strand: Südstrandpromenade, Tel. 04371/96 25, Di Ruhetag. Altes Lotsenknechthaus, hausgemachter Kuchen. 8–15 €.
Teekontor-Café: Osterstr. 45, Tel.04371/66 94. Terrasse, viele Teesorten, große Kuchenstücke, im Verkaufsraum Teeverkauf, Sa, So ab 19.30 Uhr Cocktail-Bar, im Sommer auch während der Woche.
Café Jedermann: Orthstr. 25, Tel. 04371/14 11, Garten mit Spielplatz, Kleinigkeiten u. guter Kuchen, Kaffee zum Mitnehmen.

Altstadtbummel: durch das romantische Burg, 1–1,5 Std., Tel. 04371/50 63 00.
Meerwasserwellenbad: Burgtiefe, Südstrand, Tel. 04371/50 63 40, Mo 12–19 Uhr, Di–So 8–19 Uhr, Wassertemp. 28 °C.
Silo Climbing: Burgstaaken, Tel.04371/50 31 02, Fax 50 31 03, www.siloclimbing.de, April bis Okt. 10–18, Juni–Aug. Di–Do bis 20 Uhr. Für Kinder (ab 1,15 m Körpergröße) und Erwachsene 14 Routen von 10–40 Höhenmetern, ein mindestens gleichschwerer Partner muss das Seil sichern, 1 Std. 5 €, Ausrüstung 3 €.
Kutterfahrten: »Seepferdchen«, Burgstaaken, Brücke 1, Tel. 0170/369 14 23, mehrmals tgl. ab 10 Uhr, oder mit der »Tümmler«, Tel. 04371/95 26.
Segeln: mit »Onkel Charly«, Burgstaaken, Tel. 0171/542 41 82, Mai–Okt., ca. 2 Std. 6–13 €.
U-Boot U11: im Hafen von Burgstaaken, Tel. 0172/871 12 28, tgl. 10–19 Uhr., daneben Museumshalle mit Infos über die U-Boot-Flotte, 3–5 €.
Modelleisenbahn-Spielanlage: Gertrudenthaler Str., Tel. 04371/86 99 24,

März–Okt. tgl. 10–18 Uhr. Ein Chip zum Selberfahren ist im Preis enthalten, große Kinderbahn zum Mitfahren.

Kerzenwerkstatt: Osterstr. 49, Tel. 04371/877 66, Kerzen in jeglicher Form, von 14–17 Uhr kann man selber Kerzen ziehen.

Inseltöpferei Fehmarn: Niendorfer Str. 2a, Tel. 04371/67 75. Neben künstlerischen Einzelstücken auch Gebrauchskeramik.

Windsurf-Cup: Anfang August treffen sich Surfer aus ganz Europa am Strand vor Wallnau.

Burger Kunsttage: Mai–Juni, Autorenlesungen, Konzerte, Ausstellungen im Freien oder im Senator Thomsen Haus.

Busse: von Burg nach Burgtiefe, Fehmarnsund und in größere Gemeinden sowie mit der Autokraft aufs Festland.

Ausflüge auf Fehmarn

Auf den Wulfener Bergen wurde der landschaftlich schöne 18-Loch Golfplatz **Wulfener Hals** angelegt. Nach dem neunten Loch kann man auf der Sonnenterrasse des Klubhauses pausieren (Tel. 69 69, Fax 63 30, www.golfclub-fehmarn.de).

Von der Kurpromenade von Burgtiefe führt ein Naturlehrpfad nach Osten durch Dünen. Am Strand entlang läuft man bis zur naturbelassenen Ostküste und zum 23 m hohen **Leuchtturm Staberhuk** (1903). Da das Gelände unter Denkmalschutz steht, kann man den Turm nicht besichtigen.

Ernst Ludwig Kirchner malte die Pappelallee und die Scheune des **Guts Staberhof** (1748) nordwestlich des Leuchtturms. Heute werden auf dem Hof Ferienwohnungen vermietet. Gut und Leuchtturm sind nur zu Fuß oder per Fahrrad erreichbar, da die Straße durch das Staberholz für den Durchgangsverkehr gesperrt ist.

Im Gut Katharinenhof (1760) zeigt das **Katharinenhof-Museum** mechanisches Spielzeug, Musikspielgeräte, Tabakdosen, Gehstöcke und Steinwerkzeuge (Tel. 1230, 11–17 Uhr, Café ab 14 Uhr). Im Backhaus und der 480 Jahre alten Rauchkate kann man Steinofenbrot und Katenschinken kaufen. Eine historische Schmiede, eine Schreinerei und eine alte Buchdruckerei sind in den Stallungen untergebracht.

An dem 16 m hohen, bewaldeten Steilkliff unterhalb des Museums wälzt sich bei starkem Regen etwa 50 Mio. Jahre alter Ton als grüner Schlamm zum Strand hinunter. Die abrutschenden Hänge nehmen auch Bäume mit, die dann zusammen mit großem Geröll den Strand blockieren. Daher eignet sich dieser Strandabschnitt besonders gut zum Klettern.

Experimenta – Das verrückte Labor

Sehen, staunen, verstehen ... Physik zum Anfassen und Ausprobieren nicht nur für Kinder. Es gibt Riesenpendel, Plasmakugeln, eine 3D-Show mit optischen Täuschungen, Solarenergie u. v. m. Am Hafen Burgstaaken 71, Tel. 04371/86 44 46, www.experimenta-fehmarn.de, Kernzeit Mai–Okt. 11–17 Uhr, 4–6 €, Kinder bis 4 Jahre frei.

FEHMARNS NATURSCHUTZGEBIETE

Fehmarns drei Naturschutzgebiete nehmen etwa 6 km von der knapp 78 km langen Küstenlinie ein. Im Norden erstreckt sich der **Grüne Brink,** eine alte Strandwalllandschaft, die mit moorigen Seen im Hinterland für viele Vögel eine Rast- und Brutstätte bildet. Im Sommer, wenn dort ein violettes Blütenmeer wogt, bietet der Schutzwart täglich Führungen an. Er zeigt Gästen auch den Rothalstaucher, den Charaktervogel des Brinks.

Doppelt so groß wie der Grüne Brink ist das **Krummsteert-Sulsdorfer Wiek** südöstlich des Flügger Leuchtturms. In dem durch Meerwasserüberspülungen, heftige Winde und intensive Sonneneinstrahlung geprägten Landzipfel leben Watvögel und brüten seltene Arten wie die vom Aussterben bedrohte Zwergseeschwalbe. Auch Amphibien schätzen die Salzwiesen und Brackwasserteiche mit salzliebender Flora – mit viel Glück kann man den klangvollen Ruf der seltenen Rotbauchunke hören, die auch Fehmarnsche Nachtigall genannt wird. Das empfindliche Ökosystem des Wiek darf nicht betreten werden.

Im **Wasservogelreservat Wallnau** nördlich von Flügge ziehen fast 80 Brutvogelarten ihre Jungen auf. Gleichzeitig ist das Reservat ein Biotop für Amphibien und seltene Pflanzengesellschaften. Naturfreunde können in so genannten Hides (versteckten Beobachtungshütten) zuschauen, ohne die Tiere zu stören. Auf einem Tast- und Schnupperpfad erspüren Kinder mit verbundenen Augen die Natur. Der Rundgang beginnt und endet im Hauptgebäude mit Ausstellungsraum und Umweltladen (Tel. 04372/10 02, www.NABU-Wallnau.de, 16.6.–15.9. 9–18, 16.9.–15.6. 10–17 Uhr, 3–5,50 €, Kinder bis 5 J. frei, Fernglas-Leihe 1 €).

Der ruhige Ort **Bannesdorf** ist bekannt durch die kleine St. Johannis-Kirche (1359) mit hölzernem Glockenturm von 1701. Die Kirche mit schöner Holzbalkendecke besitzt eine romanische Kalksteintaufe, spätgotische Wandbilder und einen mit Putten verzierten Rokokoaltar aus dem Jahre 1777. Drei Barocklogen wohlhabender Bauernsippen haben einen separaten Eingang auf der Nordseite der Kirche.

Vom großen **Fährbahnhof Puttgarden,** dem Verbindungshafen nach Dänemark, fahren rund um die Uhr im 30-Minuten-Takt die großen Pötte nach Rødby/Dänemark.

Vorbei am **Naturschutzgebiet Grüner Brink** (tgl. Führungen, Treffpunkt Vogelwärterhaus, meist 10.30 Uhr, s. S. 158), erreicht man in wenigen Minuten die Nordküste und den Gammendorfer Strand. Hier erinnert das Niobe-Denkmal – der Mast des Schiffes – an den Untergang des Segelschulschiffs »Niobe«. Der ›weiße Schwan der Ostsee‹ kenterte 1932 bei einem Gewitter kurz vor der Küste im Fehmarnbelt. Nur 40 der 109 Seeleute überlebten.

In **Landkirchen,** dem geografischen und historischen Mittelpunkt der Insel tagte bis 1867 die Landesversammlung Fehmarns. Aus jener Zeit stammt der Landesblock, eine Eichentruhe, in der Dokumente des Landrechts Fehmarns seit 1326 aufbewahrt wurden. Seit 1873 verwahrt das Staatsarchiv in Kiel die Papiere; die Truhe blieb in St. Petri. Die reich ausgestattete Kirche aus dem 13. Jh. macht ihrem Beinamen – ›die Feinste‹ – alle Ehre. In den Seitenschiffen finden sich das Gestühl der Mackeprang-Witteschen Vetternschaft von 1580, eine gotische Marienleuchte mit Doppelmadonna (14./15. Jh.) sowie zwei Votivschiffe, eines davon das älteste Modellschiff Deutschlands. Beim Eingang hängen Betschemel des 16.–18.Jh., die mit Hausmarken versehen sind.

In Landkirchen wohnte von 1847 bis 1853 der Dichter Klaus Groth bei seinem alten Lehrer Selle. Er schrieb dort auch den »Quickborn« mit Gedichten in plattdeutscher Sprache. Am bekanntesten ist »Lütt Matten de Has«, das von dem kleinen Hasen erzählt, der es wagte, mit dem Fuchs zu tanzen und dafür mit dem Leben bezahlen musste.

Petersdorf, der vierte Kirchenort der Insel Fehmarn ist ein gewachsenes Dorf mit Anger. Ein kreisrunder Lindenwall umgibt die St. Johannis-Kirche aus dem 13. Jh. Der 64 m hohe Turm diente früher als Seezeichen. Im Innern der Kirche erstrahlt der vergoldete Flügel-Schnitzaltar aus dem 14. Jh. Die Kalksteintaufe aus Gotland stammt aus dem 13. Jh., das hölzerne Sakramentshaus vom Ende des 15. Jh. Der Platz um Kirche und Dorfteich wird im Mai vier Tage lang zum Mittelpunkt des Rapsblütenfests.

Der kleine Segel- und Fischereihafen **Orth** wurde 1881 auf Geheiß von Kaiser Wilhelm I. angelegt. Ein Wanderweg führt zum rot-weiß-geringelten Flügger Leuchtturm von 1914, den man dienstags bis sonntags zwischen 10 und 17 Uhr besichtigen kann (nur zu Fuß erreichbar). In der Nähe erstrecken sich die **Naturschutzgebiete Wallnau** und **Krummsteert-Sulsdorfer Wiek**.

Wetterfahnen

Man sieht wahrscheinlich nirgendwo in Schleswig-Holstein so viele verschiedene Wetterfahnen auf so engem Raum wie auf Fehmarn. Neben den üblichen Hähnen gibt es unter anderem Häuser, Kühe, Pferde und die unterschiedlichsten Schiffe. Mit dem Blick nach oben kann man auch für Kinder einen Spaziergang zur interessanten Entdeckungstour machen.

Ein Gedenkstein für Jimi Hendrix erinnert an das ›Deutsche Woodstock‹ 1970, bei dem der Rocksänger am Flügger Strand kurz vor seinem mysteriösen Tod in London sein letztes Konzert gab.

Der Ort **Lemkenhafen** ist fast gänzlich vom Wasser umgeben. Sehenswert sind der Jachthafen und die über 200 Jahre alte Grütz- und Graupenmühle Jachen Flünk (Eilende Flügel). Die einzige noch funktionstüchtige Segelwindmühle in Europa wurde 1787 erbaut. Heute bildet sie mit dem angrenzenden Mühlenspeicher ein Museum (Mühlenweg 45, Tel. 04372/18 94, Juni–Okt., tgl. außer Mi 10–17 Uhr). Dort erfährt man alles über die Geschichte der Mühle, über die Bauerngeschlechter und Handwerker Fehmarns. Auf Höhe des Steinbodens bietet ein Umgang eine wunderschöne Rundumsicht.

Hotel-Gasthof Bannesdorf: Kirchenstieg 12, Tel. 04371/38 48, Fax 38 30, www.gasthof-bannesdorf.de. Gutbürgerliche Küche, 60 €.

Pension Hinterm Deich: Presen, Nr. 21, Tel. 04371/96 78. Große Hofanlage, Nichtraucherhaus, Spielscheune, Kleintiere, Verpflegung möglich. 24–60 €.

Pension Inselhof: Westermarkelsdorf, Haus Nr. 2, Tel. 04372/80 66 88, Fax 80 66 89, www.inselhof-fehmarn.de. Großes Hof- und Gartengrundstück, Tennisplatz, Sauna, Solarium, 500 m zum Strand. 6 €.

Hotel Landhaus Kastania: Petersdorf, Schlagsdorfer Str. 10, Tel. 04372/992 99 Fax 99 29 29, www.hotel-kastania.de. Eigenes Therapiezentrum, Wellnessbereich, Sauna und Solarium, gemütliche Kellerbar. 72 €.

Aparthotel Meerblick: Lemkenhafen, Am Hafen 20, Tel. 04372/18 15, Fax 15 12, www.meerblick-lemkenhafen.de. Gemütliches Haus an der Orther Reede mit Eiscafé, 40–60 €.

Camping

Camping Wulfener Hals, Tel. 04371/862 80, Fax 37 23. Sehr großer Platz, viele Bäume, großes Sportangebot (Bogenschießen, Tauchen, Surfen).

Camping Ostsee: Katharinenhof, hinter dem Naturstrand, Tel. 04371/90 32 u. 32 40 (Winter), www.camping-katharinenhof.de. Ideal für Angler und Taucher (Tauchbasis mit Füllstation) Spielplätze, Spielwiese, Kinderanimation.

Camping Am Niobe: Gammendorf-Strand, Tel. 04371/32 86 u. 29 32 (im Winter), Fax 50 37 83, www.camping-am-niobe.de. Ruhiger Naturplatz, Angelrevier, Läden, Gaststätte.

Camping Flüggerteich: Tel. 04372/349, Fax 737, www.flueggerteich.de. Familiär, 300 m zum Naturstrand.

Strand-Camping Wallnau: Tel. 04372/99 16 16, Fax 18 29, www.strandcamping.de. Großer Platz, Animationsprogramm, Reiten, Minigolf, Mietwohnwagen, Behindertenbäder, physikalische Therapie und ambulante Reha-Kur.

Dat ole Aalhus: Landkirchen, Hauptstr. 39a, Tel. 04371/91 99. Mo Ruhetag, Fischgerichte entgrätet! Gemütliche Terrasse. 10–18 €.
Südermühle: Petersdorf, Mühlenweg 3, Tel. 04372/636. Gemütliche Atmosphäre, pikante Fischgerichte. 8–15 €.
Hein und Bea's Scheune: Dänschendorf, Tel. 04372/636. Mo Ruhetag, Naturkost, Mi Holsteinisches Buffet. 8–11 €.
Ulli´s Sonnenterrasse: Albertsdorf, Tel. 04371/50 25 24, Apr.–Okt. 7–18 Uhr. Bauernhofcafé, hausgem. Kuchen, Künstlertreff.
Aalkate: Lemkenhafen, Königstr. 20, Tel. 04372/532. Urige Fischkate. Hier isst man den Aal mit der Hand.

Geologische Strandwanderung: regelmäßig in der Saison, Auskunft im Touristbüro.
Führung durch eine Windkraftanlage, Uwe Beyer, Do 16 Uhr, Treffpunkt: Wohnmobilplatz, Puttgarden, Johannisberg, Tel. 04371/40 70.
Hochsee-Angeln: von Orth aus, mit der »Antares«, täglich ab 7 Uhr, tel. Anmeldung ab 19 Uhr, Tel. 04367/82 57, Fax 97 85 76.
Tauchen: Tauch-Basis Katharinenhof, Dorfstr. 27, Tel. 04371/54 93.
Segeln und Surfen: Gold, Tel. 04371/41 49, Fax 65 70, www.windsurfing-gold.de.
Rundflug: Flugplatz in Neujellingsdorf, 10-minütiger Flug über Fehmarn, bei gutem Wetter 10–13, 15–18 Uhr, Tel. 0171/991 09 31, www.fehmarn-air.de. 17 €/Person. Mi–So Fallschirm-Tandemspringen, Tel. 04371/86 94 60.

Rapsblütenfest: im Mai in Petersdorf, viertägiges Festprogramm, mit der Wahl der Rapsblütenkönigin und -prinzessin.
Open air-Jimi Hendrix Revival Festival: erster Sa im Sept., unweit des Flügger Leuchtturms (Gedenkstein: nördlich des Campingplatzes Flügger Strand).

Fährverbindung: nach Rødby/Dänemark, alle 30 Min. rund um die Uhr, Tel. 04371/865 161, www.scandlines.de, Rødby Tel. 004533/15 15 15.

Blick auf den Jachthafen Burgtiefe

DIE 5 SEEN-FAHRT

Die Holsteinische Schweiz

Fünf-Seen-Fahrt

Reiseatlas S. 238–239

DAS SEENGEBIET

Das Wechselspiel von Land und Wasser mit Wäldern, sanften Hügeln, Wiesen und schimmernden Seen trägt zum malerischen Bild der Holsteinischen Schweiz bei. Hier kann man Sport treiben, an Seeufern wandern, segeln, surfen und kuren.

Wie kam die Holsteinische Schweiz zu ihrem Namen? 1867 bauten die Brüder Tode das Hotel Gremsmühlen und warben mit dem Slogan: »Gremsmühlen – die Schweiz Holsteins«. Als dann die Eutiner Brüder Janus die Worte umdrehten und 1885 am Kellersee das Hotel Holsteinische Schweiz eröffneten, wurde der Begriff zum Werbeträger – vor allem, weil die Schweiz gerade als Reiseziel in Mode kam. Zwar sucht man hier vergeblich hohe Berge, schroffe Felsen und tiefe Täler, aber in kleinerem Format findet man vieles, was auch die Schweiz zu bieten hat.

Im Naturpark Holsteinische Schweiz mit fast 200 Seen gibt es Badestellen, Naturlehrpfade, Wanderwege und Aussichtstürme. Eine Naturpark-Wanderkarte führt durch das Gebiet und zu den Orten Plön, Bosau, Bad Malente-Gremsmühlen und Eutin.

Plön

Reiseatlas: S. 238, B/C 2
Die einstige Fürstenresidenz Plön erstreckt sich auf einem schmalen Landstück, fast vollständig umgeben von acht Seen. Über der Altstadt erhebt sich weithin sichtbar das strahlend weiße **Schloss** [1] der Herzöge von Schleswig-Holstein-Sonderburg-Plön.

Vor etwa 1000 Jahren wurde die Burg Plune (die Eisfreie) auf der Insel Olsborg im Plöner See zum ersten Mal erwähnt. Im 17. Jh. errichtete der Holsteiner Herzog Joachim Ernst an deren Stelle das herrliche Schloss, denn seine Gemahlin Dorothea Augusta wollte nicht in einer düsteren Burg wohnen.

Der letzte Herzog auf dem Schloss, Friedrich Karl (1729–61), ließ den Schlossgarten gestalten und den **Marstall** [2] sowie das ›rokokorote‹ Reiterhaus, im Volksmund **Uhrenhaus** [3] genannt, errichten. Heute dient es dem Naturparkverein als Erlebnis-Ausstellungsraum (Tel. 04522/74 93 80, Di–So 10 bis 17 Uhr, 0,50–1 €). Das Lusthaus im Rokokostil wurde unter Wilhelm II. durch Flügelbauten zum **Prinzenhaus** [4] erweitert. Das Kulturdenkmal ist für Veranstaltungen geöffnet (Führungen Mi 11.30, Sa/So 15 u. 16, im Winter So 11.30 Uhr).

Nach dem Tod des Herzogs fiel das Schloss an den dänischen König Christian VIII., der es zu seiner Sommerresidenz (1842–48) machte. Nach 1868 diente die Anlage als preußische Kadettenanstalt, in der auch die sechs Söhne Wilhelm II. unterrichtet wurden, und von 1918 bis 2001 als Schule bzw. Internat. Heute gehört das Schloss der Fielmann Akademie.

Die Jugendstilschwimmhalle wurde 1908 für die Hohenzollernprinzen gebaut. Heute ist sie Sitz des **Kulturforums** (u. a. Plöner Schlosskonzerte, Feb./März, Okt.–Dez. Mo 19.30 Uhr) und beherbergt im Erdgeschoss ein Restaurant. Der Schlossgarten sowie die Gärtnerei mit Café sind öffentlich zugänglich. Man läuft unter hohen Bäumen bis zum Niedersächsischen Bauernhaus von 1693/94, einem gemütlichen Restaurant (Tel. 04522/ 3670, Mo Ruhetag, 6–15 €). Naturkundliche Lehrtafeln säumen den Spazierweg.

Kurz vor dem Bauernhaus geht es rechts zur **Badestelle Prinzeninsel**. Am kleinen, DLRG-bewachten Sandstrand gibt es eine Liegewiese und einen Kiosk.

Am alten Markt in der Altstadt befindet sich der klassizistische Bau des ehemaligen Amtsgerichts und heutigen **Rathauses** 5. Über dem Eingang zur Rathaustwiete hängt das alte Stadtsiegel von 1236. Der Gänselieselbrunnen ist eines der beliebtesten Fotomotive der Stadt. Über die Twieten, schmale Gassen, die beiderseits der Altstadt zum Wasser führen, konnte man auf kürzestem Weg Wasser für den Haushalt und zum Löschen brandgefährdeter Dächer holen. Dort gibt es noch viele Häuser im Fachwerkstil.

Über den ›neuen‹ Marktplatz wacht die Stadtkirche **St. Nikolai** 6. Herzog Hans Adolf ließ den ersten Bau aus dem 12. Jh. durch eine Barockkirche (1689/91) ersetzen. Nach einem Brand wurde sie Ende des 19. Jh. wieder aufgebaut. Die Ausstattung stammt fast ausschließlich aus den 1960er Jahren, nur das Kruzifix ist aus dem 17. Jh.

Vom Marktplatz geht rechts und links die Fußgängerzone ab. Die Lübecker Straße führt über die Schwentine, die sich mitten in der Stadt eine Verbindung vom Großen Plöner See zu den anderen Seen geschaffen hat. Der Bahnhof im Stil der Jahrhundertwende – mit einer kunstvoll geschnitzten, hölzernen Bahnsteigüberdachung – ist einer der schönsten der Region. Nach seiner Neugestaltung findet sich dort auch die Tourist-Information.

Leicht erhöht steht in der Neustadt die **St. Johanniskirche** 7 aus dem Jahre 1685 (Juni–Aug., Sa/So 10–12 u. 14–17 Uhr). Die kleine Kirche ist ein beliebter Ort für Trauungen und Taufen. An der Ostmauer der Kirche findet sich die Grabplatte des Schwarzen Mannes. Bertram Rantzau brachte den Afrikaner, der später auf den Namen Christian Gottlieb getauft wurde, als Feldtrompeter nach Deutschland. Er rettete 1683 den Sohn des Bürgermeisters aus dem Eis und lernte dabei dessen Schwester kennen und lieben. Als Trompeter des Herzogs Hans Adolf starb er hoch angesehen.

Im Barockbau aus dem 17. Jh. mit spätklassizistischer Fassade, einem ehemaligen Waisenhaus, ist heute das **Kreismuseum** 8 untergebracht. Es dokumentiert die Vor- und Frühgeschichte und zeigt Porzellan und Keramik, Silber- und Zunftgeschirr sowie ei-

Reiseatlas: S. 238

Sehenswürdigkeiten

1 Schloss
2 Ehemaliger Marstall
3 Uhrenhaus/Naturparkhaus
4 Prinzenhaus
5 Rathaus
6 Stadtkirche St. Nikolai
7 St. Johanniskirche
8 Kreismuseum
9 Parnass-Aussichtsturm
10 Marionetten-Theater

Übernachten

11 Hotel-Restaurant »Die Fegetasche«
12 Hotel garni Seeufer
13 Pension Plöner Hof
14 Jugendherberge
15 Naturcamping Spitzenort

Essen und Trinken

16 Brasserie
17 Restaurant Schwimmhalle
18 Hotel-Restaurant Stolz
19 La Casa
20 Alte Schlossgärtnerei

Das Plöner Schloss

ne Sammlung von Gläsern aus den einheimischen Glashütten des 16. bis 19. Jh. (Johannisstr. 1, Tel. 04522/74 43 91, 15.5.–30.9. Di–So 10–12, 14–17 Uhr, 1.10.–14.5. Di–Sa 14–17 Uhr). In einem der Räume ist eine alte Apotheke nachgebaut.

Der Plöner Verschönerungsverein ließ 1888 den stählernen **Parnass-Aussichtsturm** 9 errichten (Ostern bis Ende Okt. 9–19 Uhr, Eintritt frei). Von der Plattform in 20 m Höhe hat man eine weite Sicht auf die Stadt und das Schloss am Großen Plöner See, das größte Binnengewässer des Landes.

Man kann von der Uferpromenade oder dem Strandweg die Aussicht genießen, den Plöner See auf einem 37 km langen Radweg umrunden oder einen Spaziergang am Wasser bis nach Plön-Fegetasche machen. In der seit dem 13. Jh. bestehenden Zollstation wurden bis 1838 Reisenden die Taschen durch das Wegegeld leer gefegt, heute beherbergt sie ein Hotel-Restaurant. Im ehemaligen Ölmühlengelände nördlich von Fegetasche wurde ein Kurzentrum eingerichtet.

Tourist Info: 24306 Plön, Schwentinehaus, Am Lübschen Tor 1, Tel. 04522/5950, Fax 50 95 20, www.ploen.de.

Hotel-Restaurant »Die Fegetasche« 11: Fegetasche 1, Tel. 04522/9051, Fax 9053, www.fegetasche.de. Seeblick, Spielplatz. 75–85 €.

Hotel garni Seeufer 12: Prinzenstr. 9, Tel. 04522/20 15, Fax 23 19, www.hotel-seeufer.de. Am kleinen Plöner See. 64–78 €.

Pension Plöner Hof 13: Johannisstr. 2, Tel./Fax 04522/20 57. Im Zentrum. 60–72 €.

Jugendherberge [14]: Ascheberger Str. 67, Tel. 04522/2576, Fax 2166. Ab 14,10 €.

Camping
Naturcamping Spitzenort [15]: Am Ortsausgang nach Neumünster, Tel. 04522/27 69.

Brasserie [16]: Schlossberg 2, Tel. 04522/18 37. Gemütliches, feines Restaurant. 8–16 €.
Restaurant Schwimmhalle [17]: unterhalb des Schlosses, Tel. 04522/59 36 30, Di Ruhetag. Holsteinische Küche. 8–16 €.
Hotel-Restaurant Stolz [18]**:** Markt 24, Tel. 04522/50320, Di–Sa ab 18, So ab 12 Uhr, frische regionale Küche, Kinder dürfen in der Küche das Essen selbst zusammenstellen. Ab 23 €.
La Casa [19]**:** Lübeckerstr. 10 (unten a. d. Schwentine), Tel. 04522/76 48 43, Di–Sa ab 18 Uhr. Weinbistro, mediterranes Essen und Ambiente, 10–16 €.
Café Alte Schlossgärtnerei [20]: Tel. 04522/ 78 98 18, Do–So 14–18 Uhr, angeschl. Gärtnerei, Schneider- u. Filzwerkstatt.

Jazz-Festival: Tel. 04522/81 87, von Himmelfahrt vier Tage lang, im Festzelt Fegetasche, auf dem Marktplatz und in der Nikolai-Kirche.

Marionettentheater

Zwischen Großem Plöner See und Schöhsee hat Krieglsteins **Marionettentheater** [10] eine feste Spielstätte. Neben bekannten Märchen und Liedern führen die Marionetten Fantasie-Geschichten auf (August-Thienemann-Str. 9, Tel. 76 56 69, Sa oder So 17 Uhr, Geburtstagskinder haben freien Eintritt).

Stadt- und Schlossgebietsführungen: In der Saison mehrmals in der Woche, 90 Min., Start vom Tourist-Büro, Am Lübschen Tor 1.
Große Plöner Seenrundfahrt und Bosau-Fahrt: vom Anleger Fegetasche, Tel. 04522/67 66, Mai–Sept. 10–17 Uhr, 2 Std., Fahrkartenverkauf nur an Bord, 4–8 €.
Wassersportzentrum Segelschule Plön: Ascheberger Str. 70, Tel. 04522/41 11, Jollen- und Katamaransegeln, auch für Kinder, eine Woche ganztägig 125–150 €, auch Boots-, Kanu-, Kajak-Vermietung.
Angeln: auf dem Schluen-, Trammer, Schöh-, Großen und Kleinen Plöner See, Angelkarten u. a. bei Samen-Braune, Lange Str. 11, Tel. 04522/2243.

Mit der Regionalbahn von Kiel oder Lübeck, Busse in die umliegenden Orte.

Bosau

Reiseatlas: S. 238, C 2
Umgeben von Feldern und Wäldern bietet das Dorf mit einem gemütlichen Strand am Großen Plöner See vielfältige Möglichkeiten für Freizeitaktivitäten.

Vor rund 800 Jahren wurde Bosau um die 1151/52 errichtete, schneeweiße **Feldsteinkirche St. Petri** gegründet. Der helle Innenraum birgt Kunstwerke des 14. bis 17. Jh.: etwa das Taufbecken, das älter als die Kirche sein soll, Reste gotischer Malerei und die Schnitzfigur des Bischofs Vicelin, dem man im 19. Jh. ein Modell der Kirche in die Hand gab. Am ungewöhnlichsten

Die Feldsteinkirche von Bosau

ist das Triumphkreuz aus dem 15. Jh. Vier Engel umschweben Jesus und fangen sein Blut in Kelchen auf.

Am Kirchplatz liegt der **Brook'sche Hof** mit der 500 bis 800 Jahre alten kaukasischen Sommerlinde. In der Dunkerschen Kate, einer Schmiede und Leinweberkate vom Ende des 17. Jh., finden wechselnde Ausstellungen einheimischer Maler statt.

Wer das Ufer des Großen Plöner Sees erkunden möchte, folgt dem 7 km langen Wanderweg, der in Plön-Fegetasche beginnt und am Gut Ruhleben vorbei über die Landverbindung zwischen Großem Plöner See und dem Vierer See nach Bosau führt.

Touristik-Information: 23715 Bosau, Bischof-Vicelin-Damm 11, Tel. 04527/97044, Fax 97045, www.luftkurort-bosau.de.

Strauer's Hotel-Restaurant am See: Gerold-Damm 2-4, Tel. 04527/99 40, Fax 99 41 11, www.strauer.de. Am See mit Badesteg, Schwimmbad. 110–130 €.

Dat Gröne Huus: Stadtbeker Str. 97, Tel. 04527/753, Fax 1661, www.dat-groene-huus.de. Ruhig, idyllisch, Terrasse mit Seeblick, Badesteg. 64–80 €.

Gasthaus Zum Frohsinn: Bischof-Vicelin-Damm 16–18, Tel. 04527/269, Di Ruhetag. Regionale Küche 10–14 €.

Fährhaus Bosau: Stadtbeker Str. 100, Tel. 04527/10 09. Restaurant und Café, Seeterrasse, frischer Fisch. 8–14 €.

Brooks Café Achter de Mur: Achter de Mur 2, Tel. 04527/202, 12–22 Uhr. Hausgem. Torten, täglich wechselnde Gerichte.

Angelscheine: Fischräucherei Brumshagen, Eutiner Str. 15, Tel. 04527/10 27, 10–20 Uhr.

Bad Malente-Gremsmühlen

Reiseatlas: S. 238, C 1
Die Orte Malente und Gremsmühlen hat der Bau der Eisenbahn zusammengefügt. Seit 1955 ist Bad Malente-Gremsmühlen Kneipp-Heilbad und heilklimatischer Kurort.

Eine Oase der Ruhe ist der **Kurpark** an der Schwentine mit Promenade, Wasserspielen, einer Wassertretstelle und seltenen Pflanzen. Die Kaminpavillons dürfen für Grillparties benutzt werden. Auf der Freilichtbühne werden Theaterstücke und Konzerte aufgeführt.

Die Bahnhofstraße, Hauptdurchgangs- und -geschäftsstraße, führt zur **Maria-Magdalenen-Kirche**. Das frühgotische Gotteshaus – später mit Backsteinen erweitert – besitzt einen mächtigen Feldstein als Stützpfeiler. Im Innern besticht die Kanzel von 1629, wie auch die Bischofsfigur auf der Kanzeltür aus dem 15. Jh., die einst den Bischofsstuhl zierte. Das ehemalige Malenter **Pastorat** von 1831 und der Kellersee dienten als Vorlage für das Dorf Grünau in der Idylle »Luise« des Dichters Johann Heinrich Voß.

Am Kellersee arbeiten die Glasmacher in der **Glasbläserei Malente** zu jeder Jahreszeit in T-Shirts. Die Glasmasse ist 1200 °C heiß, die Arbeit schweißtreibend, und manchmal bleiben nur Sekunden, um die glühende Masse zu formen (Janusallee 18, Tel. 04523/49 55, Mo–Sa 9–13 u. 14–18, So und feiertags 10–17, 1.10.–31.3. Sa nur 9–13 Uhr, So geschl.).

Am Marktplatz kann man in der **Thomsenkate,** einem Fachwerkhallenhaus mit Reetdach, wechselnde Ausstellungen besichtigen. Einst stand dort auch die **Tewskate** aus dem Jahre 1634, eine der ältesten Räucherkaten Schleswig-Holsteins, die 1969 in die Sebastian-Kneipp-Straße versetzt wurde. Heute ist darin ein **Museum** mit land- und hauswirtschaftlichen Geräten untergebracht (Tel. 04523/989 90 o. 23 13, Di–So 14–17 Uhr).

Ein Waldsteig führt zum **Dieksee-Wildgehege.** Schautafeln informieren über die Tiere im Naturpark. Im Westen des Wildparks sprudelt die Quelle der gebrochenen Herzen: Wer ein Herzeleid hat, der trinke davon, es wird ihm wohl! Wer eher dem Körper Gutes tun möchte, findet dort eine Kneipp-Anlage. Unterhalb des Geheges liegt das Freibad »Am Dieksee« mit Liegewiese und Sprunganlage (9–18 Uhr, Eintritt frei).

Das namensgebende Mühlengebäude im Ortsteil **Gremsmühlen** steht an der Schwentine, die den Kellersee und den Dieksee verbindet. In der Mühle, die Schankrechte besaß, kehrten so berühmte Gäste wie der Komponist Carl Maria von Weber und der Dichter Johann Heinrich Voß ein.

Ein 200 km langes Netz von Rad- und Wanderwegen durchzieht die umliegenden Wälder. Vom Büro des Tourismus Service werden geführte Wanderungen angeboten. Aber auch auf eigene Faust kann man sich kaum verirren. Der Luisenweg etwa führt 4 km von Gut Rothensande, dem Schauplatz der »Immenhof«-Filme, hin bis zum Fissauer Fährhaus.

Durch den Holm geht es nach **Kreuzfeld** zum Steingarten. Dort liegen Findlinge jeglicher Art. Ein 2 Mrd. Jahre alter Granit wiegt 126 t – so viel wie 20 Elefanten (dort Führungen durch Lutz Forster, Tel. 04523/10 93).

Auf Hof Radlandsichten zwischen Malente und Timmdorf gibt es nicht nur ein nettes Café, sondern auch einen Hochseilgarten. In bis zu 16 m Höhe lernt man, seine Höhenangst zu überwinden und die Balance zu halten.

Tourismus Service, 23714 Bad Malente-Gremsmühlen, Bahnhofstr. 3, Tel. 04523/989 90, Fax 98 99 99, www.bad-malente.de.
Garten-Hotel Weißer Hof: Voßstr. 45, Tel. 04523/992 50, Fax 68 99, www.weisserhof.de. Familiär, Garten mit Teich, Schwimmbad im Haus. 120–150 €.
Landhaus am Holzberg: Grebinerweg 2, OT Neversfelde, Tel. 04523/40 90, Fax 409 31, www.landhaus-am-holzberg.de. Garten, Kneippabt., Wellness, Ruhe, 86–114 €.
Hotel Diekseehöh: Diekseepromenade 17, Tel. 04523/997 30, Fax 99 73 30, www.diekseehoeh.de. Nichtraucherhotel, Frühstück auf dem Zimmer möglich. 56–94 €.
Hotel-Pension Garni Am Wildpark: Godenbergstr. 24, Tel. 04523/14 14, Fax 37 60, www.hotel-am-wildpark.de. Ruhig, am Wildgehege, Frühstücksbuffet. 49–56 €.
Jugendherberge Bad Malente: Kellerseestr. 48, Tel. 04523/17 23, Fax 25 39. 12,20–14,10 €.

Bootshaus am Dieksee: Diekseepromenade 4, Tel. 04523/31 04. Fischspezialitäten. 8–15 €.
Fährhaus Gremsmühlen: Hindenburgallee 3, Tel. 04523/53 53, Mo Ruhetag. Historisches Gasthaus mit Wild- u. Fischspezialitäten, vegetarische Küche. 7–14 €.
Bauerncafé Radlandsichten: Richtung Timmdorf, Tel. 04523/16 22, April–Okt. 14–18, So ab 12 Uhr. Großer Garten, hausgemachter Kuchen.

Internationales Musikfest: Anfang Juni, internat. Spielmannszüge.
Lichterfest im Kurpark: Letzter Sa im August.
Kneipp-Festival: Mitte Juni im Kurpark, Musik, Spaß und Sport, Eintritt frei.

Hochseilgarten, Godenbergstr. 10, Tel. 04523/98 47 05, Fax 98 47 06, www.hochseilgarten-malente.de. Nur nach Voranmeldung. Halber Tag 49 €, ganzer Tag inklusive Imbiss 90 €.
Ruder-, Tretboot und **Kanuverleih,** Bootshaus Dieksee, Tel. 04523/31 04.
Nordic Fitness Park: im Kurpark, Schnupperkurse, Infos im Tourist-Büro.
Draisinen-Fahrt: Bahnhof Malente, Tel. 04523/12 23, www.draisinenbahn.de, auf Handhebel- und Fahrraddraisinen, 1 Std. 2,50–5 €, Sa u. So 3,50–7 €.
Aussichtsturm: auf dem Holzberg (M.-Neversfelde), 28 m hoch, zwei Plattformen (16 u. 24 m).
Fünf-Seen-Fahrt und Kellerseefahrt: Bahnhofstr. 5, Tel. 04523/22 01, 14.4.–24.9. 10–17 Uhr stdl., 25.9.–22.10. 10–16 Uhr alle 2 Std., Rundfahrt 4–8 €.

Eutin und Umgebung

Reiseatlas: S. 239, D 2
Rosenstadt, Grünes Herz der Holsteinischen Schweiz oder Weimar des Nordens: Das 20 000 Einwohner zählende Eutin hat viele Beinamen. Die einstige fürstbischöfliche Residenzstadt bietet neben den Weber-Festspielen vielfältige Kurmöglichkeiten.

Eutins Geschichte begann im 9. Jh., als die Slawen die Gaufeste Utin (Sitz

Das Eutiner Schloss

des Uta) auf der Fasaneninsel im Großen Eutiner See bauten. Die Holsteiner zerstörten die Burg 1138/39 und siedelten holländische Einwanderer an. Als eigentlicher Gründer der Stadt gilt jedoch Bischof Gerold von Lübeck, dem Adolf II. Graf von Holstein 1156 den Besitz zusprach und der Markt und Kirche baute.

Im 16./17. Jh. residierten die Fürsten Holstein-Gottorp im **Eutiner Schloss** [1], das seine barocke Gestalt Umbauten im 18. Jh. verdankt (Tel. 04521/709 50, Ostern–Okt. 11–16 Uhr, stdl. nur mit Führungen). Die Schlosskapelle mit der Fürstenloge, einer 250 Jahre alten Orgel und einem im Rembrandtstil gemalten Altarbild bildet einen stilvollen Rahmen für Trauungen und Konzerte. Das einstige Wohnzimmer des Herzogs von Mecklenburg beherbergt heute ein Café.

Die **Kreis- und Landesbibliothek** ([2] und [4], mit öffentlicher Ausleihe) sowie das **Ostholstein-Museum** [3] repräsentieren die ›Große Eutiner Zeit‹ (Schlossplatz 1, Tel. 04521/701 80, Okt.–Jan., März Di–So 15–17, Do, So auch 10–12, April–Sept. Di–So 10–13, 14–17, Do bis 19 Uhr). In den Räumen finden Ausstellungen wie der Ostereiermarkt oder Kunsthandwerk im Museum im November statt.

Herzog Peter Friedrich Ludwig ließ Ende des 18. Jh. den **Schlossgarten** [5] mit Teichen, Pavillons und kleinem Tempel als Park im englischen Stil umgestalten. Die ehemalige Orangerie von Georg Greggenhofer (1772) bietet Raum für Ausstellungen. Der Schlossgarten ist frei zugänglich und lädt zu Spaziergängen ein. Auch ein Arboretum mit Bäumen aus aller Welt ist angelegt. Den Blickfang am Ende der 200 Jahre alten Lindenallee bildet die Statue der Flora, der Göttin des Frühlings, deren Original im Schloss steht.

Unter Herzog Friedrich August (1750-85) begann Eutins Blütezeit. Johann Gottfried Herder wurde 1770 Erzieher des Prinzen. Friedrich Leopold Graf zu Stolberg wurde 1776 als Reichsgraf berufen. Er gehörte dem Hainbund an, einer idealistischen Vereinigung junger Dichter, und gründete den Eutiner Musenhof. Ihm schlossen sich bald Dichter, Maler und Philosophen an wie Johann Heinrich Voß, Friedrich Heinrich Jacobi, Matthias Claudius, Friedrich Gottlieb Klopstock und Wilhelm von Humboldt.

Der Marktplatz von Eutin ist Treffpunkt für Jung und Alt. Dort findet ein Wochenmarkt (Mi u. Sa) statt. Im Sommer erklingt samstags der »Wochen-

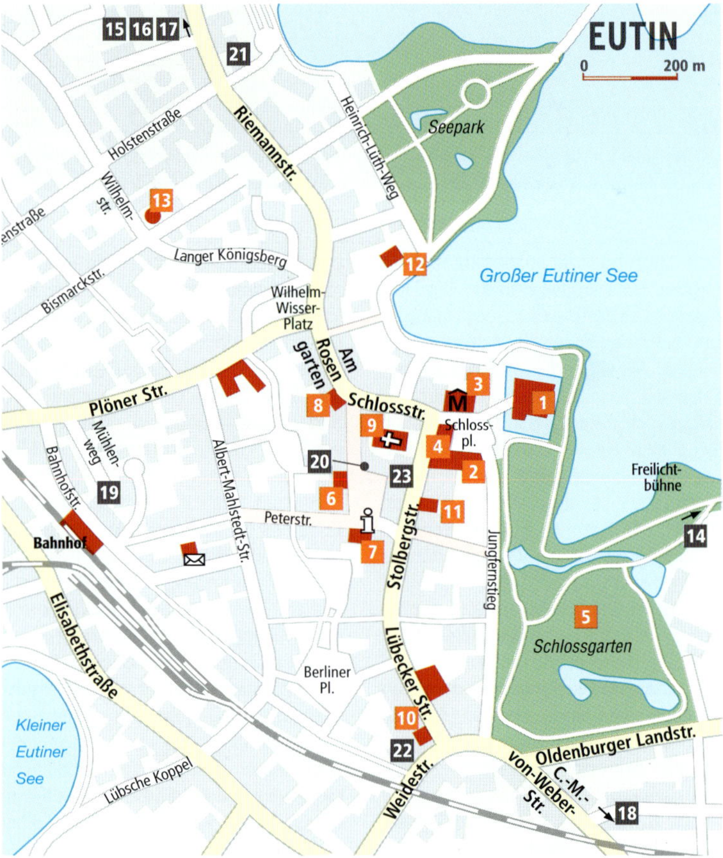

markt-Jazz«. Die Häuser rundherum zeugen vom fürstlichen Einfluss: etwa das 1786 erbaute **Witwenpalais** 6, mit der Speisenmeisterei Palais Eutin (Tel. 04521/77 66 30, 10–22 Uhr, 8–14 €) und kleinen Läden, und das klassizistische **Rathaus** 7 von 1791.

Hinter dem vermutlich ältesten Fachwerkhaus Eutins, der ersten **Hofapotheke** 8 von 1635, ragt der frühgotische Turm der **St. Michaelis-Kirche** 9 empor. Die Backsteinbasilika aus der ersten Hälfte des 13. Jh. birgt ein Triumphkreuz aus der Erbauungszeit, mit einem Splitter vom Kreuz Jesu im Brustkorb hinter Bergkristall, zarte Gewölbemalereien im Chor (14. Jh.) sowie eine geschnitzte Kanzel im Stil der Spätrenaissance (Kirchenkonzerte, wie die Orgelmusik zur Marktzeit, Mitte Juni–Ende Juli Sa um 11.30–12 Uhr, Eintritt frei, sonst Kartenvorverkauf im Kirchenbüro, Schlossstr. 2, Tel. 04521/701 30.)

Das Haus Nr. 48 in der Lübecker Straße – heute ein Café – ist das **Geburtshaus des Komponisten Carl Maria von Weber** 10. Zu Ehren des berühmtesten Sohns der Stadt (1786?–1826) finden alljährlich auf der Freilichtbühne im Schlosspark die Eutiner Sommerspiele und im November die Eutiner Webertage statt.

In der Stolbergstraße stehen neben einfachen Fachwerkhäusern, in denen die Angestellten des Hofes wohnten, die Kapitelshöfe des Adels. Im Haus Rastleben, Nr. 18, lebte der Jurist und Historiker Gerhard Anton von Halem (1752–1819), dessen Privatbibliothek mit über 8000 Bänden den Grundstock der Eutiner Landesbibliothek bildete.

Im Haus Nr. 8/10, dem **Stolberghaus** 11, wohnte von 1800 bis 1829 der Maler Johann Heinrich Wilhelm Tischbein, ein Freund Goethes. Vier seiner Bilder sind im Schloss zu sehen. Mit einem ›Wandelweg‹ im Garten des Hauses wird auf 17 Schautafeln des Künstlers gedacht. Im Gartenhaus (**Haus der Künste**) finden Ausstellungen und Workshops statt (Do u. Fr 15–18, Sa u.

Sehenswürdigkeiten

1 Schloss
2 Kreisbibliothek
3 Ostholstein-Museum
4 Eutiner Landesbibliothek
5 Schlossgarten
6 Witwenpalais
7 Rathaus
8 Hofapotheke
9 St. Michaelis-Kirche
10 Geburtshaus von Carl Maria von Weber
11 Stolberghaus
12 Haus des Gastes
13 Wasserturm

Übernachten

14 Hotel am See Der Redderkrug
15 Hotel-Restaurant Wiesenhof
16 Jugendherberge
17 Naturcamping Prinzenholz

Essen und Trinken

18 TAC
19 Alte Mühle
20 Brauhaus
21 Fissauer Fährhaus
22 Carl-Maria-von Weber-Café
23 Stadt-Café

So ab 14 Uhr). Im Haus Stolbergstraße Nr. 19 wurde Johann F. J. Schmidt geboren, einer der bedeutendsten Astronomen und Geografen des 19. Jh., nach dem sogar ein Mondkrater benannt wurde.

Im **Voß-Haus**, Voßplatz Nr. 6–8, lebte Friedrich Leopold Graf zu Stolberg von 1776 bis 1784, danach bis 1802 Johann Heinrich Voss. Ende des 19. Jh. wurde das Haus in ein nobles Hotel umgebaut (2006 abgebrannt).

Wanderwege führen rund um die Stadt und in die Umgebung. Der gut 2 km lange Weg am Großen Eutiner See entlang bis zum Fissauer Fährhaus beginnt an der Stadtbucht, an der auch das **Haus des Gastes** 12 liegt.

Genau 156 Stufen führen zur Aussichtsplattform des **Wasserturms** 13 mit Blick über Eutin und die umliegenden Seen. Im 1909 erbauten, 38 m hohen Turm wird zeitgenössische Kunst aus Ostholstein gezeigt (Tel. 04521/705492, 15.5. bis Ende Juni u. 15.8.–14.9. Do–So 11–16 Uhr, 1.7.–14.8. Di–So 11–16 Uhr).

Tourist-Information: Markt 19, 23701 Eutin, Tel. 04521/70970, Fax 709720, www.eutin.de.

Hotel am See Der Redderkrug 14: Am Redderkrug 5, Tel. 04521/22 32, Fax 22 93, www.redderkrug.de. Am Großen Eutiner See, großer Garten, kostenlose Ruderboote, Sauna u. Wellness. 78–96 €.

Hotel-Restaurant Wiesenhof 15: Eutin-Fissau, Leonhard-Boldt-Str. 25, Tel. 04521/707 60, Fax 70 76 66, www.hotel-wiesenhof.de. Ruhig, am Kellersee, mit Schwimmbad. 65–95 €.

Jugendherberge 16: Jahnhöhe 6, Tel. 04521/21 09, Fax 746 02. Nov. bis zu den Osterferien geschl. 12,10–14,10 €.

Camping

Naturcamping Prinzenholz 17: Eutin-Fissau, Prinzenholzweg 20, Tel. 04521/52 81. Am Kellersee, Mietwohnwagen, behindertengerechte, umweltfreundliche und kindgerechte Einrichtungen.

Restaurant TAC 18: Lübecker Ldstr. 55, Tel. 04521/795969. Mediterrane Küche, gemütliches Ambiente. 8–16 €.

Alte Mühle 19: Mühlenweg 5, Tel. 04521/5042. Mo Ruhetag, ab 18, Sa u.So ab 16 Uhr. Urig, Bier vom Fass, gutbürgerliches Essen. 10–13 €.

Brauhaus 20: Markt 11, Tel. 04521/76 67 77. Selbst gebrautes Bier, holsteinische Küche, Biergarten. 7–15 €.

Fissauer Fährhaus 21: Am Kellersee, Tel. 04521/23 83. Eigene Konditorei, Fischspezialitäten. 8–18 €.

Carl-Maria-von-Weber-Café 22: Lübecker Str. 48, Tel. 04521/782 90, Mi Ruhetag. Schweizer Pralinen u. Baumkuchen.

Stadt-Café 23: Alter Markt 12, Tel. 04521/25 11. Kleine Terrasse, Kuchenbuffet.

Führungen: vom Tourist-Büro, Markt 19, Mai–Sept. Nachtwächter-Rundgang (Mo 19 Uhr), »Eutiner Döntjes« o. »Schlossgarten« im Wechsel (Mi 14.30 Uhr), »Von Slawenfürsten und Großherzögen« (Fr 14.30 Uhr).

Schwimmhalle: Am Seepark, Tel. 04521/7055 90, etwa 10–18, So 8–13 Uhr, Mo geschl., Sauna u. Solarium.

Große Eutiner See-Rundfahrt: Tel. 04521/33 44, vom Haus des Gastes mit der »MS Freischütz«, Mai–Okt. bis zu fünf Fahrten tgl. 11–16 Uhr.

Die Eutiner Innenstadt

Kutschfahrten: Eduard Moser, Braaker Str. 18, Tel. 04521/26 92. Touren zwischen 2 und 4,5 Std., im Winter mit Heizung.
Bootsverleih Keusen, Eutin-Fissau, Sielbecker Landstr. 17, Tel. 04521/42 01, Ruder u. Tretboote, Kajaks, auf der Schwentine, ab 9 Uhr, So nach Vereinbarung.
Fissauer Heimatsstube: Eutin-Fissau, Auestr. 11, Tel. 04521/55 34, Juni–Sept. Do 16 bis 18 Uhr oder nach telefonischer Vereinbarung. Dörfliches Leben vergangener Tage, Eintritt frei.
Galerie Schwedenkate: Eutin-Fissau, Krete 6, Tel. 04521/45 80, Fr–So 15–18.30 Uhr, 200 Jahre altes Reetdachhaus, Werke zeitgenössischer Künstler.
Unikat: Stolbergstr. 15, Tel. 04521/18 03, Mo–Fr 9.30–18, Sa bis 13.30, in der Saison So 13–17 Uhr, Halbedelsteine, Kunsthandwerk, ausgefallene Kleidung.

Bluesfest: Treffen internationaler Musiker auf dem Marktplatz, Mitte Mai.
Eutiner Festspiele: Mitte Juli bis Aug., Karten: Am Schlossgarten 7, Tel. 04521/800 10, www.eutiner-festspiele.de.
Eutiner Webertage: im Nov. um Carl Maria von Webers Geburtstag herum, Information: Tourist-Büro, Tel. 04521/709 70.

In der Umgebung von Eutin

Im Dodauer Forst westlich von Eutin steht seit 1891 ein Briefkasten für Verliebte. Um die 500 Jahre alte **Bräutigamseiche**, deren Astloch in 4 m Höhe als Briefdepot dient, ranken sich romantische Geschichten. So soll sich ein slawischer Häuptlingssohn in die Tochter eines Wendenfürsten verliebt haben. Um diese Liebe zu unterbinden, entführte deren Vater den Geliebten. Das Mädchen aber konnte seinen Liebsten schließlich durch eine List wieder befreien. Zum Dank für die Rettung pflanzte er eine Eiche.

Der Begriff ›Bräutigamseiche‹ geht auf Fürstbischof Adolf Friedrich zurück, unter dessen Regierung ein Jüngling erst dann heiraten durfte, wenn er einen Baum gepflanzt hatte. Die Post an ›Die Bräutigamseiche, Dodauer Forst, 23701 Eutin‹ wird täglich um 12 Uhr vom Postillon d'amour abgeholt.

Der von Wald umgebene **Uklei-See** besitzt einen eigenartigen Zauber. Einst sollen sich dort ein Graf und ein Bauernmädchen in einer Kapelle die Treue geschworen haben. Als der Edelmann dann doch einer Gräfin die Ehe versprach, starb das Bauernmädchen vor Kummer. Seine Seele aber nahm wahrhaft bittere Rache. Während der Trauung ging ein gewaltiger Wolkenbruch nieder und verschlang die Kapelle mitsamt den Brautleuten und Gästen. Übrig blieb nur der See, aus dem abends bei ruhigem Wetter das Glöckchen der Kapelle ertönt.

Über einen Treppenaufgang erreicht man das spätbarocke Jagdschlösschen, das der Fürstbischof Friedrich August 1776 für seine Gemahlin als Teehaus erbauen ließ. Heute finden dort im Sommer Konzerte statt (Tourist-Büro, Markt 19, Tel. 04521/709 70). In dem romantischen Ambiente kann man auch heiraten (Tel. 04521/856 12). Eine Wanderung um den Uklei-See dauert etwa eine Stunde.

Das über 760 Jahre alte Dorf **Schönwalde** liegt am Fuße des bewaldeten Bungsbergs. Zu den Kostbarkeiten der Feldsteinkirche aus dem 13. Jh. zählen die Kanzel aus dem 17. Jh. sowie der spätbarocke Holzaltar und der lebensgroße Taufengel aus dem 18. Jh. Im Garten bilden Pastoratsscheune und Gemeindesaal mit Reetdächern ein malerisches Ensemble.

Um den Dorfteich herum stehen die Ruhsalkate, ein um 1830 erbautes Armenhaus, das Hahnsche Haus (1837), Alterssitz des Schönwalder Organisten und Hauptlehrers, die ehemalige Dorfschule von 1786 (heute Jugendherberge), die alte Apotheke sowie das Schulhaus von 1823 mit dem Dorfmuseum Schönwalde (Tel. 04528/737, 15.5.–30.9. Di, Fr 16–18 Uhr, Juli, Aug. auch So).

Die Sammlung dokumentiert das Leben der Bauern und kleinen Leute im späten 19. und frühen 20. Jh. Kinder können hier mit alten Geräten hantieren. Im »Ool Sprüttenhus«, dem alten Feuerwehrgebäude, sieht man eine funktionsfähige Schmiede.

Ein 45-minütiger Spaziergang führt von Schönwalde zum **Bungsberg,** dem 167 m hohen ›Gipfel‹ Schleswig-Holsteins. Wenn Schnee liegt, ist ein kleiner Schlepplift in Betrieb. Von der Aussichtsplattform des Fernmeldeturms am Bungsbergplatz blickt man aus 43 m Höhe weit über das Land. Wenige Meter daneben versteckt sich der 22 m hohe Elisabethturm, den man wegen Baufälligkeit nicht betreten kann.

In **Kirchnüchel** geht die ehemalige Wallfahrtskirche St. Marien aus dem 13. Jh. auf eine heilkräftige Quelle zurück. Turmhalle, Schiff und Chor des einschiffigen Feldsteinbaus sind etwa gleich groß, was der Kirche ein wehrhaftes Aussehen verleiht.

Innen nehmen die Buntglasfenster den Blick gefangen. Ihre Farben spiegeln sich in der nur 7 cm hohen Elfenbeinmadonna aus dem 14. Jh. Neben der barocken Sandstein-Taufe findet man die Grabkapelle der Grafen Brockdorff auf Kletkamp mit reich stuckiertem Spiegelgewölbe (um 1700).

Bäderregelung

Im Sommer sind in Eutin aufgrund einer Sonderregelung viele Lebensmittelgeschäfte und Souvenirläden länger und selbst an Sonn- und Feiertagen geöffnet. Diese »Bäderregelung« gilt auch für mehrere Orte entlang der Küste.

Fremdenverkehrsverein Schönwalde: 23744 Schönwalde, Am Lachsbach 5, Tel. 04528/364, Fax 91 07 57, www.schoenwalde-ostsee.de.

Hotel-Restaurant Landhaus Schönwalde, Eutiner Str. 4, Tel./Fax 04528/97 27, www.landhaus-waniewski.de. Am Dorfplatz, Zimmer 57–62 €, gutbürgliche Küche, Mi Ruhetag. 8–14 €.

Hotel-Pension Ruhwinkel: Bungsbergstr. 29, Tel. u. Fax 04528/381. Großer Garten mit Liegewiese. 44 €.

Waldrestaurant-Café Forsthaus am Uklei-See: Eutin-Sielbeck, Tel. 04521/97 05, Mo Ruhetag. Fisch und Wild. 10–29 €.

Bistro Marienquelle: Kirchnüchel, gegenüber der Kirche, Tel. 04528/91 36 13. Mo Ruhetag. Gutbürgliche bis gehobene Küche (Wild), Di–Do, So ab 11.30 Uhr. Brunch. 8–16 €.

Café-Restaurant Zur Hörn: Schönberg, Hörn 1, Tel. 04528/91 15 55, beim Dorfteich, Mo Ruhetag. Gemütlich, familiär. 8–15 €.

Lübeck und die Lübecker Bucht

Der Strand
von Travemünde

Reiseatlas S. 239

DIE HANSESTADT UND UMGEBUNG

Lübeck, die traditionsreiche Hansestadt der großen Namen und des süßen Geschmacks. In der Umgebung reihen sich Badestrände aneinander: Travemünde, Niendorf, Timmendorfer Strand, Haffkrug/Scharbeutz und Sierksdorf.

Lübeck

Reiseatlas: S. 239, D 4
Lübecks Altstadt umfließen Trave und Wakenitz, in deren glitzerndem Wasser sich geschichtsträchtige Bürgerhäuser spiegeln, Handelshäuser mit reich verzierten Fassaden, Kirchtürme, Klöster und Stiftshöfe – ein märchenhafter Anblick. Mit den berühmten Töchtern und Söhnen der Stadt kann man auf eine Zeitreise durch Geschichte und Architekturgeschichte von der Gotik bis zum Klassizismus gehen.

Seit jeher bestimmten Kaufleute die Geschicke der Stadt, die sich zum Umschlagplatz des Ost-West-Handels entwickelte. Auf zehn Einwohner kam ein Handelsschiff – das brachte auch Geld für die Kultur. Kunst und Handel trafen sich, was sich in den stolzen Bauten ablesen lässt.

Eine einzige Bombennacht vom 28. auf den 29. März 1942 legte ein Fünftel der Altstadt in Schutt und Asche; trotzdem blieben mehr Bauwerke aus dem 13. bis 15. Jh. erhalten als anderswo in Norddeutschland. Dank des Renovierungseifers der Stadt und vieler Bürger wurde die Lübecker Altstadt 1987 in die UNESCO-Liste des Weltkulturerbes aufgenommen.

Aber nicht nur das Holstentor, die Buddenbrooks oder Marzipan ziehen Besucher in das ›lebendige Museum‹. Man sollte die geschäftige Stadt mit ihren Kontrasten zu Fuß entdecken: die Stille der Hinterhöfe mit kopfsteingepflasterten, schmalen Gassen und Gängen ebenso wie das pulsierende Leben auf den breiten Straßen.

Das Schleswig-Holstein Musik Festival hat seinen Hauptsitz in Lübeck, die Nordischen Filmtage finden hier alljährlich statt, Galerien und Museen, das Kunsthaus und die Overbeck-Gesellschaft bieten reichlichen Kunstgenuss, und die Lübecker Abendmusik ist die älteste Konzertreihe der Welt.

Lübecks Geschichte

Schon Anfang des 9. Jh. stand 6 km nördlich vom heutigen Lübeck, am Zusammenfluss von Schwartau und Trave, eine Burg der Obotriten: Liubice (die Liebliche/Alt-Lübeck). Heinrich der Löwe gründete die heutige Stadt 1159 auf dem Hügel zwischen Wakenitz und Trave. Bereits ein Jahr später war Lübeck Bischofssitz und 1226 Freie Reichsstadt. Durch den Beitritt in die Hanse um 1300 nahm die Stadt eine zentrale Rolle in der nordeuropäischen Wirtschaft ein. Um freien Zugang zur Ostsee zu haben, erwarben Kaufleute den Hafenort Travemünde (1329) und bauten den Stecknitzkanal (1398) als Verkehrsweg von der Elbe zur Ostsee. Damit festigten sie bis ins 16. Jh. Lübecks Vormacht als ›Königin der Hanse‹.

Am 6. 11. 1806 erstürmte Marschall Bernadotte die Stadt, die dann vier Jahre lang zum Napoleonischen Kaiserreich gehörte. Wegen der von Napoleon verhängten Kontinentalsperre konnten viele Handelsfirmen ihren Verpflichtungen nicht mehr nachkommen, und Lübeck zahlte lange an seinen Schulden.

Erst im Zuge der Industrialisierung erholte sich die Stadt durch den Bau des Elbe-Lübeck-Kanals (1900) und die Ansiedlung kleinerer Betriebe. 1937 verlor Lübeck durch das ›Groß-Hamburg-Gesetz‹ die Reichsfreiheit und wurde dem Land Schleswig-Holstein zugesprochen.

Weg in die Altstadt

Die Insellage Lübecks ermöglicht eine erste Erkundung mit dem Schiff. Fußgänger müssen immer eine Brücke überqueren, um in die Altstadt zu gelangen. Eine der interessantesten ist die Puppenbrücke, von der man zugleich auch den schönsten Blick auf Lübeck hat. Sie erhielt ihren Namen nach den Sandsteinskulpturen auf dem Geländer – etwa den berühmten Merkur mit dem ›bloßen Podex‹.

Die Puppenbrücke führt auf das **Holstentor** 1, das zwei Löwen bewachen. Sie machten ihre Sache bisher gut, denn das Wahrzeichen der Stadt konnte 1863 vor dem Abriss bewahrt werden. Das von 1464 bis 1478 erbaute Stadttor war das mittlere von drei hintereinander gestaffelten Toren.

Die beiden wuchtigen Türme stehen wegen des morastigen Untergrunds und der uneinheitlichen Fundamentierung schon seit der Errichtung schief. Die Feldseite trägt die Inschrift »Concordia Domi Foris Pax« – drinnen Eintracht, draußen Friede. An der Stadtseite stehen, in Anlehnung an Rom, die Buchstaben S.P.Q.L. (Senatus Populusque Lubecensis – Der Senat und das Volk von Lübeck; die Lübecker machten daraus »Schlechtes Pflaster quält Lübeck«).

Heute beherbergt das Holstentor ein Museum für Stadt- und Seefahrtsgeschichte und zeigt Funde aus Alt-Lübeck, Schiffs- und Hausmodelle sowie im Keller alte Folterwerkzeuge (Holstentorplatz, Tel. 0451/122 41 29, April–Sept. Di–Fr 11–17, Sa u. So ab 10, Okt.–März bis 16 Uhr).

Auf dem Weg in die Altstadt kommt man an alten **Salzspeichern** 2 vorbei. In sechs Backsteingiebelhäusern aus dem 16. bis 18. Jh. wurde das aus Lüneburg herbeitransportierte Salz gelagert, das ›weiße Gold des Nordens‹. Das Salz wurde auf flachen Kähnen über den Stecknitzkanal verschifft und dann auf Koggen nach Nordeuropa und Russland exportiert. Als die Heringsschwärme in der Ostsee kleiner wurden und die Skandinavier das preiswertere Salz von der Nordseeküste kauften, wurden in den Speichern Getreide oder Holz gelagert. Heute nutzt ein Modehaus die Gebäude.

Die Holstenbrücke trennt Ober- und Untertrave mit dem alten Holstenhafen. Neben dem Anleger für Kanal- und Hafenrundfahrten hat dort auch das **Feuerschiff »Fehmarnbelt«** 3 festgemacht, das besichtigt werden kann (Mi ab 17 Uhr, Tel. 0451/760 68). Im neuen Hafen weiter nördlich werden vor allem Holz und Papier umgeschlagen.

Mengstraße und Marienkirche

Die Häuser des Patrizierviertels zwischen Meng- und Holstenstraße wur-

Sehenswürdigkeiten
1 Holstentor
2 Salzspeicher
3 Feuerschiff Fehmarnbelt
4 Schabbelhaus (mit Restaurant)
5 Buddenbrookhaus
6 St. Marien
7 Rathaus
8 Häuser der Kaufmannschaft
9 Haus der Schiffergesellschaft (mit Restaurant)
10 St. Jacobi
11 Heiligen-Geist-Hospital
12 Kranenkonvent
13 Museum Haus Hansestadt Danzig
14 Kulturforum Burgkloster und Museum für Archäologie
15 Burgtor
16 Behn- und Drägerhaus
17 Füchtingshof
18 Glandorps Hof
19 Günter Grass-Haus
20 St. Katharinen
21 Löwenapotheke
22 St. Aegidienkirche
23 St. Annenkloster
24 Dom
25 Museum für Natur und Umwelt
26 Ehemaliges Zeughaus (Völkerkundemuseum)
27 Rossmühle
28 Dankwartsbrücke (Malerwinkel)
29 Museum für Figurentheater
30 St. Petri

Übernachten
31 Klassik Altstadt-Hotel
32 Privat-Hotel Alter Speicher
33 Hotel und Restaurant Schwarzwaldstuben
34 Hotel Zur Alten Stadtmauer
35 Rucksackhotel
36 Jugendherberge Altstadt
37 Jugendherberge vor dem Burgtor

Essen und Trinken
38 Heinrichs
39 Wullenwever
40 Historischer Wein- und Kartoffelkeller
41 Altstadt Bierhaus
42 Miera's Aubergine
43 Café Calma
44 Café Niederegger
45 Stehcafé Döring

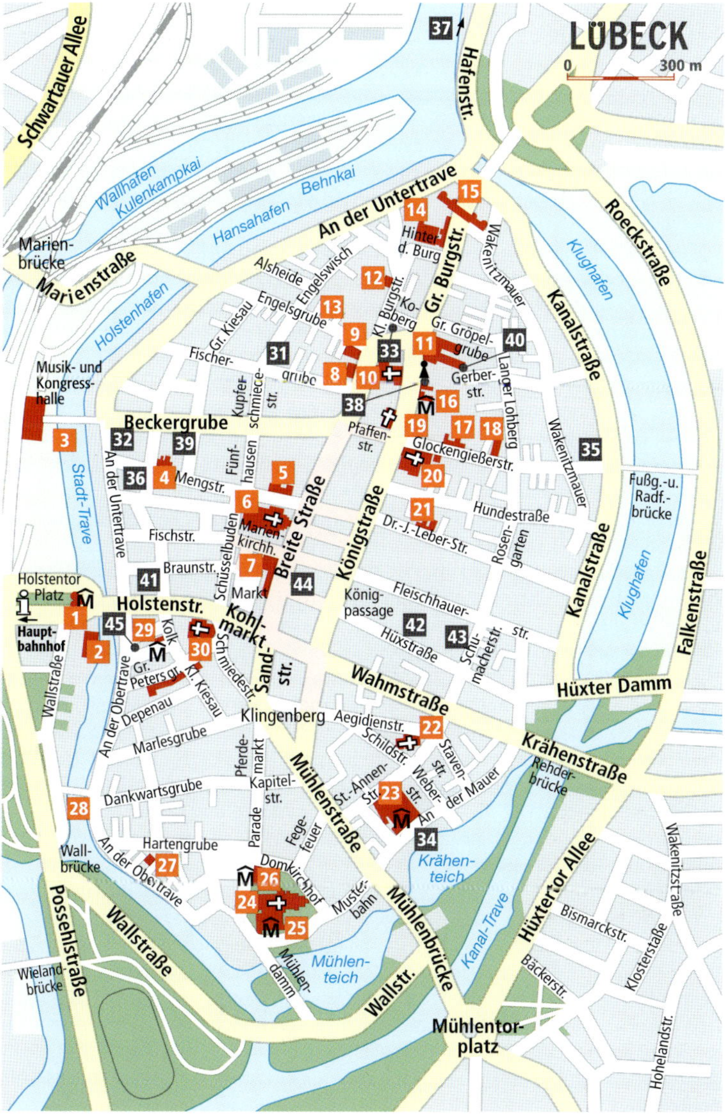
LÜBECK
0
300 m
37
Schwartauer Allee
Hafenstr.
Wallhafen
Kulenkampkai
Behnkai
Hansahafen
An der Untertrave
Marienbrücke
Marienstraße
Holstenhafen
Roeckstraße
Klughafen
Kanalstraße
Wakenitzmauer
15
14
Hinter d. Burg
Gr. Burgstr.
Alsheide
Engelswisch
12
Engelsgrube
13
Kl. Burgstr.
Koberg
Gr. Kiesau
9
Gr. Gröpelgrube
40
11
33
Fischergrube
31
Musik- und Kongresshalle
8
10
Gerberstr.
Langer Lohberg
Kupferschmiedestr.
38
16
Beckergrube
3
32
39
Pfaffenstr.
19
17
18
Wakenitzmauer
35
Fünfhausen
Glockengießerstr.
Stadt-Trave
An der Untertrave
36
4
Mengstr.
5
20
Fußg.-u. Radf.-brücke
6
Breite Straße
Königstraße
21
Hundestraße
Marienkirchh.
Fischstr.
Dr.-J.-Leber-Str.
Rosengarten
Klughafen
Schüsselbuden
Kanalstraße
Falkenstraße
7
Braunstr.
41
Holstentor Platz
Markt
44
Fleischhauerstr.
Königpassage
Holstenstr.
Kohlmarkt
1
45
29
Kolk
30
42
Hüxstraße
43
Schumacherstr.
Hauptbahnhof
2
Schmiedestr.
Sandstr.
Wallstraße
An der Obertrave
Gr. Petersgr.
Kl. Kiesau
Wahmstraße
Hüxter Damm
Depenau
Klingenberg
Aegidienstr.
22
Marlesgrube
Schildstr.
Stavenstr.
Krähenstraße
Pferdemarkt
Weberstr.
Rehderbrücke
Dankwartsgrube
Kapitelstr.
St.-Annen-Str.
23
An der Mauer
28
Parade
Fegefeuer
Mühlenstraße
34
Hartengrube
Krähenteich
Hüxtertor Allee
Wakenitzstraße
Wallbrücke
27
An der Obertrave
Domkirchhof
26
24
Musterbahn
Mühlenbrücke
Kanal-Trave
Bismarckstr.
25
Possehlstraße
Wallstraße
Mühlendamm
Mühlenteich
Klosterstaße
Wielandbrücke
Wallstr.
Bäckerstr.
Mühlentorplatz
Hohelandstr.

DIE HANSE

Die Hanse (german. Schar, Gefolge), ursprünglich eine Gemeinschaft Fernhandel treibender Kaufleute aus Gotland, entwickelte sich zur Vereinigung deutscher Kaufleute zum Schutz ihrer Handelsinteressen im Ausland. Im 13. und 14. Jh. entstand daraus die ›dudesche Hanse‹, ein Städtebündnis, dessen Macht von den Niederlanden bis nach Weißrussland reichte und das Kontore (Niederlassungen) in Brügge, London, Visby, Bergen, Antwerpen und Nowgorod unterhielt.

Das größte Verdienst der Hanse war die Verbindung des Ostseeraums, der Rohstoffkammer des Nordens, mit Westeuropa. Rund 70 See- und Binnenstädte gehörten dem Zusammenschluss an, etwa 130 weitere waren lose angegliedert. Das Besondere war, dass die Hanse niemals offiziell gegründet wurde und weder Verfassung noch Siegel hatte. Gültig waren lediglich die Beschlüsse der Hansetage. Bei Zusammenkünften wurden Streitfragen geklärt, neue Geschäftsbeziehungen angeknüpft, wichtige Handelsabkommen eingefädelt, politische Entscheidungen forciert oder verhindert und sogar ›Gewinn bringende‹ Ehepartner vermittelt. Wer sich nicht an die getroffenen Abmachungen hielt, wurde ›verhanst‹, aus dem Bund ausgeschlossen, und verlor die hansischen Privilegien.

Die Mitglieder der Hanse wollten den Handelsverkehr friedlich, doch ohne Einschränkung ihrer Handelsfreiheit abwickeln. Besonders mit Dänemark lag man in Fehde, nachdem König Waldemar IV. Atterdag die Heringsfangplätze in Schonen eingenommen und Visby zerstört hatte. Der 1361 angezettelte Krieg führte im zweiten Anlauf zum Sieg über den Dänenkönig. Im Frieden zu Stralsund (1370) erreichte die Macht der Hanse ihren Höhepunkt. Mit ihren seetüchtigen, besonders breiten Handelsschiffen, den Koggen, waren die Mitglieder der Hanse in aller Welt unterwegs und beherrschten bald den nordeuropäischen Handel. Der dänische Reichstag durfte von nun an keinen König mehr ohne Zustimmung der Hanse wählen und die Hansemitglieder erkannten den Rat von Lübeck als oberste Rechtsinstanz bei Streitigkeiten an. Damit war Lübeck die ›Königin der Hanse‹.

Gegen Ende des 15. Jh. wuchs jedoch der Widerstand gegen die Vormacht der Hanse. 1494 ließ der russische Großfürst Iwan III. das Hansekontor von Nowgorod schließen. 100 Jahre später erwirkten auch die englischen Kaufleute von ihrer Regierung eine Schließung des Kontors in London. Das Ende der Hanse kam mit dem Dreißigjährigen Krieg, der den Handel zum Erliegen brachte, sowie der Entdeckung Amerikas, da nun der Handelsweg von Nord- und Ostsee gegenüber dem Atlantik an Bedeutung verlor. 1669 fand der Hansetag zum letzten Mal statt, seither führt Lübeck gemeinsam mit Hamburg und Bremen die Hansetradition bis heute weiter. Damit war das erste gemeinsame Wirtschaftssystem, sozusagen der Vorläufer der Europäischen Gemeinschaft, aufgelöst. 1980 führte die holländische Stadt Zwolle den Hansetag wieder ein, der sich im Lübecker Hansetag bis heute hält.

den zum größten Teil 1942 zerstört. Erhalten blieben zwei Renaissance-Kaufmannshöfe (Mengstr. 48–50), deren Einrichtung in Anlehnung an zerbombte Häuser zusammengestellt wurde. Das **Schabbelhaus** 4 beherbergt ein feines, italienisches Restaurant.

Im **Buddenbrookhaus** 5 (Mengstr. 4) wohnten zwischen 1841 und 1891 die Großeltern der Brüder Heinrich und Thomas Mann. An deren 1904 abgerissenes Elternhaus in der Breite Straße 38 erinnert nur noch eine Stele.

Der ›Schauplatz‹ des Romans »Die Buddenbrooks« beherbergt das Heinrich und Thomas Mann-Zentrum mit einer Dokumentation über das Leben und Wirken der beiden großen Schriftsteller. In einer Vitrine wird an den Lyriker und Dramatiker Erich Mühsam erinnert, der 1934 im Konzentrationslager Oranienburg ermordet wurde (Tel. 0451/122 41 90, tgl. 10–18, im Winter 11 bis 17 Uhr).

Gegenüber ragt die alte Rats- und Marktkirche **St. Marien** 6 als Wahrzeichen der stolzen und freien Bürger Lübecks empor (10–16 Uhr, Gewölbeführungen, April–Okt. Sa 15.15 Uhr, Juni–Sept. auch Mi). Einem Holzbau aus dem Jahre 1163 folgte eine romanische Backsteinkirche, die nach dem Stadtbrand von 1251 zu einer gotischen Basilika ausgebaut wurde.

An einer Außenmauer sitzt ein steinernes Männlein, das auf der Suche nach dem Tod auf ein Gesims geklettert und dort beim Warten zu Stein geworden war. Der Name der Briefkapelle, mit dem Süderturm 1310 begonnen, erinnert daran, dass hier, unter dem von Granitsäulen getragenen Sternengewölbe, einst die öffentliche Schreibstube war.

Die Totentanzkapelle im nördlichen Querarm wurde nach dem Lübecker Totentanzfries von Bernt Notke (1463) benannt. Im Buntglas des Nordfensters (1955/56) wurde das Thema wieder aufgenommen.

In der fast 40 m hohen Kirche blieben viele Kunstwerke des 14. bis 18. Jh. unversehrt, darunter Wandmalereien und das Bronzetauffass mit Relieffiguren aus dem 14. Jh. Der Antwerpener Marienaltar (1518) zeigt, vollständig geöffnet, vergoldete Holzschnitzereien der Spätgotik, in der Mitte Marias Tod umgeben von Aposteln (die Brille des linken Apostels wurde nicht etwa nachträglich angebracht).

Die riesige astronomische Uhr fasziniert auch die kleinen Besucher, da alle herausfinden können, auf welchen Tag ihr Geburtstag bis zum Jahr 2080 fallen wird.

Eine Sage rankt sich um das Sandsteinrelief »Rosenbaum mit Maus« an einer Säule hinter dem Chor: Um das Jahr 1200 wurde Lübeck allerorten um seine Rechte und Freiheiten beneidet. Als eines Tages die Dänen vor den Toren standen, blieben die Bürger zuversichtlich. Denn so lange der Rosenbaum vor der Marienkirche grünte, so hieß es, würde der Rat allen Belagerungen standhalten. Am Morgen aber war der Rosenbaum abgestorben, weil eine Maus ihr Nest darin gebaut und die Jungen die Wurzeln angenagt hatten. Da verließ die Lübecker ihr Mut, und sie ergaben sich den Dänen. Nachdem die Stadt wieder frei war, wurden Baum und Maus als Symbol dafür, dass auch kleine Dinge große Wirkungen haben können, in Stein gehauen und in die Marienkirche gestellt. Fortan musste jeder Handwerksgeselle die Maus anfassen – oder er war nie in Lübeck gewesen.

Berühmt war die Marienkirche schon seit dem 17. Jh. Franz Tunder (1614 bis 1667) und Dietrich Buxtehude (1637 bis 1707) waren zwei der Organisten, welche die Lübecker Abendmusiken einrichteten. Auch Georg Friedrich Händel (1703) und Johann Sebastian Bach (1706) kamen nach Lübeck, um bei Meister Buxtehude zu lernen. Heute finden die Lübecker Abendmusiken jeden Donnerstag im Juli und August statt. Die Künstler spielen auf der mit 8512 Pfeifen und 101 Registern größten mechanischen Orgel der Welt aus dem Jahre 1968.

Das Rathaus

In unmittelbarer Nähe ihrer Kirche bauten die Lübecker ihr **Rathaus** 7, das wie ein Märchenschloss aussieht. Vielleicht liegt es daran, dass das Gebäude über mehrere Jahrhunderte (13.–15. Jh.) entstand und jeder Bauherr sich etwas ganz Besonderes ausdachte. Der großen Schaufassade (Südwand), die man 1435 mit Türmen und Windlöchern versah, wurde im 16. Jh. eine Renaissancelaube aus grauem Sandstein vorgesetzt.

Die Renaissancetreppe an der Ostfassade stammt aus dem Jahre 1594 und der holzgeschnitzte Erker am Langen Haus von 1586. Die bronzenen Beischlagwangen (1452) beiderseits der Bänke vor dem Rathaus waren Sitzflächen, die abends ›beigeschlagen‹ (hochgeklappt) wurden. Sie dienten einst als Schiedsstätte für kleinere Streitfälle.

Der Audienzsaal aus dem 18. Jh. wurde als Gerichtsort genutzt. Der Saal hat zwei unterschiedlich hohe Eingänge: Die Verurteilten mussten gebeugten Hauptes durch die niedrige Tür hinausgehen, während der Rat und die Richter mit ihren großen Hüten den Saal erhobenen Hauptes verließen. Am Eingang zeigen Backsteinsäulen noch die alte, fast schwarze Glasur, die aus Ofenruß, Rinderblut und Salz hergestellt wurde (Führungen Mo–Fr 11, 12 und 15 Uhr, Tel. 0451/122 10 05).

Der Ratskeller, das alte Weinlager, ist eine historische Gaststätte. Auf dem Rathausplatz findet montags und donnerstags ein Wochenmarkt statt.

Breite Straße und Koberg

Das Marzipan des Café Niederegger in der Fußgängerzone Breite Straße hat Lübeck mindestens ebenso bekannt gemacht wie das Holstentor. Im Museum im zweiten Stock erfährt man alles über Marzipan und steht überlebensgroßen Marzipan-Figuren gegenüber.

Die Breite Straße führt auf den Koberg, vorbei an den **Häusern der Kaufmannschaft** 8 (Breite Str. 6–8), vom Anfang des 19. Jh. Unter der Nummer 2 findet man das Haus der **Schiffergesellschaft** 9. Das zweigeschossige Backstein-Treppengiebelhaus von 1535 wurde als Versammlungshaus der Schiffer erbaut und mit einem Dreimaster als Wetterfahne gekrönt. Ein Rokoko-Oberlicht schmückt

Das Holstentor, das Wahrzeichen von Lübeck

den Eingang. Im historischen Restaurant sitzt man an langen Tischen, die aus Bohlen alter Schiffe gefertigt sein sollen (Tel. 0451/76770, 11–17 €). Rechts neben dem Eingang führt eine Treppe hinab zum so genannten Gotteskeller, in dem die Ärmsten für Gotteslohn, d. h. umsonst, wohnen durften.

Auf dem Koberg, den auch Oskar Kokoschka malte, ragt die Schifferkirche **St. Jakobi** 10 aus dem 13. Jh. mit vier Kupferkugeln am Turmhelm empor (Di–So 10–18, im Winter bis 16 Uhr, Orgelvesper Sa 17 Uhr). Die kleine Kirche besitzt Malereien und Kunstgegenstände aus dem 14. bis 17. Jh., unter anderem eine Empore aus dem Jahre 1640 mit Tafelbildern und eine reich geschnitzte Wendeltreppe aus dem Jahre 1619. Die Brömbse-Kapelle birgt einen figurenreichen Sandsteinaltar (um 1500). In der Turmkapelle steht als Gedenkstätte für die vielen auf See Gebliebenen das Rettungsboot der »Pamir«, die 1957 sank. Nur sechs der 86 Seeleute überlebten.

Die Ostseite des Platzes nimmt das **Heiligen-Geist-Hospital** 11 ein, das von dem zu Wohlstand gelangten, einstigen Waisenknaben Bertram Morneweg (»Morgen will ich weg«) mitgestiftet und 1286 eingeweiht wurde – eine der ältesten Sozialeinrichtungen Europas.

Das Hospital besteht aus einer Hallenkirche mit gotischen Fresken und dem 87 m messenden Langen Haus, in dem die Betten für die Bedürftigen standen. Um 1820 wurden hölzerne Budenreihen (Kabäuschen) als Schlafkammern eingebaut, die noch bis 1970 bewohnt waren (Am Koberg, Tel.

Altstadtgang in Lübeck

0451/790 78 41, Di–So 10–17Uhr). Alljährlich findet in den Räumen ein elftägiger Weihnachtsmarkt mit Kunsthandwerk statt. Neben dem Hospital steht die Bronzeplastik von Emanuel Geibel, der 1815 in Lübeck geboren wurde und 1884 in der Königstraße Nr. 12 verstarb. Geibel schrieb das Gedicht »Der Mai ist gekommen«.

In der Kleinen Burgstraße wurde das ehemalige **Kranenkonvent** 12 zwischen 1260 und 1280 als Beginenhaus erbaut, später diente es als Armen- und Siechenhaus.

Gängeviertel

Gänge wie in Lübecks Altstadt sind nirgendwo sonst in Deutschland zu finden. Als Heinrich der Löwe Anfang des 12. Jh. die Stadt anlegte, bildeten die Häuser zur Straße hin eine einheitliche Front. Die Wohngevierte umschlossen große Freiflächen, Hagen genannt, die als Garten oder Hof genutzt wurden. Um 1400 wuchs die Bevölkerung von Lübeck so stark an, dass Wohnraum geschaffen werden musste. Da man nicht jenseits der Flüsse bauen wollte, errichtete man kleine Häuser auf den Hagen und schaffte die schmalen Zugänge.

Eine der ›gängereichsten‹ Straßen ist die Engelsgrube. Ihr Name bezieht sich auf die englischen Schiffe, die in der Nähe ankerten. In der Engelsgrube 66 dokumentiert das **Museum Haus Hansestadt Danzig** 13 die Geschichte und das kulturelle Erbe der Stadt Danzig und ihrer Bewohner (Tel. 0451/ 77 303, Mo–Fr 10–12 Uhr). Von dem Haus Nr. 43 geht der Bäckergang ab, bei dem man etwas genauer hinschauen sollte: Auf den Backsteinen der Ummauerung sieht man die Spuren von Tieren, die über die noch feuchten Steine gelaufen waren. Von der Straße Engelswisch zweigt der Hellgrüne Gang ab, der mit einer Balkenhöhe von nur 1,50 m den niedrigsten Zugang von Lübeck besitzt.

Burgkloster und -tor

Das **Kulturforum Burgkloster** und das **Museum für Archäologie** 14 haben sich im größten mittelalterlichen Kloster Norddeutschlands eingerichtet (Hinter der Burg 2–4, Tel. 0451/1224184, April–Sept. Di–So 10–17, Okt.–März bis 16, Sa u. So ab 11, Führung Sa 11.30 Uhr). Als Dank für den Sieg über die Dänen in der Schlacht bei Bornhöved gründeten die Lübecker 1227 das Kloster an der Stelle der alten Burg von 1143. Nur das Sommerrefektorium (Lange Halle) ist spätromanisch; Kreuzgang, Winterspeisesaal, Kapitelsaal und Sakristei wurden nach dem Stadtbrand 1276 gotisch neu gestaltet.

Seit der Reformation war das Kloster Armenhaus, ab Ende des 19. Jh. Gerichtsgebäude und Gefängnis. Aus jener Zeit stammen der Schöffengerichtssaal und zwei Zellen samt Mobiliar, die man besichtigen kann. Die ständige Ausstellung »Pfeffer & Tuch für Mark & Dukaten« erzählt vom Handel der Hanse, eine Fotodokumentation gibt Einblicke in das jüdische Leben in Lübeck.

Vom Kloster sind es nur ein paar Schritte zum **Burgtor** 15, dem nördlichsten der ehemals vier Stadttore, das 1444 vollendet und 1685 mit einer barocken Haube versehen wurde. Es wird vom Marstallgebäude und dem Zöllnerhaus von 1571 mit einem Terracotta-Fries eingerahmt. Zu Beginn des 20. Jh. wohnte die Schriftstellerin Ida Boy-Ed in dem Haus, eine frühe Förderin von Thomas Mann. In den Zimmern befindet sich heute die Handweberei von Ruth Löbe (Tel. 0451/75929).

Königstraße und ›Höfe‹

Das **Behn-** und das **Drägerhaus** 16 aus dem 18. Jh., Königstraße 9 und 11, sind Teil des Museums für Kunst- und Kulturgeschichte. In den hellen Räumen kann man Gemälde des 19. und 20. Jh. von Johann Friedrich Overbeck, Caspar David Friedrich, Oskar Kokoschka (»Blick auf den Koberg«) und Maria Slavona betrachten. Angeschlossen sind eine Galerie mit Werken zeitgenössischer Maler sowie Fest-

Gewürzkonfekt

In der St. Jacobi-Apotheke stellt der Apotheker noch heute nach dem Rezept seines Großvaters **Magenmorsellen** her. Die ›aufräumende‹ Wirkung des Gewürzkonfekts war auch den Damen in Theodor Fontanes Romanen bekannt. Die von Hand hergestellten kleinen Kugeln aus Zucker, Mandeln und Gewürzen wie Anis, Kardamom, Nelken und Muskat kann man ab Herbst hell und dunkel (mit Kakao) gemischt in einer Spanschachtel kaufen (250 g für 6, 50 €).

SÜSS UND HERB
MARZIPAN UND ROTSPON

Zwei Produkte sind weltbekannte Markenzeichen für Lübeck geworden – Marzipan und Rotspon. Es gibt zahlreiche Legenden, die sich um Marzipan ranken. Eine davon besagt, dass Lübeck um 1407 belagert wurde und eine Hungersnot herrschte. Daher befahl der Senat den Bäckern, aus den Mandel- und Zuckervorräten ein Brot herzustellen, das Marzipanbrot. Ein gewitzter Lübecker ging daraufhin mit den Broten vor die Tore zu den Feinden und verteilte sie mit den Worten, dass sie zuviel davon hätten und es sonst verderbe. Als die Feinde das hörten, zogen sie ab, da sie glaubten, die Lübecker nicht aushungern zu können.

Im Mittelalter war Marzipan in Europa nur als kostbares Heil- und Stärkungsmittel bekannt und hieß auch Apothekenkonfekt, da seine Herstellung bis zum 18. Jh. Privileg der Apotheker war. Das Rezept des begehrten Mandel-Zucker-Gemisches kam aus dem Orient, ebenso die Rohstoffe. Nur die Wohlhabenden konnten es sich leisten, und es war nicht nur Medizin, sondern auch kostbares Gastgeschenk an Königs- und Fürstenhöfen. Erst Anfang des 19. Jh. wurde mit der Gewinnung von Rübenzucker Marzipan auch für weniger Betuchte erschwinglich. Nun war das Rezept kein Geheimnis mehr und auch die Zuckerbäcker machten sich, vor allem zur Weihnachtszeit, an die Ausformung der köstlichen Masse. Berühmt aber wurde das Lübecker Marzipan durch den jungen Konditor Johann Georg Niederegger.

Bevor 1865 Schaufenster in Mode kamen, präsentierten Konditoren in so genannten Weihnachtsausstellungen ihre Wunderwerke, von Brezeln, Früchten oder farbigen Tierfiguren bis zum Holstentor – wobei es vom Marzipanschwein über 500 Varianten gibt. Für die Ausformung von Torten und Reliefs schnitzten die Formenschneider Holzmodeln. Bald gingen einzelne Motive in Serie, und man verwendete statt der Holzformen nur solche aus gehärtetem Schwefel, aus denen sich das Marzipan besser lösen ließ.

Für den Transport der süßen Ware benutzte man Spanschachteln. So entwickelte der Lübecker Buchbinder Johannes Moll (1860) verschieden gefaltete Pappschachteln. Die Außenflächen nutzte man als Werbeträger und beklebte sie mit kunstvollen Etiketten, die von Lübecker Lithografen entworfen wurden. Im 19. Jh. waren damit etwa zehn Lithografen beschäftigt; ihre Etiketten sind im Musterbuch von Karl Hemberg (1820–98) zu sehen. Nach dem Ersten Weltkrieg ersetzte man Ranken und Verzierungen durch Jugendstilmuster. Alfred Mahlau (1894–1967) schuf die neuen Entwürfe mit der Silhouette der Stadt, die noch heute verwendet werden.

Auch die zweite Lübecker Spezialität, der Rotspon, hat eine interessante Geschichte. Schon im 14. Jh. luden Salzschiffe auf der Rückfahrt von der Biskaya als

Beifracht Fässer mit französischem Bordeaux-Wein. In Lübeck angekommen, sollte er reifen. Dabei färbten sich die weißen Eichenspan-Fässer intensiv rot, was dem Wein den Namen gab: Rotspon, abgeleitet vom niederdeutschen Spon (Span). Die Lagerung in den Lübecker Weinkellern mit der spezifischen Temperatur und dem Seeklima gab dem ursprünglichen Bordeaux einen besonderen Geschmack und verbesserte seine Qualität, was schon Napoleon auffiel, als er mit seinen Truppen Lübeck besetzte und die Weinkeller plünderte.

Noch heute wird die Bezeichnung Rotspon nur für Weine französischen Ursprungs verwendet, die bis zur Flaschenabfüllung in Lübecks Kellern nachreifen. Private Händler durften diese Weine verkaufen, allerdings mit unterschiedlichen Genehmigungen. Schankgerechtigkeit erlaubte es, den Wein an sitzende oder stehende Gäste auszuschenken. Das Zeichen dafür war der Weinkranz über der Tür, wie man es am Schabbelhaus noch sieht. Traubengerechtigkeit erlaubte den Händlern, geschlossene Weine ab einer Flasche zu verkaufen. Sie wurde mit einer Weintraube über der Tür deutlich gemacht, wie sie noch zwei Weinhandlungen in der Beckergrube und der Alfstraße besitzen.

Lebensgroße Marzipan-Figuren im Marzipan-Salon des Hauses Niederegger

und Repräsentationsräume der Bürgermeister und Senatoren (Tel. 0451/ 122 41 48, April–Sept. Di–Fr 11–17, Sa u. So ab 10, Okt.–März bis 16 Uhr). Im Garten steht der Pavillon der Overbeck-Gesellschaft, des fast 80 Jahre alten Lübecker Kunstvereins.

In der Glockengießerstraße findet man zwei heute noch bewohnte Stiftshöfe des 17. Jh., den **Füchtingshof** 17, Nr. 23-27, mit aufwändigem Sandsteinportal und den **Glandorps Hof** 18 im Haus Nr. 41-51, beides Wohnanlagen für Witwen von Schiffern und Kaufleuten sowie für Bedürftige.

Das **Günter Grass-Haus** 19 in der Glockengießer Straße Nr. 21 widmet sich der Bildkunst des Literatur-Nobelpreisträgers (Tel. 0451/122 41 92, Mo–So 10–18, Juni–März 11–17 Uhr). Es werden im Wechsel auch seine Werke aus der bildenden Kunst, der Literatur und der Musik gezeigt.

Die **Museumskirche St. Katharinen** 20 in der Königstraße zeigt eine prächtige Westfassade aus roten und schwarzglasierten Ziegeln. In den Blendnischen der Vorderfront stehen drei Plastiken von Ernst Barlach (1930–32) und fünf Werke von Gerhard Marcks (1947/48). Die Kirche dient heute als Ausstellungsraum (Tel. 0451/ 122 41 80, April–Sept. Mo–So 10–18 Uhr). Gezeigt werden unter anderem eine Kopie der lebensgroßen St. Jürgens-Gruppe (um 1500) und das Gemälde »Erweckung des Lazarus« von Jacopo Tintoretto (1576).

An der Ecke zur Tunkenhagen Straße steht das mit 2,80 m schmalste Lübecker Haus aus der zweiten Hälfte des 18. Jh. Der hintere Giebel eines der ältesten Bürgerhäuser Lübecks in der Dr.-Julius-Leber-Straße 13 stammt aus der Zeit um 1230, der Vordergiebel von 1460. Seit 1812 ist darin die **Löwenapotheke** 21 untergebracht.

St. Aegidien und St. Annen

Auch auf der Ostseite der Stadt gibt es zahlreiche Wohngänge. Der Verbindungsgang (Nr. 46) zwischen Aegidien- und Wahmstraße wird Unnerbüx genannt, da er zwei Ausgänge zur Wahmstraße und einen zur Aegidienstraße besitzt. Diese führt auf die **St. Aegidienkirche** 22, die seit jeher das Gotteshaus der kleinen Leute war und auch heute noch sehr beliebt ist (Di–So 10–16 Uhr). Die romanische Hallenkirche wurde im 14. Jh. umgebaut und 1446 mit einem Chor versehen. Im Krieg blieb die kleinste der fünf Lübecker Kirchen unversehrt, sodass auch ihre Kunstschätze (vom 13. bis 18. Jh.) gut erhalten sind.

Die großen, unebenen Bodensteinplatten tragen zur ganz eigenen Atmosphäre bei. Sehenswert sind der Lettner (Singechor, 1586/87), die Bronzetaufe (1453), der Barockaltar (1701) und die Kanzel (1708). Am meisten berührt das spätromanische, hölzerne Relief des segnenden Christus aus dem 13. Jh. unter dem Lettner. Musikantenputten krönen den spätbarocken, in warmem, hellem Holz gehaltenen Orgelprospekt (1625). Der Lübecker Bach-Chor führt regelmäßig Konzerte in der Aegidienkirche auf.

Das jüngste und prächtigste der Klöster, das **St. Annenkloster** 23, wurde bis 1515 für Augustinernonnen errichtet und diente später u. a. als Armenhaus. Heute ist dort ein Museum für Kunst- und Kulturgeschichte untergebracht, das mittelalterliche Kunstwerke aus Lübecks Kirchen zeigt sowie eine kulturhistorische Sammlung bis zum 19. Jh. Der Neubau der **Kunsthalle St. Annen** präsentiert Malerei nach 1945 (St. Annen-Str. 15, Tel. 0451/ 122 41 37, April–Sept. Di–Fr 11–17, Sa u. So ab 10, Okt.-März bis 16 Uhr).

Domviertel

Die St. Annenstraße mündet in die Mühlenstraße. Unter der Nr. 44 befand sich das Wirtshaus Im blauen Engel, das Heinrich Mann als Vorbild für das Lokal Blauer Engel im Roman »Professor Unrat« diente. Von dort gelangt man durch die Straße Fegefeuer zum Paradies, der Vorhalle des Doms, die Mitte des 13. Jh. dem Hauptportal vorgesetzt wurde. Dort wurde Recht gesprochen und Asyl gewährt, denn hier endete die städtische Gerichtsbarkeit.

Den Grundstein für die romanische Basilika legte Heinrich der Löwe im Jahre 1173. 1266 wurde die Kirche zum dreischiffigen gotischen **Dom** 24 erweitert (10–18, im Winter bis 16 Uhr). Beim Bombenangriff 1942 brannte das mächtige Gotteshaus aus. Es dauerte mehrere Jahrzehnte, bis der Dom wie der aufgebaut war.

Von der Ausstattung sind Kunstwerke des 14. bis 17. Jh. erhalten, deren ältestes ein kleiner gotischer Löwe ist,

Das Malerviertel an der Obertrave

der auf den Stifter hinweist. Eindrucksvoll ist auch das 17 m hohe Triumphkreuz mit der Christusfigur in zweifacher Lebensgröße (1477), ebenso wie der Marienaltar mit Einhornjagd (1506) und der Wandschrein mit den Schutzpatronen Johannes d. Täufer und Nikolaus (um 1475).

Südlich des Domes, am Mühlendamm 1-3, dokumentiert das **Museum für Natur und Umwelt** 25 die Erdgeschichte sowie die Tierwelt Schleswig-Holsteins, ausgestorbene, wie die 10 Mio. Jahre alten ›Pampauer Wale‹ und auch einige lebende Exemplare in Terrarien und Aquarien (Tel. 0451/122 41 22, April–Sept. Di–Fr 9–17, Sa, So ab 10, Okt.–März bis 16 Uhr).

Der Backsteinbau des 1594 errichteten ehemaligen **Zeughauses** 26 fällt vor allem durch den Renaissancegiebel auf. Von einer Fassadennische überwacht der Kriegsgott Mars, der einst die städtischen Waffen schützte, das Geschehen. Heute birgt das Zeughaus die Völkerkundesammlung zu Geschichte und Gegenwart meist außereuropäischer Völker. Eine Attraktion ist die ägyptische Mumie aus der Zeit von 664–525 v. Chr. (Parade 10, Tel. 0451/122 43 42, Di–So 10–17).

Vom Zeughaus sind es nur ein paar Minuten zur Straße An der Obertrave und zur **Rossmühle** 27, mit Dacherker und Windenaufzug. Die Kornmühle aus dem 18. Jh. wurde einst durch Pferdekraft betrieben. Zu Beginn des 20. Jh. wurden in der Mühle Wohnungen eingerichtet (Nr. 43).

Entlang der Obertrave auf der neuen Ufer-Promenade erreicht man die Dankwartsbrücke, den **Malerwinkel** 28. Viele Male wurde der herrliche Blick auf die alten Häuser und die dahinter aufragenden Türme von St. Petri und St. Marien auf Leinwand festgehalten.

Verwinkelte Gassen um St. Petri

Die gut erhaltenen Häuser in der Großen Petersgrube geben einen Schnellkurs in

Lübeck, gut erhaltene Altstadthäuser in der Großen Petersgrube

Architekturgeschichte von gotischen Treppengiebeln über wuchtige Barockfassaden und das spielerische Rokoko bis zum sachlichen Klassizismus.

Das **Museum für Figurentheater** 29 zeigt Puppen aus Europa, Asien und Afrika des Privatsammlers Fritz Fey (Kl. Petersgrube 4-6, Tel. 0451/786 26, tgl.10–18 Uhr). Im Theater gegenüber werden die Figuren wie von Zauberhand zum Leben erweckt und führen Erzählungen für Kinder auf, aber auch Klassisches für Erwachsene.

Der Rundgang endet an der Kirche **St. Petri** 30 aus dem 13 Jh., dem einzigen fünfschiffigen Gotteshaus der Stadt. Teile der Ausstattung werden im St. Annenmuseum aufbewahrt. Die Kirche selbst ist ohne Gemeinde, doch besitzt sie einen Ausstellungs- und Konzertraum. Von der Aussichtsplattform des Turmes in etwa 50 m Höhe bietet sich ein wunderbares Panorama über die Lübecker Altstadt (Di–So 10–16 Uhr, Fahrstuhl z. Plattform tgl. bis 17, Sommer 19 Uhr).

Lübeck und Travemünde Tourist-Service GmbH: Welcome Center, 23552 Lübeck, Holstentorplatz 1, Tel. 01805/88 22 33, Fax 409 19 90, www.luebeck-tourismus.de.
Lübecker Verkehrsverein e. V.: 23558 Lübeck, Am Bahnhof/Linden, Arcaden II, Konrad-Adenauer-Str. 6, Tel. 0451/723 39, Fax 70 48 90, www.luebecker-verkehrsverein.de.

Klassik Altstadt Hotel 31: Fischergrube 52, Tel. 0451/70 29 80, Fax 737 78, www.klassik-altstadt-hotel.de. Romantische Einrichtung, Zimmer mit Fax- und Modemanschluss. 130–144 €.
Privat-Hotel Alter Speicher 32: Beckergrube 91–93, Tel. 0451/710 45, Fax 70 48 04, www.hotel-alter-speicher.de. Historisches Gebäude, mit Garten. 72–128 €.
Hotel und Restaurant Schwarzwaldstuben 33: Koberg 12–15, Tel. 0451/777 15, Fax 70 54 14. In der Altstadt, schöne Restaurant-Terrasse. 75–80 €.
Hotel Zur Alten Stadtmauer 34: An der Mauer 57, Tel. 0451/737 02, Fax 732 39, www.hotelzuraltenstadtmauer.de. Ruhig und zentral, Fahrradverleih. 55–75 €.
Rucksackhotel 35: Kanalstr. 70, Tel. 0451/70 68 92, Fax 707 34 29, www.rucksackhotel-luebeck.de. Mehrbettzimmer 13–17 €/Pers., 2-Bett-Z. mit Bad 20 €/Pers., Küchenbenutzung.
Jugendherberge Altstadt 36: Mengstr. 33, Tel. 0451/702 03 99, Fax 770 12. 14,35–16,60 €.
Jugendherberge Vor dem Burgtor 37: Am Gertrudenkirchhof 4, Tel. 0451/334 33, Fax 345 40. 13,55–15,50 €.

Heinrichs 38: Königstr. 5–7, Tel. 0451/738 12, So u. Mo Ruhetage. Feine, internationale Küche, herrlicher Garten, 10–18 €.
Wullenwever 39: Beckergrube 71, Tel. 0451/70 43 33, ab 19 Uhr, So u. Mo Ruhetage. 400 Jahre altes Kaufmannshaus mit feiner Küche. 20–58 €.
Historischer Weinkeller und Kartoffelkeller 40: Koberg 8, Tel. 0451/762 34. Urig, gemütlich, Hospitalitenmahl, Lüb'sches Gelage anno 1502, Sept.–Mai sieben Gänge 42 €. 15–20 €.
Altstadt Bierhaus 41: Braunstr. 19, Tel. 0451/737 32, ab 17 Uhr. Bier vom Fass, gutbürgerliche Küche. 10–17 €.
Miera's Aubergine 42: Hüxstr. 57, Tel. 0451/772 12, So u. Mo Ruhetage. Mediterrane Küche, im UG Feinkostladen, 12–17 €.
Café Calma 43: Hüxstr. 67, Tel. 0451/727 29. Klein u. fein, idyllischer Innenhof, Frühstücksvariationen, Pasta.
Café Niederegger 44: Breite Str. 89, Tel. 0451/53 01-126/127. Mit Marzipanmuseum und Laden: 100 Gebäckarten, 300 Artikel aus Marzipan.

Der Gürtelladen: Fleischhauerstr. 52, Tel. 0451/396 98 22, Di 14–18, Mi–Sa ab 10 Uhr. Individuelle Gürtel vom Designer Martin Mohrmann.
Bildweberei Annette Boysen: Fleischhauerstr. 44, Tel. 0451/70 59 48, Mo geschl.
Hüxstraße: Boutiquen, Galerien, Buch- u. Weinhandlungen, Cafés und Restaurants.

Stehcafé Döring

In der Kleinen Petersgrube 10 gibt es in dem winzigen, aber sehr gemütlichen **Stehcafé Döring** 45 allerfeinsten Kuchen nach alten Rezepten. Will man neben köstlicher Schokolade oder einem Kaffee nur einen kleinen, süßen Happen, sollte man die hausgemachten feinen Petits Fours probieren (Tel. 0451/749 53, Do–Sa 14–18 Uhr).

Wochenmärkte: Rathausmarkt Mo, Do, 10–18.30, Koberg Di, Fr 10–18 Uhr.
Weihnachtsmärkte: auf dem Rathausplatz, in der Breiten Straße und auf dem Koberg, berühmt sind die Drehorgelfrauen und -männer, vier Wochen bis Fr vor Weihnachten.
Lübecker Kunsthandwerker Markt: zwei Wochen, ab Ende Nov. in der St. Petri-Kirche, tgl. 10–18 Uhr.
Kunsthandwerker-Weihnachtsmarkt: im Heiligen-Geist-Hospital, letztes Wochenende im Nov. bis 1. Woche im Dez.

Lübecker Marionetten-Theater: Kolk 20–22, Tel. 0451/700 60. Di–So 15, Fr, Sa 19.30 Uhr.
Volkstheater Geisler: Dr. Julius-Leber-Str. 25, Tel. 0451/707 82 81, Fr u. Sa 20 Uhr. Lustspiele u. Volksstücke, Do Kabarett, Musik etc.

Tierpark: Waldstr. 2, Lübeck-Israelsdorf, Tel. 0451/39 31 05, tgl. 9–18, Okt.–März 10–17 Uhr, Nov–Feb. nur So.
Stadt-, Kanal- und Hafenrundfahrten: An der Untertrave, bei der Quandt-Linie, Tel. 0451/777 99, und der Maak-Linie, Tel. 0451/70 638 59, tgl., ca. 1 Std.; auch Hochzeiten an Bord möglich.
Trave-Fahrt: Abfahrt an der Drehbrücke, Lübeck-Travemünde, Könemann-Schifffahrt, Teerhofinsel 14a, Tel. 0451/280 16 35, dreimal tgl., ca. 90 Min., Geburtstagskinder haben freie Fahrt.
Wakenitz-Fahrt: Abfahrt am Wakenitz-Ufer an der Moltke-Brücke, Mai–Okt., ca. 2 Std., z.B. Quandt-Linie, Tel. 0451/ 79 38 85, bis zum Nordausgang des Ratzeburger Sees nach Rothenhusen mit Anschluss nach Ratzeburg, und Personenschifffahrt Maiworm, Roeckstr. 50, Tel. 0451/354 55, ab 10 u. 14 Uhr.
Stadtführungen: Treffpunkt meist Lübeck Tourist Service, Holstenplatz 1, ca. 2 Std., meist Mo–Sa 11 u. 14, So 11 Uhr. Exklusivführungen zu verschiedenen Themen, etwa Entdeckungsreise ins Mittelalter für Kinder (Sa 14 Uhr), Abendbummel, mit dem Kickboard durch die Altstadt (man kann das Kickboard leihen, 4,50 € und Pfand), Information: Lübecker Stadtführer e.V., Tel. 0451/59 62 20.
»Literarische Schiffsreise« nach Travemünde, Bootsfahrt auf der Trave mit Lesung und einstündigem Spaziergang auf den Spuren der Buddenbrooks, 15–19.30 Uhr, 59 €; Angebot des Buddenbrook-Hauses, Tel. 01805/88 22 33.

Drachenboot-Rennen: Anfang Juli, ab 9 Uhr, am Klughafen beim Riverboot an der Kanalstr., Intos: www.drachenboot-festival-luebeck.de.
Nordische Filmtage Lübeck: Anfang Nov. wird Lübeck zur Filmhauptstadt Nordeuropas, Info: Tel. 0451/122 41 05, www.nordische-filmtage.de.
Ice World : Dez.–Jan. In einem temperierten Zelt, aus Eis gefertigte Skulpturen, faszinierend beleuchtet.
Lübecker Museumsnacht: Mitte Aug., 18–1 Uhr. Zahlreiche Museen und Galerien sind geöffnet und bieten Sonder-Veranstaltungen (etwa Konzerte, kulinarische Attraktionen) an.

HappyDay Card: einen oder drei Tage lang gibt es Vergünstigungen bei vielen Eintritten und manches kostenlos, etwa Fahrten mit Bussen (SL, LVG) oder mit der Bahn nach Travemünde, 5 € (1 Tag) bzw. 10 € (3 Tage).
Flughafen: Blankensee, Blankenseer Str. 101, Tel. 0451/583 01-0, Fax 583 01-24. Ryanair und W!ZZ-Air (nach Danzig u. Kattowitz), www.flughafen-luebeck.de.
Bahn: Von Kiel und Hamburg fährt die Regionalbahn nach Lübeck.
Bus: Vom ZOB fahren Busse in die Holsteinische Schweiz und an die Bäder der Ostseeküste.

Baumwipfel hautnah

Der Hochseilgarten Travemünde im Kurgarten-Wald bietet Kletter- und Balancier-Parcours in 3,5 und 8 m Höhe. März–Mitte Juni 12–17, 15.6.–31.10. ab 10 Uhr bis 30 Min. vor dem Dunkelwerden. Kurgartenstr. 91–97, Tel. 0173/633 13 31, www.hochseilgarten-travemuende.de. Kinder 8–15, Erw. 15 €.

Ausflug nach Gothmund

Reiseatlas: S. 239, D/E 4
Das alte Fischerdorf Gothmund versteckt sich am Rand der Schellbruchwiesen nordöstlich von Lübeck. Man parkt oberhalb des Ortes und geht zu Fuß in den Fischerweg, an reetgedeckten Fachwerkhäusern vorbei zum Ufer der Untertrave.

Ganz in der Nähe des Industriegebiets ist man plötzlich umgeben von Bauerngärten, Fischkuttern und aufgespannten Netzen. Man sollte die Privatsphäre der Anwohner achten und nicht einfach ungefragt die Gärten betreten. Noch heute haben die Fischer das ausschließliche Fischrecht auf der Trave.

Unten am Ufer hat man den schönsten Blick auf die hinter Reet verborgenen Häuschen. Dort führt ein Wanderweg zunächst an der Untertrave entlang bis in das Naturschutzgebiet Schellbruch, das zu ausgedehnten Spaziergängen einlädt. An der Beobachtungsstation des Stadtforstamts informieren Schautafeln.

Hotel-Restaurant Fischerklause Gothmund: Fischerweg 21, Tel. 0451/39 32 83, Fax 258 65, Mo Ruhetag. Gutes Essen, herrliche Terrasse. 8–20 €.

Ausflug nach Bad Segeberg

Reiseatlas: S. 238, B 3/4
Wer in der Zeit von Mitte Juni bis Ende August in Schleswig-Holstein ist, sollte die Karl-May-Spiele in Bad Segeberg 30 km westlich von Lübeck nicht versäumen. Der Gipsberg ist die ideale Kulisse für die Indianerspiele, bei denen die Akteure sogar durch die Zuschauerreihen galoppieren.

Vor Beginn und in den Pausen hat man Gelegenheit, sich eine Westernstadt (Indian Village) anzusehen, den Boten Manitus, einen Adler, aus der Nähe zu bestaunen oder Ausstellungen über indianische Kultur anzuschauen.

Der Karl-May-City-Express fährt während der Festspielzeit von Montag bis Sonntag zwischen 10 und 16 Uhr durch die Altstadt von Bad Segeberg. Haltestellen sind der Karl-May-Platz und der Marktplatz. Reist man mit dem Nahverkehrszug von den Bahnhöfen in Schleswig-Holstein oder von Hamburg an, erhält man gegen Vorlage des Fahrscheins einen ermäßigten Eintrittspreis.

Die bizarr beleuchteten Kalkberghöhlen mit der Fledermaus-Kolonie sowie das neue Fledermaus-Zentrum **Noctalis** sollte man ebenfalls besuchen (s. a. S. 19).

Karl-May-Spiele: Karl-May-Platz, Tel. 01805/95 21 11, Fax 04551/952 10, www.karl-may-spiele.de, Do, Fr, Sa 15 u. 20, So 15 Uhr, Erwachsene 12–23 €, Kinder 8,50–17 €.

Travemünde

Reiseatlas: S. 239, E 3
Knapp eine halbe Stunde fährt man von Lübeck zu seiner ›schönsten Tochter‹. Joseph Freiherr von Eichendorff beschrieb sie zu Beginn des 19. Jh., und auch später ließen sich viele Dichter von dem Ort inspirieren, der 1187 von Graf Adolf III. von Schauenburg als Stützpunkt an der Travemündung gegründet wurde.

Über Jahrhunderte hinweg lebten die Travemünder vom Fischfang und der Schifffahrt. Im Jahre 1802 baute der Architekt Joseph Christian Lillie das Kurhaus und Travemünde wurde ein mondänes Seebad. Zu den ersten Gästen zählte Joseph Freiherr von Eichendorff. Ihm folgten Matthias Claudius, Emanuel Geibel, Wilhelm Raabe, Thomas Mann und Clara Wieck.

Noch mehr Zulauf erhielt das Bad, als 1822 die erste Spielbank ihre Tore öffnete. Nun versuchten auch Besucher von weit her, wie die Dichter Nikolai Gogol, Fjodor Dostojewski und Iwan Turgenjew, dort ihr Glück und verspielten nicht selten Hab und Gut. Von 1873 bis 1948 war das Kasino geschlossen. Als Mitglied im Norddeutschen Bund war Lübeck der Betrieb einer Spielbank verboten. Im Jahre 1949 wurde das Kasino wieder geöffnet.

Nach dem Besuch von Kaiser Wilhelm II., der mit seiner Jacht »Meteor« eine Wettfahrt veranstaltete und damit die Travemünder Woche einleitete, war das Seebad weithin bekannt. 1957 erhielt es den Titel Ostseeheilbad.

Noch immer trifft man sich zu jeder Jahreszeit in der Vorderreihe. Die Uferstraße mit der hübschen Häuserzeile ist eine Flaniermeile mit Hotels, Restaurants und Boutiquen. Im **Vogteigebäude** [1] aus dem 14. Jh. am Beginn der Vorderreihe wurden Deckenmalereien aus dem 17. bis 18. Jh. entdeckt. Auffallend ist die verzierte Rokokotür. In die ehemalige Polizeiwache wird nach den Renovierungsarbeiten ein Café/Restaurant einziehen.

St. Lorenz-Kirche

Gleich um die Ecke findet man um die **St.-Lorenz-Kirche** [2] das alte Travemünde mit kleinen Häusern wie etwa dem Fachwerkhaus aus dem 16. Jh. in der Jahrmarktstraße 13, einem der ältesten Wohnhäuser. Die St. Lorenz-Kirche wurde im 16. und 17. Jh. über den Resten des romanischen Vorgängerbaus errichtet (Besichtigung Di–Fr 9–12, 13–16 Uhr, Do 10.30 Uhr 30 Min. Orgelmusik, Juni–Sept. regelmäßig Konzerte). Besonders schön ist die mit geometrisch-ornamentalen Mustern reich bemalte Holzbalkendecke (1602). In der Einrichtung dominieren barocke Elemente wie beim Altar des Bildhauers Hieronymus Jacob Hassenberg (1723) und der Kanzel (1735). Gotischen Ursprungs sind der Christuscorpus des Triumphkreuzes sowie die Holzskulptur des hl. Jürgen mit dem Drachen.

Leuchtturm und Strandpromenade

An alte Zeiten erinnert der rote **Backstein-Leuchtturm** [3], das älteste erhaltene Seezeichen der Küste. 1539 errichteten holländische Maurer den Turm, der nach einem Blitzeinschlag 1829 wieder aufgebaut wurde. Seit 1974 weist das Leuchtfeuer Schiffen nicht mehr den Weg. Das Blinkfeuer auf dem Dach des Maritim-Hotels mit einer Feuerhöhe von über 100 m übernimmt nun dessen Aufgabe. Das maritime Museum in dem vollständig restaurierten Gebäude gibt Einblicke in die Geschichte der Leuchtfeuertechnik (Mai–Juni/Sept.–Okt. Mi–So 10–17, im Sommer auch Di 10–18 Uhr). Vom Umgang eröffnet sich ein herrlicher Blick auf die Trave-Mündung und die Uferpromenade.

Die anschließende Strandpromenade reicht bis zum **Möwenstein** 4 und begrenzt einen langen und sehr feinen Sandstrand. Er ist breit genug (bis 100 m), dass sich Sonnenanbeter, Kinder auf dem Abenteuer-Spielplatz oder sportlich Aktive nicht in die Quere kommen.

Priwall

Die Halbinsel jenseits der Trave erreicht man nur mit der Fähre. Der Fährplatz mit den Märkten und neuer Gastronomie lädt zum Verweilen und Schauen ein: auf den Fährbetrieb und das ungezähmte Gegenüber des noblen Badestrands; Dünen und wilde Heckenrosen säumen den Strand. Ein Vogelschutzgebiet im Südwesten der Insel lädt zum Spazieren und zur Beobachtung seltener Vögel ein.

Im kleinen Hafen ankert die **»Passat«** 5, ein Schwesterschiff der gesunkenen »Pamir«. Die 115 m lange Viermastbark war von 1911 bis 1951 ein reines Segelschiff. Seine letzte Reise machte es 1957 von Hamburg nach Buenos Aires. Vom Deck des Schiffes bietet sich ein schöner Blick auf die gegenüberliegende Altstadt von Travemünde (Tel.

04502/52 87, Mitte Mai–Sept. 10–17, in der Nebensaison Sa. u. So 11–16.30 Uhr, Hochzeiten Mo, Di-Nachmittag ab 15 Uhr, Tel. 04502/122 52 02).

Der Wanderweg am **Brodtener Steilufer** entlang bis zum 6 km entfernten Niendorf wird regelmäßig landeinwärts verlegt, da die Küstenlinie pro Jahr tatsächlich um etwa einen halben Meter zurückweicht. Nach ungefähr 2,5 km erreicht man die Hermannshöhe mit dem gleichnamigen Restaurant. Sie wurde nach dem Lübecker Bürgermeister Hermann Fehling benannt, der einst den Wanderweg anlegte.

Lübeck und Travemünde Tourist-Service GmbH: 23570 Travemünde, im Strandbahnhof, Bertlingstr. 21, Tel. 01805/88 22 33, Fax 04502/998 91 59, www.travemuende-tourismus.de.

A-ROSA 6: Außenallee 10, Tel. 04502/307 00, Fax 307 07 00, www.a-rosa. de. Altes Kurhaus in exklusivem Glanz, Wellness-Thalasso-Zentrum, mit HP 218–330 €.

Columbia Hotel Casino Travemünde 7: Kaiserallee 2, Tel. 04502/30 80, Fax 30 83 33, www.columbia-hotels.de. Am Strand, Pool, Sauna, drei Restaurants (Gourmet, Mediterran, Fisch), 160–240 €.

Hotel-Restaurant Strandschlösschen 8: Strandpromenade 7, Tel. 04502/750 35, Fax 758 22, www.hotel-strandschloesschen.de. Am Strand, helle Räume, vorzügliche Küche. 80–148 €.

Hotel Deutscher Kaiser 9: Vorderreihe 52, Tel. 04502/84 20, Fax 84 21 99, www.deutscher-kaiser-travemuende.de. In der Altstadt, Kegelbahn, Gartencafé, Zimmer mit Traveblick. 70–125 €.

Hotel Villa Charlott garni 10: Kaiserallee 5, Tel. 04502/861 10, Fax 86 11 99, www.villa-charlott.de. Am Kurzentrum, familiär. 50–100 €.

Sehenswürdigkeiten

1 Vogteigebäude
2 St.-Lorenz-Kirche
3 Alter Leuchtturm
4 Möwenstein
5 »Passat« (Museumsschiff)

Übernachten

6 A-ROSA
7 Columbia Hotel Casino Travemünde
8 Hotel-Restaurant Strandschlösschen
9 Hotel Deutscher Kaiser
10 Hotel Villa Charlott garni
11 Hotel Old Dutch
12 Jugendfreizeitstätte Priwall
13 Strandcamping Priwall

Essen und Trinken

14 Il Giardino
15 Restaurant Kajüte
16 Restaurant Kaiserbrücke
17 Café Bellevue
18 Café Niederegger
19 Restaurant und Café Hermannshöhe

Hotel Old Dutch 11: Achterdeck 9, Tel. 04502/733 36, Fax 77 73 00. Efeuberanktes Haus mit idyllischem Garten, ruhig. 48–58 €.

Jugendfreizeitstätte Priwall 12: Mecklenburger Landstr. 69, Tel. 04502/25 76, Fax 46 20. 17,05–14,10 €.

Camping

Strandcamping Priwall 13: Dünenweg 3, Tel. 04502/717 92 o. 28 35, Fax 88 98 01, Okt. bis März geschlossen. Frei- und Hallenbad, behindertengerecht, Wassersport.

Il Giardino 14**:** Kaiserallee 2, Tel. 04502/308327. Mediterran (Speisen u. Ambiente), Terrasse mit Blick auf die Ostsee, 19–25 €.

Restaurant Kajüte 15: Vorderreihe 26 a, Tel. 04502/30 98 98, NS Mi Ruhetag. Fisch und holsteinische Spezialitäten. 9–20 €.

Restaurant Kaiserbrücke 16**:** Vorderreihe 64 a, Tel. 04502/88 98 14. NS: Di Ruhetag. Glaspavillon an der Trave, regionale Küche, leckerer Fisch, große Terrasse, 9–17 €.

Café Bellevue 17**:** Vorderreihe 65, Tel.

Das einstige Segelschulschiff »Passat«

04502/75 32 48. Wunderbar zum Schauen, sieben Frühstücksvarianten, leckere Torten und köstliche Kleinigkeiten.

Café Niederegger 18: Vorderreihe 56, Tel. 04502/20 31. Auch in diesem Ableger des Lübecker Mutterhauses gibt es natürlich Marzipantorte.

Restaurant und Café Hermannshöhe 19: Brodtener Steilufer, Tel. 04502/730 21, Mo Ruhetag. Herrliche Aussicht, mit eigener Konditorei. 10–19 €, Menü 18,50 €.

Die Einkaufsmeile in der Vorderreihe bietet für jeden Geschmack und jedes Bedürfnis etwas, die Geschäfte sind in der HS auch Sa Nachmittag u. So geöffnet.

Casino: Kaiserallee 2, Tel. 04502/84 10, 15–2 Uhr, Automatenspiel 14–1.30 Uhr, Ausweis und gepflegte Kleidung!

Bootsausflüge: z. B. mit der »Sven Johannsen«, Vorderreihe/Prinzenbrücke, Tel. 04502/745 45. Hafen- und Ostseerundfahrten, Di bis Gothmund, Mi bis Grömitz.

Trave-Express: Bimmelbahn durch Travemünde, 11–19 Uhr jede Std., Juli/Aug. tgl., Juni/Sept. Sa u. So, Tel. 04502/86 16 44.

Sand World-Sandskulpturenfestival: Juli/August, historische Gebäude, Figuren, Phantasiegebilde als Sandskulpturen auf dem 15 000 m² großen Areal am Priwall-Strand, Eintritt für Erwachsene 6 €, Kinder zwischen 5 u. 11 Jahren 3 €.
Travemünder Woche: Seit 1889 internationaler Segelwettbewerb mit Rahmenprogramm, Ende Juli.
Cutty Sark-Race: Aug. Segelwettbewerb für Jugendliche (Deutschland–Polen-Estland-Finnland), Windjammerparade.
Drachenfeste: am Travemünder Strand, Ostern und Herbst.

Fährverbindungen: mit Trelleborg (TT-Line, Tel. 04502/801 81), Helsinki (Finnlines, Tel. 04502/150 74 43) und Malmö (Skan-Link Tel. 04502/805 20), Informationen am Skandinavienkai.
Priwallfähre: An der Vorderreihe, alle 10–15 Min.; an der Nordermole nur für Personen und nur während der Sommermonate, Tel. 04502/22 49.

Wochenendkurse

Die Künstlerin Frauke Borchers bietet von Mai bis August Wochenendkurse für Aquarellmalerei und Zeichnen auf der »Passat« an. Thema ist alles Maritime, es kann auch individuell gestaltet werden. Der Kurs beginnt Freitag nachmittags, endet am Sonntag. Kosten: 69 €, Information: Tel. 0451/79 62 74.

Mit der Bahn über Lübeck; mit dem Bus von Lübeck, Bad Schwartau und Timmendorfer Strand.

Von Travemünde nach Norden

Timmendorfer Strand

Reiseatlas: S. 239, E 3
Der erste Kurgast kam 1865, ein Pastor Gleiß aus Curau; 20 Jahre später wurde das erste Hotel eröffnet. Heute gibt es derer viele, und Gäste finden in dem ›Nobelort‹ neben Kurhäusern und Sanatorien auch ein Eissport- und Tennis-Centrum (ETC, Tel. 04503/50 20) sowie zwei 18- und 20-Loch-Golfplätze. Den 8 km langen Sandstrand begrenzen Dünen, Heckenrosen sowie die von Bäumen gesäumte Promenade.

Neben alten Villen, Hotels, Restaurants, Cafés und Boutiquen finden sich die Kuranlagen mit der Trinkkurhalle, in der man Meerestiefwasser mit und ohne Orangensaft erhält. Den schönsten Blick auf den Ort und die Umgebung hat man von der Seebrücke. Mitten durch die Fußgängerzone verläuft der markierte 54. nördliche Breitengrad.

Vor allem an Wochenenden trifft sich am Strand und auf der Promenade der Jet-Set. Kinder zieht es an die Kurpromenade Nr. 5, zum Sea-Life. In dem Riesenaquarium beobachtet man die Lebewesen der Nord- und Ostsee aus der Nähe, vor allem im 8 m langen Plexiglastunnel, in dem man Haien Aug in Aug gegenübersteht.

Am Timmendorfer Strand

Tourist-Service: 23669 Timmendorfer Strand, Timmendorfer Platz 10, Tel. 04503/358 50, Fax 35 85 45, www.timmendorfer-strand.de.
Kurbetrieb: Tel. 04503/357 70, Fax 35 77 88.

Landhaus Carstens: Strandallee 73, Tel. 04503/60 80, Fax 608 60, www.landhauscarstens.de. Edle Einrichtung, Sauna und Whirlpool, Zugang zum Strand, feines Restaurant (ab 20 €), Zimmer 105–205 €.
Hotel Villa Gropius und Villa Röhl: Strandallee 50–52, Tel. 04503/88 80 00, Fax 88 81 00, www.villagropius.de, www.villaroehl.de. Historische Häuser mit Türmchen und moderner Einrichtung, Sauna und Pool, sehr gemütliche Atmosphäre, 90–150 €.
Hotel Steinhoff: Strandallee 45, Tel. 04503/870 30, Fax 87 03 40. Am Strand, Frühstücksterrasse zum Meer. 45–110 €.

Orangerie im Maritim Seehotel: Strandallee 73, Tel. 04503/60 50, Mo u. Di Ruhetage. Raffinierte Fischgerichte klassischer Art, ab 27 €.
Café Engel's Eck: (Café ›Wichtig‹), Timmendorfer Platz, Tel. 04503/20 58.

Einkaufsmöglichkeiten gibt es am Alten Rathaus in den Boutiquen und im Fotohaus oder auch an der Kurpromenade.

Schiffsausflug: mit der MS »Dana«, etwa Panorama- oder Abendfahrt u. nach Boltenhagen, Reederei Möller, Tel. 04503/313 71, Schiff: 0175/411 17 85.
Sea-Life: Kurpromenade 5, Infoline Tel. 04503/35 88 88 oder 358 80, tgl. (außer 24.12.) 10–18, im Sommer bis 19 Uhr, Erwachsene 11 €, Kinder zwischen 3 und 14 Jahren 7,75 €, Familienermäßigungen.
Minigolf-Anlage: am Kurpark, Tel. 04503/62 11, tgl.9.30–18 Uhr, 3 €/Person.

Saunen am See

Die Backhaus-Sauna liegt sehr idyllisch am Hemmelsdorfer See mit großer Sonnenwiese und Möglichkeit der Abkühlung im See. Di geschl. Mo–Fr 15–22, Sa/So 12–20 Uhr, Ratekau/Wilmsdorf, Tel. 04502/74170.

Deutsche Beach-Volleyball Meisterschaften: Anfang Sept., an der Seebrücke Timmendorfer Strand. Endspiele, Party rund herum.
Silvester-Party: auf der und rund um die Maritim-Seebrücke, außerdem Riesenparty am Strand.

Im **Vogelpark und Eulengarten Timmendorfer Strand** wenige Meter von der Ostsee entfernt leben Pelikane, Papageien, Adler und Geier, Störche, Kraniche, Enten und die meisten Eulenarten Europas in einer natürlichen Schilflandschaft (An der Aalbeek, Tel. 04503/47 40, tgl. von 9–19 Uhr). Ein Pavillon mit Café-Terrasse lädt zum Imbiss ein.

Im Südwesten schließt sich der **Hemmelsdorfer See** an, dessen Grund mit 44,5 m unter NN als tiefster Punkt Deutschlands gilt. Vorbei an duftenden Feuchtwiesen der Aalbeek-Niederung und dem schilfbewachsenen Ufer, in dem seltene Insekten leben, kann man bis an das Nordwestende des Sees spazieren. Nach etwa 20 Minuten erreicht man den hölzernen Aussichtsturm »Hermann-Löns-Blick«, auf dem der Heidedichter oft gesessen haben soll.

Schierbaum: Aalräucherei, am Hemmelsdorfer See, Tel. 04503/29 10. Gartenlokal, Bootsverleih, man kann beim Räuchern zusehen.

Mittsommerfest: 22. Juni, Lagerfeuer, Schlauchbootrennen, Musik und Fischgerichte.

Angeln: Berechtigungsschein bei Fischmeister Schierbaum, Tel. 045 03/29 10. Jahres-/Urlaubsfischereischein im Rathaus, Zimmer 15, Strandallee 42.

Niendorf ist der ruhigere und familiärere Teil der Gemeinde Timmendorfer Strand. Der ehemalige Bauernort besitzt den heimeligsten Hafen der Bucht mit bunt bemalten Kuttern und Fischständen am Kai. Dort wird der Fang verkauft, und es herrscht Betrieb wie im benachbarten Yachthafen. Beidseits des Hafens schließt sich der Badestrand an.

Fremdenverkehrsverein Niendorf e. V.: 23669 Niendorf, Tel. 04503/22 03, Fax 872 12.
Kurbetrieb im Haus des Gastes: Strandstr. 121a, Tel. 04503/22 57, Fax 42 02, www.niendorf-ostsee.de.

Seehotel Friedrichsruh: Strandstraße 65–67, Tel. 04503/89 50, Fax 89 51 10, www.friedrichsruh.de. Blick auf die Bucht, zentral, mit Schwimmbad, Sauna. 80–150 €.
Gästehaus Becker: Hotel garni, Gartenweg 6, Tel. 04503/318 43, Fax 866 81. Strand hinter dem Haus, Hallenbad, Sauna, familiär. 70–90 €.

Fischkiste: Strandstr. 56, Tel. 045 03/315 43. Frischer, leckerer Fisch, abends Reservierung erbeten, 10–22 €.

Altes Zollhaus: Im Hafen 1, Tel. 04503/1083. Blick auf den Hafen, besonders schön am Abend, regionale Küche, 10–17 €.
Hafenräucherei Klüver: am Hafen, Selbstbedienung, köstlicher Räucherfisch auf die Hand.

Niendorfer Hafentage: erstes Augustwochenende, »Kunsthandwerk und Fischbrötchen« rund um den Hafen.
Fischers Wiehnacht: erstes Dezemberwochenende, Museumsschiffe und Weihnachtsmarkt am Hafen.

Bootsausflüge: mit der MS »Seelöwe,« zum Beispiel nach Pelzerhaken, Travemünde, Gothmund oder an die Mecklenburger Ostseeküste, Reederei Böttcher, Tel. 04503/10 24, Schiff 0171/7784220.
Meerwasser-Hallenbad: Strandstr. 133, Tel. 04503/54 56, Wassertemperatur 28 °C, unbegrenzte Badezeit, meist 10–18, Do bis 20 Uhr.

Scharbeutz und Haffkrug

Reiseatlas: S. 239, D 2/3
Die beiden Orte, die sich zu einer Bädergemeinschaft zusammengeschlossen haben, eignen sich wegen des flachen Strandes ideal als Urlaubsort für Familien. Von jedem Quartier aus kommt man schnell zum feinen Sandstrand. Abends trifft man sich an den beiden Seebrücken. An der Strandstraße findet man ein Trampolin mit Hängegurten und einen kleinen Minigolfplatz.

Leider ist der Strand in Scharbeutz wegen Kurtaxen-Pflicht mit Draht eingezäunt. Von Haffkrug hat man dagegen noch einen freien Blick auf die Ostsee. Auf der Promenade im Scharbeutzer Zentrum kann man einkaufen, flanieren oder in einem der vielen Cafés sitzen.

Zahlreiche Schautafeln mit Informationen über die Meeresbewohner begleiten die Spaziergänger auf dem Fischlehrpfad in Haffkrug. Wer mehr über das Leben im Meer wissen möchte, sollte sich der kostenlosen Führung des Fischmeisters Kuno Geberbauer anschließen.

Ruhe und viel Natur findet man auf Spaziergängen und Wanderungen um das Erholungsgebiet Pönitzer Seenplatte, in der Scharbeutzer Heide und der Neukoppel im Hinterland.

Tourismus-Service Scharbeutz: Bahnhofstr. 2, 23683 Scharbeutz, Tel. 04503/770942, Fax 72122, www.scharbeutz.de. Hotline: 04503/770964.

Hotel-Restaurant Göttsche: in Scharbeutz, Am Hang 8, Tel. 04503/

Ostseetherme

Das **Erlebnisbad Ostseetherme** liegt nicht nur am Meer, es ist auch wegen seiner Saunalandschaft mit Strandzugang und den Dampfbädern beliebt. Zwei große Wasserrutschen, ein Strömungskreisel und Wasserspritzen begeistern Kinder (Scharbeutz-Timmendorfer Strand, Tel. 04503/35260, www.ostsee-therme.de. 10–23 Uhr, 1.Sa im Monat Mitternachtssauna 20–2 Uhr. 3 Std. 8–16 €, Tag 10–18 €).

Nasses Vergnügen im Hansapark in Sierksdorf

8820, Fax 882200, www.hotelgoettsche.de. Hoteleigene Treppe zum Strand, sehr ruhig. 90–140 €.
Hotel-Restaurant Wennhof: Scharbeutz, Seestr. 62, Tel. 04503/352 80, Fax 35 28 48, www.hotel-wennhof.de. Garten mit Spiel- und Schachecke. 70–104 €.
Hotel-Pension Villa Scharbeutz: Seestr. 26, Tel. 04503/870 90, Fax 35 12 40, www.villascharbeutz.de. Behagliche Jugendstilvilla, Terrassen-Kaffeestübchen, Strand und Kurpark in der Nähe. 72–84 €.
Hotel garni Strandallee: Haffkrug, Strandallee 1a, Tel. 04563/47 38 08, Fax 47 38 07, www.hotelstrandallee.de. Freundlich, familiär. 80–106 €.
Pension Dagmar: Haffkrug, Strandallee 32, Tel. 04563/1543, Fax 42 28 77, www.pension-dagmar.de. 50 m bis zum Strand, Garten, ruhig. 48–80 €.
Jugendherberge Scharbeutz-Strandallee: Strandallee 98, Tel. 04503/72090, Fax 75375. Mitten im Ort, 14,95–16,85 €.

De ole Fischschuppen: Seebrücke Haffkrug, Tel. 04563/1357. Große Terrasse, frischer Fisch u. mehr. 10–17 €.
Herzberg´s Restaurant: Scharbeutz, Strandallee 129, Tel. 04503/741 59. Holsteinische Küche, Terrasse.10–19 €.
Café-Häuschen: Haffkrug, Strandallee 23. Milchreis, Eis und Kuchen.

Schlotzerfest: Ende August, Kurpark Scharbeutz. Württembergische Weine, Festprogramm, Feuerwerk.
Haffkruger Neptuntage: Ende August, auf der Strandallee Haffkrug. Maritimes für Auge, Ohr und Gaumen.
Kinder-Kulturfestival: Anfang Juli. Kultur, die Spaß macht: Workshops, Aktionen an Strand und Promenade.

Tauchsportzentrum Timmendorfer Strand, Scharbeutz, Strandallee 143, Tel. 04503/88 99 99. Tauchausbildung, www.tauchovo.de.

Sierksdorf

Reiseatlas: S. 239, D 2
Der alte Ortskern von Sierksdorf bietet noch Ursprüngliches. Das moderne Sierksdorf an Strand und Promenade zieht Wassersportler an. Schräg gegenüber zeigt das **Erste Deutsche Bananenmuseum** etwa 10 000 Exponate (Professor-Haas-Str. 59, Tel. 04563/83 35, Sa, So 11–13 Uhr).

Vom **Haus des Gastes,** neben dem ein Abenteuerspielplatz liegt, führt ein Pfad zur Steilküste und an den Strand. Hier kann man abseits vom Trubel baden und sich sonnen.

Der Maler Karl Schmidt-Rottluff (1884–1976), Mitbegründer der Künstlergemeinschaft Die Brücke, verbrachte mehrere Sommer in Sierksdorf und malte dort viele seiner Spätwerke. Die Broschüre »Stummer Rundgang« zeigt die Motive seiner Bilder. Im Haus des Gastes wurde Schmidt-Rottluff zu Ehren eine Dokumentation eingerichtet.

Tourist Information: Vogelsang 1, 23730 Sierksdorf, Tel. 04563/478 99-0, Fax 478 99-18, www.sierksdorf.de.

Gästehaus Schäferkate: Vogelsang 28, Tel. 04563/82 96, www.schaeferkate.de. Großer Garten, 8 Min. bis zum Strand. Ab 60 €.
Ringhotel Seehof: Gartenweg 30, Tel. 04563/70 31, Fax 74 85, www.ringhotel-seehof.de. Parkanlage oberhalb der Ostsee, Liegewiese, Sauna, 95–128 €. Restaurant u. »Lütt Hus« mit holst. Küche.

Hof Sierksdorf: Am Strande 32, Tel. 04563/8884. Deutsche Küche, eigene Konditorei, 8–16 €.

Bei den Fischbuden am Strand gibt es an Wochenenden fangfrischen Fisch u. tgl. köstliche Fischbrötchen.

Saisoneröffnung: Mitte Mai, Spiele, Musik, kulinar. Köstlichkeiten.
Aalwoche: Ende Juli, zusammen mit Haffkrug, drei Tage, endet mit dem Festumzug nach Haffkrug.

Panoramic Schwimmbad: Tel. 04563/712 17, Wassertemperatur 29 °C, meist 8–10 u. 14–18 Uhr, in der NS nur nachmittags, Sa u. So vorm., Mo geschl.
Malkurse für Anfänger und Fortgeschrittene mit Klaus Mengede, Information im Tourist-Büro, Tel. 04563/47 89 90.
Rundflug: Flugplatz Hof Altona, 1 km westl. von Sierksdorf, Flugplatz, Tel. 045 63/83 41.

Hansapark

Der Hansapark im Norden von Sierksdorf, der größte norddeutsche Vergnügungspark, lockt mit Shows, Varieté, Looping-Bahn, dem »Fliegenden Hai« und dem Hansa-Karussell nach einem Vorbild aus dem 18. Jh. Im Flugsimulator gleitet man durchs All und beim freien Fall im ›Sturmvogel‹ sowie im neuen Hochseilgarten braucht man starke Nerven. Die Kanzel des Holstein-Turms (100 m) bietet einen weiten Rundumblick (Am Fahrenkroog 1, Tel. 04563/47 40, www.hansapark.de), Ostern bis Okt. 9–18 Uhr, 21,50 €, Kinder bis zu 14 Jahren 19 €, Geburtstagskinder haben freien Eintritt).

DLRG
7

REISEINFOS VON A BIS Z

Alles im Blick –
Rettungsschwimmer der DLRG

Alle wichtigen Informationen rund ums Reisen auf einen Blick – von A wie Anreise bis Z wie Zeitungen

REISEINFOS VON A BIS Z

Anreise

... mit dem Auto

Wer von Süden und Westen mit dem Auto anreist, muss den Engpass Elbtunnel bei Hamburg passieren, an dem man immer mit Staus rechnen sollte. Von dort verläuft die A 7 über Neumünster, Rendsburg und Schleswig bis nach Flensburg.

Am Autobahndreieck Bordesholm zweigt die A 215 und am Kreuz Rendsburg die A 210 nach Kiel ab und damit auch in den Dänischen Wohld und die Probstei. Lübeck erreicht man von Osten über die B 20 und von Hamburg über die A 1, die an der Lübecker Bucht entlang über Neustadt bis Oldenburg verläuft und von dort über die B 207 (Vogelfluglinie E 47) bis nach Fehmarn. In die Holsteinische Schweiz und nach Ostholstein gelangt man von Lübeck über die A 1 und die B 76 bis Eutin oder über die A 7, Abzweigung Neumünster, auf der B 430 bis Plön.

... mit der Bahn

Alle größeren Städte an der Ostseeküste sind mit der Bahn erreichbar. Mittlere und kleinere Orte sind an die Regionalbahn oder das dichte Busnetz angeschlossen. Am Wochenende können bis zu fünf Personen für 32 € einen Tag lang mit Regionalbahnen kreuz und quer durchs Land fahren. Informationen erteilt der Reise-Service der Deutschen Bahn unter Tel. 0800/150 70 90.

... mit dem Flugzeug

Der nächste große Flughafen ist Hamburg, von dort fährt man mit dem Auto oder dem Bus etwa eine Stunde nach Kiel, etwa zwei Stunden nach Flensburg. Auf dem Kieler Flughafen landen Maschinen aus Berlin/Tempelhof (Sylt Air, Tel. 04651/78 77), aus Frankfurt/Egelsbach (Rhein Air, Tel. 02132/93 59 94) und aus München (Cirrus Airlines, Tel. 06893/800 40), www.airport-kiel.de. Daneben gibt es zwei kleine Charterflugplätze: Flughafen Schäferhaus in Flensburg, Tel. 0461/917 00 und Lübeck, Tel. 0451/58 30 10, www.flughafen-luebeck.de.

Ärztliche Versorgung

Mit der Krankenversicherungs-Chipkarte kann man zu jedem niedergelassenen Arzt und in die Krankenhäuser gehen, die es in allen Städten gibt.

Vor allem in den anerkannten Heilbädern im Reisegebiet haben sich auch viele Fachärzte für Herz-Kreislauf-Störungen, Allergien, Rheumatologie und Orthopädie niedergelassen.

Die Giftnotrufzentrale erreicht man bundesweit unter Tel. 0551/192 40.

Apotheken

Fast in jedem Ort findet man mindestens eine Apotheke, die sich im Turnus mit anderen Apotheken im gleichen oder im Nachbarort den Nacht- und Wochenenddienst teilt.

Behinderte auf Reisen

Der Mobilitätsservice der Deutschen Bahn gibt Reise-Auskünfte für Menschen mit Handicap (Einstieghilfen, spez. Sitzplätze, Gepäckservice etc.) sowie barrierefreie Reisetipps, 01805/

51 25 12, www.bahn.de/handicap. Rollstuhlgerechte Unterkünfte: Info unter www.rollstuhl-urlaub.de/schlesw.htm.

In den Touristbüros von Kiel und Lübeck erhält man einen Stadtplan mit behindertengerechten Telefonzellen, Parkplätzen, Toiletten etc.

Mehrere Strände bieten Rollstühle mit Sandrädern für den Strand an, die kostenlos oder gegen eine geringe Gebühr ausgeliehen werden. Auskünfte erteilen die jeweiligen Tourist Informationen. In den Gastgeberverzeichnissen sind behindertengerechte Unterkünfte besonders gekennzeichnet.

Feste und Veranstaltungen

Eine Beschreibung der vielen Feste, die meist von Mai bis August stattfinden, und genauere Daten sind im Reiseteil unter den jeweiligen Orten angegeben. Im Folgenden werden nur die bekanntesten Veranstaltungen aufgeführt.

Februar

Kieler Umschlag: Volksfest zur Erinnerung an den ehemaligen Geldmarkt in der Kieler Innenstadt.

März/April

Ostereier-Markt in Eutin: Im Ostholstein-Museum präsentieren Künstler vieler Länder unterschiedlich gestaltete Eier jeglicher Größe.

Mai

Mühlentag: Am Pfingstmontag werden in Schleswig-Holstein Mühlen zur Besichtigung geöffnet.

Heringstage in Kappeln: viertägiges Stadtfest ab Himmelfahrt.

Rumregatta in Flensburg: Wettfahrten historischer Segelschiffe auf der Flensburger Förde am Wochenende nach Himmelfahrt.

Rapsblütenfest: 3. oder 4. Wochenende in Petersdorf/Fehmarn, Umzug und Wahl der Rapskönigin als der Höhepunkt der Rapsblüte.

Preetzer Schusterfest: Zum Andenken an die einst 150 Schumacher gibt es am letzten Sa des Monats um dem Markplatz herum neben den berühmten Holzschuhen ein buntes Programm.

Internationaler Museumstag: am letzten Wochenende Autorenlesungen und Veranstaltungen in vielen Museen des Landes.

Bluesfest: am letzten Maiwochenende Treffen von internationalen Musikern in Eutin.

Juni

Gildefest der St. Johannisgilde in Oldenburg: Ab So nach Pfingsten.

Kieler Woche in Kiel: größte Segelregatta der Welt, mit Windjammerparade und internationalem Markt, vom dritten bis vierten So.

Aalregatta von Kiel nach Eckernförde: mit Seglern aus aller Welt, an Pfingsten.

Juli

Schleswig-Holstein Musik Festival (bis Aug.), landesweit kann man zwischen etwa 120 Konzerten und ungewöhnlichen Spielorten wie Herrenhäusern, Kirchen oder Scheunen wählen.

Eutiner Festspiele: zu Ehren von Carl Maria von Weber.

Dampf-Rundum in Flensburg: im Wechsel mit Tummelum, dem Hafen- und Stadtfest am zweiten Wochenende.

Travemünder Woche: internationale Segelregatta mit Rahmenprogramm, Ende Juli.

Karl-May-Spiele in Bad Segeberg: bis Aug./Sept.

August

Wikingertage in Schleswig: alle zwei (geraden) Jahre. Anfang Aug. verwandelt sich Schleswig in eine Wikingerstadt.

Piratentage in Eckernförde: am ersten Wochenende haben Piraten drei Tage lang die Oberhand in der Stadt.

Klosterfest in Cismar: Kunsthandwerkermarkt mit Leckereien am zweiten Wochenende.

Twiebakken-Regatta in Schleswig: Ende des Monats Rennen alter Fischerkähne auf der Schlei.

Wall-Fest in Oldenburg: Mitte Aug., Kunsthandwerk und Musik im Museumshof.

September

Jimi Hendrix Revival Festival: am ersten Sa auf Fehmarn, Open-air-Konzert.

Schleswiger Jazz-Herbst: Ende Sept. bis Mitte Dez.

Tag des Denkmals: am zweiten So des Monats können viele in Privatbesitz befindliche historische Gebäude besichtigt werden.

Schleswig-Holstein-Gourmet-Festival: von Sept. bis Feb. geben deutsche Spitzenköche in verschiedenen Restaurants ein Gastspiel.

Oktober

Apfelfahrt der Traditionssegler: in Flensburg am dritten Wochenende.

Herbstmarkt: im Freilicht-Museum Molfsee/Kiel.

November

Nordische Filmtage in Lübeck: Anfang des Monats das wichtigste Schaufenster des nordischen Films in Europa.

Eutiner Webertage: Mitte des Monats finden zahlreiche Veranstaltungen statt, die an den großen Komponisten und seine Zeitgenossen erinnern.

November/Dezember

Weihnachtsmarkt in Lübeck: im Heiligen-Geist-Hospital, elf Tage lang, vom Fr vor dem ersten Advent.

Schleswiger Schwahl-Markt: der Kreuzgang von St. Petri öffnet sich eine Woche lang ab Samstag vor dem 2. Advent für einen Weihnachtsmarkt.

Fischers Wiehnacht: Weihnachtsmarkt am Niendorfer Hafen.

FKK

An den meisten Stränden sind besondere FKK-Bereiche ausgewiesen. Es stört sich jedoch niemand daran, wenn jemand an anderen Stellen oben ohne badet oder sich sonnt.

Geld

Das Banken- und Sparkassennetz ist nahezu flächendeckend. In kleineren Orten gibt es zumindest einen Geldautomaten. Die meisten Geschäfte akzeptieren eine ec/Maestro-Karte, in Restaurants werden dagegen überwiegend Kreditkarten angenommen.

Gesundheit

In Schleswig-Holstein besteht bisher keine Gefahr, durch einen Zeckenbiss mit dem Erreger der Frühsommer-Hirnhautentzündung (FSME) infiziert zu werden; Pollenflugvorhersage: Tel. 0900/111 54 80 81.

Informationsstellen

Fast jeder Ort besitzt eine Tourist Information bzw. eine Kurverwaltung oder ist zumindest mit dem nächst größeren Ort in einer Informationsgemeinschaft verbunden.

Die Informationsstellen verschicken gegen eine freiwillige Gebühr das Gastgeberverzeichnis und Prospekte der Region. Die Büros der einzelnen Orte sind im Reiseteil vermerkt, überregionale Information bieten:

Tourismus-Agentur Schleswig-Holstein GmbH
Walkerdamm 17
24103 Kiel
Hotline Tel. 01805/60 06 04
Infofax 01805/60 06 44
www.sh-tourismus.de

Ostsee-Holstein-Tourismus e. V.
Strandallee 75 a
23669 Timmendorfer Strand
Tel. 04503/888 50
Fax 04503/88 85 15
www.ostsee-schleswig-holstein.de.

Redderhus-Informationszentrum (für die Hüttener Berge, den Wittensee und den Nord-Ostsee-Kanal)
24361 Holzbunge
Tel. 04356/986-107, Fax 986-109
www.redderhus.de

Informationen im Internet

Besondere Unterkünfte:
www.bauernhof-erlebnis.de
www.heuherbergen.de
www.bettundbike.de

www.dehoga-sh.de (Kulinarischer Kalender)
www.gourmetfestival.de (Festwochen im Herbst bis Winter)
www.segel.de (Verleih und Schulen)
www.ostseewracktauchen.de (Tauchreviere)
www.wanderverband-norddeutschland.de
www.heilbaederverband-sh.de (Heil- und Kurbäder)
www.regio-nord.de (Verbindungen mit Bahn und Bus)
www.nah-sh.de (öffentl. Nahverkehr)
www.kulturnetz-sh.de (Veranstaltungskalender)
www.badewasserqualitaet.schleswig-holstein.de
www.wetteronline.de/Schleswig-Holst.htm (regionale Wetterdaten)

Karten

Die beste Übersicht geben ›**Kompass-Wanderkarten**‹ im Maßstab 1:50 000. Fünf Karten decken das Gebiet der gesamten schleswig-holsteinischen Ostseeküste ab. Stadt- und Ortspläne sowie Karten mit Rad- und Wasserwanderrouten sind in den Informationsstellen oder örtlichen Buchhandlungen erhältlich.

Herauszuheben sind der **»Ostseeküsten-Radweg«** (1:75 000), 450 km von Flensburg bis Travemünde, des Ostseebäderverbands Schleswig-Holstein, der auch Hinweise zu Fahrradverleihen enthält; die beiden **»Ochsenweg«-Radwanderkarten** (je 1:75 000), auf den Spuren des historischen Ochsenwegs in Schleswig-Holstein und Dänemark; die **Wassersportkarte für die Schwentine** in acht Karten aufgelöst im Maßstab 1:10 000 und 1:6000 oder die **Wassersportkarte Holsteinische Schweiz** (1:30 000), auf der Schwentine von Eutin bis Kiel – Plöner Seenplatte.

Kuren

Das mildere und reizärmere Klima an der Ostsee wird von vielen besser vertragen als das intensive Nordseeklima.

Die Kurkliniken und Rehabilitationszentren an der Küste und in den Bädern der Holsteinischen Schweiz sind auf stationäre Aufenthalte bei Atemwegserkrankungen, Allergien, Herz-Kreislauf-Störungen, aber auch bei orthopädischer Indikation eingerichtet.

Die Gesundheitsprogramme der Kurmittelhäuser stehen aber auch ›Normal‹-Urlaubern zur Verfügung. So sind die Kneippschen Tretbecken in Malente und Eutin oder die morgendliche Strandgymnastik etwa in Damp gut besucht.

Kurtaxe

Zwischen Mai und September wird in den meisten Ostseebädern Kurtaxe (1,50–2,60 €) erhoben. Damit zahlt man für diverse Einrichtungen sowie insbesondere für die Sauberhaltung der Strände. Kinder (meist bis zu 18 Jahren) sind von der Abgabe befreit.

Literaturtipps

Bromm-Krieger, Silke: Schleswigs vergessene Töchter – Eine Spurensuche; Verlag Boyens & Co., Heide 2004.

Draeger, Heinz-Joachim: Lübeck anschaulich und informativ, lustige Zeichnungen, Convent Verlag, Hamburg 2003.

Edens, Gerhard: Nissebakke und Hälldu, ein Science-Fiction-Roman aus Haithabu, Fouqué Literaturverlag, Frankfurt/Main 2004.

Fischer, Norbert & Gille, Klaus: Lebendiges altes Handwerk in Schleswig-Holstein, mit Fotos von Asmus Henkel, Christians Verlag, Hamburg 1996.

Hansen, Konrad: Simons Bericht – Eine Nordische Odyssee, Eichborn-Verlag, Frankfurt/Main 1998.

Hardt, Nis & Michaelsen, Karsten Kjer: Wikinger zwischen Ribe, Haithabu und Hamburg, Verlag Boyens & Co., Heide 1994.

Klinger, H.B.: Salzau – Geschichte eines ostholsteinischen Gutes, Wachholtz Verlag, Neumünster 2002.

Maletzke, Erich: Der Tod des Kammerherrn, Malik Regional Verlag, Kiel 1991.

Mann, Katia: Meine ungeschriebenen Memoiren, Fischer-Verlag, Frankfurt/Main 1998.

Opitz, Eckardt: Die unser Schatz und Reichtum sind, 60 Portraits aus Schleswig-Holstein, Christians Verlag, Hamburg 1990.

Petersen, Björn & Dehning, Gerhard: Steine am Strand – Bestimmungsbuch für den Ostseestrand, Geo step by step, Kiel 2003.

Ruhmor, Henning v. & Neuschäffer, Hubertus: Schlösser und Herrenhäuser in Schleswig-Holstein, Verlag Weidlich, Frankfurt 1983.

Strempel, Günter: Flensburg, Förde und viel Meer, Erlebnisführer für Kinder, Verlag Günter Strempel, Flensburg 2005.

Stührwoldt, Matthias: Der Wollmützenmann – Das wahre Landleben in Geschichten und Gedichten, ABL Bauernblatt Verlags GmbH, Hamm 2006.

Informationen erhält man auch über das Literaturhaus Schleswig-Holstein, Tel. 0431/579 68 40, www.literaturhaus-sh.de.

Natur/Naturschutzgebiete

Zwei der häufigsten Gründe für einen Urlaub an der Ostsee sind die gute Luft und die idyllische Landschaft. Um diese Idylle für die steigende Zahl der Urlauber erhalten zu können, wird ein ›sanfter‹ Tourismus angestrebt, der für Menschen wie für Pflanzen und Tiere gleichermaßen verträglich ist.

So ist es zum Beispiel nicht erlaubt, die gekennzeichneten Schutzgebiete während der Brutzeit der Vögel zu betreten. Hunde gehören in solchen Gebieten an die Leine. Der Pflanzenbewuchs auf Dünen und in abgelegenen Strandabschnitten dient dem Schutz des Uferbereichs und darf daher weder betreten noch geschädigt werden.

Freizeitaktivitäten wie Motorbootfahren, Surfen und Modellflugzeug- oder Drachenfliegen erzeugen bei den meisten Tieren Stress und sollten deshalb in Rückzugsgebieten der Tiere unterlassen werden. Das heißt nicht, dass Naturschutzgebiete grundsätzlich nicht betreten werden dürfen. Sie bieten im Gegenteil Urlaubern die Möglichkeit, durch Beobachtungsstände, kompetente Führungen und Informationstafeln, die Tiere und Pflanzen der Region zu beobachten, ohne sie zu stören.

Pugumer See und Umgebung/Holnis Noor: bewaldetes Feuchtgebiet und Salzwiesen, ideal für Amphibien, Reptilien und Pflanzen, Kormoran-Kolonie.

Tal der Langballigau: natürliches Fließgewässer mit besonderer Pflanzen- und Tierwelt, Buchenwald.

Geltinger Birk: Strand, Salzwiesen, verlandete Schilfsümpfe, wichtiger Nahrungs- und Rastplatz für die nordische Vogelwelt.

Vogelfreistätte Oehe-Schleimünde: größtes Salzwiesengebiet an der schleswig-holsteinischen Ostseeküste, Brutplatz für Ostseevögel.

Bewaldete Düne bei Noer: Dünenaufbau mit naturnahem Wald sowie charakteristischer Pflanzen- und Tierwelt.

Schwansener See: Strandsee mit Strandwall, Salzwiesen und Flachwasserbereichen der Ostsee, Seevogelschutzgebiet.

Nordteil des Selenter Sees: wichtiger Mauserplatz für Wasservögel.

Sehlendorfer Binnensee: Strandsee an der Hohwachter Bucht mit ausgedehnten Salzwiesen.

Graswarder/Heiligenhafen: Sandstrand mit Strandwall und Salzwiesen.

Grüner Brink/Fehmarn: Strandwalllandschaft mit Feuchtgebieten und Flachwasserzonen, Pflanzen, Amphibien und Vögel.

Wallnau/Fehmarn: Brach- und Süßwasser, Wasservogelreservat und Rastplatz für Durchzügler.

Krummsteert-Sulsdorfer Wiek/Fehmarn: Lebensraum für Wasser- und Watvögel, Brutstätte der Zwergseeschwalben.

Aalbeek-Niederung/Hemmelsdorfer See: Feuchtgrünland, Schilfzonen, seltene Insekten.

Im Gegensatz zu Naturschutzgebieten sind Naturparks keine geschützten Gebiete nach dem Naturschutzgesetz. Diese Gebiete dienen lediglich der Erholung der Menschen. Drei große Parks erstrecken sich im Hinterland der schleswig-holsteinischen Ostseeküste:

Naturpark Hüttener Berge: zwischen Schleswig, Rendsburg und Eckernförde, hügelige Landschaft aus Moor-, See- und Heideflächen und Wald.

Naturpark Westensee: zwischen Rendsburg, Kiel und Neumünster, Hügelland mit Seen, Buchenwälder und Brutplatz eines Seeadlerpaares.

Naturpark Holsteinische Schweiz: im östlichen Hügelland, zahlreiche Seen, viele Wälder.

Der Naturschutzbund Deutschland, Landesverband Schleswig-Holstein in Neumünster (Tel. 04321/537 34), gibt informative Faltblätter zu den einzelnen Naturschutzgebieten heraus, die man jedoch auch vor Ort kostenlos erhält.

Für Kinder gibt es »Das Ostsee-Kinderheft«, das mit Spiel und Spaß Wissenswertes über die Ostsee vermittelt, sowie »Der Ostsee auf der Spur« (nicht nur interessant für Kinder). Beide sind erhältlich beim Bund für Umwelt und Naturschutz Deutschland (BUND) Schleswig-Holstein, Lerchenstr. 22, 24103 Kiel, Tel. 0431/66 60-0, Fax 660 60 33, www.bund-sh.de.

Notrufnummern

Polizei: Tel. 110
Feuerwehr, Notarzt: Tel. 112
ADAC-Pannendienst:
Tel. 0180/222 22 22

Öffnungszeiten

Die Ladenöffnungszeiten an der schleswig-holsteinischen Ostseeküste sind dieselben wie im übrigen Bundesgebiet, das heißt in Städten bis 19/20 Uhr, in kleineren Orten und auf dem Land meist nur bis 18 Uhr. Allerdings gelten in Kurbädern und größeren Orten an der Küste nach der so genannten Bäderverordnung in der Saison

Sonderregelungen, die es den Geschäftsleuten gestatten, ihre Läden auch am Samstagnachmittag und/oder sonntags zu öffnen.

Post

Postämter sind in der Regel Mo–Fr von 8–12 und von 14–18 Uhr geöffnet. Die Postfilialen in Lebensmittelläden oder Kaufhäusern sind dagegen bis 19/20 Uhr geöffnet. Kleinere Filialen haben zum Teil verkürzte Öffnungszeiten.

Reisekasse und Preise

In den Restaurants und Souvenirläden der Kurorte und größeren Ostseebäder ist das Preisniveau während der Hauptsaison im Vergleich zur Vorsaison deutlich angehoben.

Die Kosten für Unterkünfte (Hotels und Pensionen) liegen zwischen 60 € und 240 €, wobei sie in der Nebensaison um etwa 5 bis 20 € gesenkt werden. Vor allem für Familien mit Kindern bieten sich daher eher Übernachtungen in Heuhotels (um 12 € pro Person), auf Bauernhöfen (Wohnungen ab 35 € pro Tag) oder Ferienwohnungen (zwei Betten 30–60 € pro Tag) an.

Für einen Restaurantbesuch muss man mit Preisen zwischen 8 und 18 € pro Gericht ohne Getränke rechnen. Kleinere Gerichte wie Pizzen, Salate oder Suppen bekommt man auch schon ab 5 €.

Der Eintritt in die Museen beträgt meist zwischen 2,50 und 3 € für Erwachsene. Bei Sonderveranstaltungen können die Preise bis zu 6 € steigen, ebenso teuer sind Zoos wie etwa der Tierpark Gettorf oder die Arche Noah. Das Meereszentrum Fehmarn und Sea Life verlangen 10 € bzw. 11 €.

Bei den Spaßbädern Weißenhäuser Strand, Grömitzer Welle und Ostseetherme lohnt es sich, den Tagestarif (13–17 €) zu nehmen. Für Vergnügungsparks muss man noch tiefer in die Tasche greifen (Tolk-Schau 13,50 €, Hansa Park 21 €), doch kann man dort dann auch den ganzen Tag verbringen. Für Kinder (meist bis zu 16 Jahren) sind die Preise nicht selten um 40 % reduziert.

Souvenirs

Wer gern einen gemütlichen Bummel in Fußgängerzonen und Einkaufsstraßen unternimmt und **›Maritimes‹** liebt, für den gibt es viel zu entdecken: vom mehr oder weniger kitschigen Schnickschnack wie Nachbildungen von Möwe, Leuchtturm und Schiff, Muscheln, meist nicht von der Ostsee, oder getrockneten Seesternen bis zu qualitativ hochwertigem Schiffszubehör, kunstvollen Buddelschiffen und vor allem Segler-, Fischer- und Regenkleidung.

Töpfer, Weber, Bildhauer, Kunstschmiede, Glasbläser, Korbmacher, Holzschuhmacher oder Schmuckhersteller, die das so genannte ›Gold des Nordens‹, **Bernstein**, verarbeiten, haben ihre Werkstätten überall im Lande und geben meist auch gern Einblicke in ihre Arbeitsweisen. Diesen und vielen anderen Künstlern kann man aber auch auf Kunsthandwerkermärkten über die Schultern schauen oder im Freilichtmuseum Molfsee, in dem die

Handwerker während der Saison historische Werkstätten beziehen (vgl. auch S. 117f.)

Eine Besonderheit sind **kulinarische Mitbringsel** aus Schleswig-Holstein. Neben Räucherfischen wie Kieler Sprotten, Aal und Forelle ist Holsteiner Katenschinken eine Köstlichkeit. Wer eher Süßes mag, wird in Kiel bei Kieler Sprotten aus Schokolade fündig oder in Lübeck, wo es das weltberühmte Marzipan in zahlreichen Variationen nicht nur im Café Niederegger gibt. Lübeck hat noch eine zweite Spezialität, den Rotspon (s. S. 192f.).

Und natürlich kann man sich mit Korn aus Lütjenburg und Rum aus Flensburg eindecken, für gemütliche Abende in der kalten Jahreszeit mit Feuerzangenbowle oder einem wärmenden steifen Grog.

Auch die Touristik-Büros bieten verschiedene, mit den Orts-Logos geschmückte Souvenirs an.

Strandkorbmiete

Ein Strandkorb ist nicht nur sehr gemütlich, er schützt auch vor Wind, Regen oder allzu viel Sonne. Die Tagesmiete beträgt zwischen 5 und 8 € oder ab 30 € pro Woche.

Telefonieren

Schleswig-Holstein besitzt ein flächendeckendes Mobilfunknetz. Prepaid-Karten gibt es in Postfilialen, in Zeitungsläden oder Kaufhäusern. Dort erhält man auch Telefonkarten für Telefonzellen. Immer seltener werden Münztelefone.

Vorwahl:

Österreich:	00 43
Schweiz:	00 41
Deutschland:	00 49

Unterkunft

Das Angebot an Unterkünften an der Ostseeküste von Schleswig-Holstein reicht von edlen Luxushotels über hervorragende Häuser der Mittelklasse bis zu guten Pensionen, Ferienwohnungen und Privatzimmern.Vorsicht, wer nur eine Nacht bleibt, zahlt immer mehr!

Gastgeberverzeichnisse, welche die Kurverwaltungen oder Tourist-Büros verschicken, nennen vor allem private Anbieter, die Zimmer, Apartments und Ferienwohnungen vermieten.

... Heuhotels

Eine Besonderheit und sehr beliebt sind Heuhotels, eine Mischung zwischen Ferien auf dem Bauernhof und Jugendherberge. Die ›Zimmer‹ befinden sich meist in nett eingerichteten Scheunen. Schlafkammern und Betten sind mit Heu gepolstert, für das Bettzeug muss man selber sorgen, und meist teilen sich mehrere Gäste ein Bad und eine Küche. Ein besonderes Erlebnis, wenn auch für einen dreiwöchigen Urlaub doch etwas gewöhnungsbedürftig. Eine Broschüre erhält man bei der Landwirtschaftskammer Schleswig-Holstein, Am Kamp 9, 24783 Osterrönfeld, Tel. 04331/84 14-0, www.heuher bergen.de.

... Ferien auf dem Bauernhof

Ein Aufenthalt auf dem Bauernhof ist komfortabler als in einem Heuhotel.

Man sollte allerdings keine allzu empfindliche Nase gegenüber ›ländlichen Gerüchen‹ haben und wegen der Tiere muss man mit Fliegen rechnen. Das wird aber meist aufgewogen von der Begeisterung der Kinder, Pony reiten, Traktor fahren und das Füttern und Melken der Tiere aus nächster Nähe beobachten zu können. Einen Katalog qualitätsgeprüfter Höfe erhält man bei der Arbeitsgemeinschaft Urlaub auf dem Bauernhof e. V., Holstenstr. 106-108, 24103 Kiel, Tel. 0431/97 97-345, Fax 979 71 07, www.bauernhof-erlebnis.de.

... Herrenhäuser

Eine etwas andere Art der Unterkunft bieten Herrenhäuser, in denen man in herrlicher Umgebung ›fürstlich‹ leben kann. Adressen sind im Reiseteil angegeben.

... Jugendherbergen

Jugendherbergen gibt es in Städten und in größeren Orten. Sie stehen jedem offen, der Mitglied im Deutschen Jugendherbergswerk ist. Die Mitgliedschaft kann man vor Ort erwerben. Neben nach Geschlechtern getrennten Schlafräumen gibt es auch Familien- und Paarräume. Eine kostenlose Übersichtskarte mit Jugendherbergen in Norddeutschland erhält man beim DJH-Landesverband Nordmark e. V., Rennbahnstr. 100, 22111 Hamburg, Tel. 040/655 99 50, Fax 65 59 95 44, www.jugendherberge.de/nordmark.

... Campingplätze

Entlang der schleswig-holsteinischen Ostseeküste und an zahlreichen Seen reihen sich die Campingplätze in kurzem Abstand aneinander. Die meisten Anlagen haben Spielplätze und verschiedene Freizeitangebote, viele bieten auch Animationsprogramme und Sonderveranstaltungen an. Wenn im Reiseteil nicht anders angegeben, sind die Plätze zwischen April und Oktober geöffnet.

Informationen und eine Broschüre erhält man beim: Verband der Campingunternehmer Schleswig-Holstein e.V., Kiefernweg 14, 23829 Wittenborn, Tel. 04554/705 65 33, Fax 48 33, www.vcsh.de oder www.camping-schleswig-holstein.de.

Verkehrsmittel

Möchte man an der Ostsee mehrere Orte besuchen und auch das Hinterland erkunden, ist es am besten mit dem Auto anzureisen. Allerdings muss man während der Saison mit Staus und Behinderungen rechnen, zumindest an Wochenenden, wenn Ausflügler aus den Städten an die Strände fahren. Die beste Kombination ist Auto und Fahrrad. Schleswig-Holstein empfiehlt inzwischen Tagfahrlicht, um die Unfallzahlen zu reduzieren.

... Bahn

Die Regionalbahn fährt von Lübeck an die Küstenorte der Lübecker Bucht und bis nach Oldenburg und Puttgarden. Auch die Orte der Holsteinischen Schweiz sind mit Kiel und Lübeck verbunden. Der Schleswig-Holstein-Express startet in der Saison alle 2 Std. von Hamburg über Flensburg nach Padborg/Dänemark.

... Busse

Es gibt ein dichtes Linienbusnetz. Man muss jedoch vorher die (Rück-)Fahrzeiten beachten, da einige Busse nur 3 bis 4 mal am Tag fahren. Auskünfte erteilt u. a. die ›Autokraft‹ (Tel. 0431/ 66 60, www.autokraft.de). Von April bis Anfang Okt. fährt der Bäderbus täglich entlang der Lübecker Bucht bis nach Heiligenhafen (www.baederbus.de).

... Fahrräder

Die Bahn bietet die Mitnahme kostenlos an (nicht von 6–9 und von 16–18 Uhr). Da der Stauraum begrenzt ist, sollten Gruppenreisende auf das Fahrradsymbol in den Fahrplänen achten, das Züge mit Gepäckwagen ausweist.

Auch in vielen Bussen kann man Fahrräder mitnehmen, jedoch hat ein Bus maximal zwei Stellplätze und Rollstühle sowie Kinderwagen haben Vorrang. Wer sein Fahrrad nicht mitnehmen möchte, findet überall Verleihe, die auch Kinderräder, -sitze oder -helme anbieten. In Radwanderführern oder -karten findet man Routenvorschläge. Für Radwanderer gibt es auch Pauschalangebote.

... Fähren

Zahlreiche Fähren verbinden die skandinavischen Länder und Litauen mit der schleswig-holsteinischen Ostseeküste. Verbindungen von Kiel: www.port-of-kiel.de.

Von Kiel nach Oslo/Norwegen mit der Color Line, Tel. 0431/730 03 00, Fax 730 04 00.

Von Kiel nach Göteborg/Schweden mit der Stena Line, Tel. 0431/90 99, Fax 90 92 00.

Von Kiel nach Klaipeda/Litauen mit Lisco Baltic Service, Tel. 0431/ 20 97 64 20.

Von Travemünde nach Trelleborg/ Schweden mit der TT-Line, Tel. 04502/ 801 81.

Von Travemünde nach Helsinki/Finnland mit Finnlines Tel. 04502/150 74 43

Von Travemünde nach Mälmö/ Schweden mit Skan-Link, Tel. 04302/ 805 20.

Von Puttgarden/Fehmarn nach Rødby/Dänemark mit Scandlines, Tel. 04371/86 51 61.

... Fördefähren

(z. B. Schlepp- und Fährgesellschaft Kiel, 7 0431/594 12 63). Sie kreuzen die Förden und legen an beiden Seiten an (Personenfähren, Fahrräder gestattet). Die Schlei-Fähren setzen an mehreren Stellen über den Fluss. (Schlei-Fähren sowie die Fähre von Travemünde zum Ortsteil Priwall auch für PKW).

... Mietwagen

In größeren Orten und den Städten gibt es zahlreiche Autoverleiher. In Badeorten oder im Binnenland wendet man sich am besten an die Tourist-Büros, die lokale Anbieter empfehlen können.

Zeitungen

Die drei großen Städte Kiel, Flensburg und Lübeck haben eigene Tageszeitungen: »Kieler Nachrichten«, »Flensburger Tageblatt« und »Lübecker Nachrichten«. Daneben gibt es noch einige kleine Lokalzeitungen, die sich den örtlichen Ereignissen widmen.

REGISTER

REISEATLAS

LEGENDE

1 : 300.000

0 — 10 km

Autobahn mit Nr. und Anschlußstelle	Badestrand
Schnellstraße mit Europastraßennr.	Schwimmbad
Fernstraße mit Bundesstraßennr.	Autofähre; Hafen
Hauptstraße	Jugendherberge
Nebenstraße	Höhle
Fahrweg	Sehenswürdigkeit; Museum
Straße in Bau	Kirche; Kloster; Klosterruine
Autobahn in Planung	Sendeturm, Leuchtturm
Fähre	Windmühle; Denkmal
Staatsgrenze	Herrenhaus, Burg; Burgruine
Nationalparkgrenze	Berggipfel; Höhenpunkt
Grenze militärisches Sperrgebiet	Campingplatz
Flughafen, Flugplatz	Aussichtspunkt

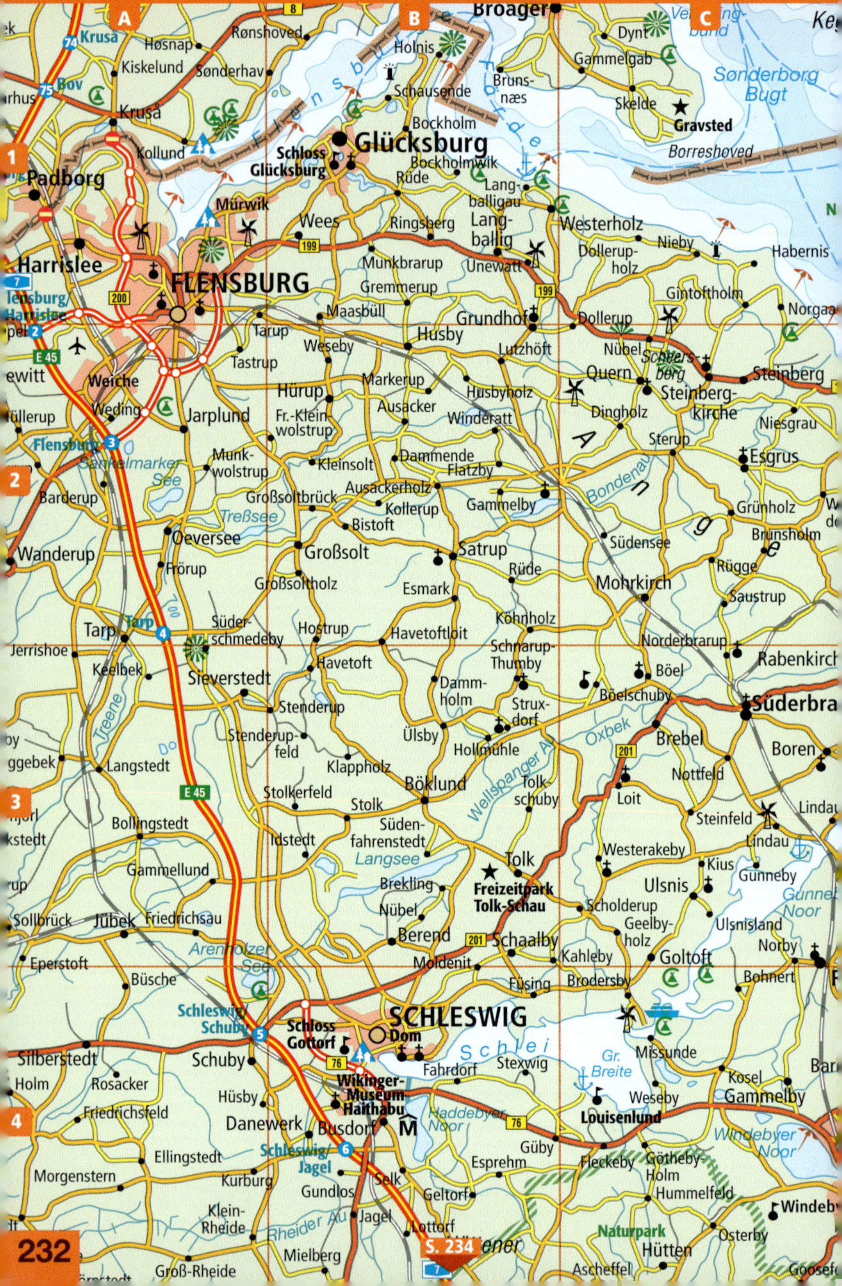

A
B
C
1
2
3
4
Krusa
Høsnap
Rønshoved
Broager
Kiskelund
Sønderhav
Holnis
Dynt
Gammelgab
Bov
Kruså
Schausende
Bruns-
næs
Skelde
Gravsted
Sønderborg
Bugt
Bockholm
Kollund
Padborg
Glücksburg
Schloss
Glücksburg
Bockholmwik
Rüde
Borreshoved
Mürwik
Lang-
balligau
Lang-
ballig
Westerholz
Wees
Ringsberg
Harrislee
Munkbrarup
Unewatt
Dollerup-
holz
Nieby
Habernis
FLENSBURG
Gremmerup
Gintoftholm
Maasbüll
Grundhof
Dollerup
Norgaa
Tarup
Husby
Weseby
Lutzhöft
Nübel
Schleers-
berg
Tastrup
Quern
Steinberg
Steinberg-
kirche
Weiche
Hürup
Markerup
Husbyholz
Fr.-Klein-
wolstrup
Ausacker
Dingholz
Weding
Jarplund
Winderatt
Niesgrau
Sterup
Flensburg
Munk-
wolstrup
Kleinsolt
Dammende
Esgrus
Sankelmarker
See
Flatzby
Barderup
Großsoltbrück
Ausackerholz
Kollerup
Gammelby
Bondenau
Grünholz
Treßsee
Bistoft
Oeversee
Brunsholm
Südensee
Wanderup
Großsolt
Satrup
Frörup
Rüde
Rügge
Großsoltholz
Esmark
Mohrkirch
Saustrup
Tarp
Süder-
schmedeby
Hostrup
Havetoftloit
Köhnholz
Jerrishoe
Norderbrarup
Schnarup-
Thumby
Rabenkirch
Havetoft
Keelbek
Sieverstedt
Damm-
holm
Böel
Bölschuby
Stenderup
Strux-
dorf
Süderbrar
Treene
Stenderup-
feld
Ülsby
Oxbek
Brebel
Hollmühle
Boren
Langstedt
Klappholz
Nottfeld
Böklund
Wellspanger Au
Tolk-
schuby
Loit
Stolkerfeld
Steinfeld
Lindau
Stolk
Bollingstedt
Süden-
fahrenstedt
Idstedt
Langsee
Westerakeby
Lindau
Tolk
Kius
Gammellund
Brekling
Freizeitpark
Tolk-Schau
Ulsnis
Gunneby
Nübel
Scholderup
Sollbrück
Jübek
Friedrichsau
Geelby-
holz
Ulsnisland
Berend
Schaalby
Norby
Arenholzer
See
Kahleby
Goltoft
Eperstoft
Moldenit
Büsche
Füsing
Brodersby
Bohnert
Schleswig/
Schuby
SCHLESWIG
Schloss
Gottorf
Dom
Schlei
Missunde
Silberstedt
Schuby
Stexwig
Gr.
Breite
Fahrdorf
Holm
Rosacker
Wikinger-
Museum
Haithabu
Kosel
Gammelby
Hüsby
Weseby
Friedrichsfeld
Haddebyer
Noor
Louisenlund
Danewerk
Busdorf
Windebyer
Noor
Ellingstedt
Schleswig/
Jagel
Güby
Fleckeby
Götheby-
Holm
Morgenstern
Kurburg
Esprehm
Selk
Hummelfeld
Gundlos
Geltorf
Klein-
Rheide
Jagel
Windeby
Rheider Au
Lottorf
Naturpark
Osterby
Mielberg
Hütten
Groß-Rheide
Ascheffel
8
74
75
E 45
7
200
199
201
76

S. 234

D
E
F
Skovby
Skovmose
Sønderby
Trænge
Hørup Hav
Voderup
Ærø
DÄNEMARK
DEUTSCHLAND
Naturschutzgebiet Geltinger Birk
Geltinger Bucht
Beveroe
Nieby
Falshöft
Wackerballig
Gelting-Mole
Gelting
Bobeck
Pottloch
Kronsgaard
Raben-holz
Rundhof
Stangheck
Hasselberg
Oehe
Schwacken-dorf
Kieholm
Stoltebüll
Wormshöft
Rabel
Maasholm
Vogelschutzgebiet Oehe-Schleimünde
Ostsee
Oersberg
Sandbek
Schleimünde
Mehlby
Kappeln
Olpenitzdorf
201
199
203
Grödersby
Brodersby
Nordhagen
Faulück
Arnis
Karby
Schönhagen
Ekenis
Kiesby
Schlei
Winnemark
Krim
Schwansener See
Bienebek
Dörphof
Sieseby
Osterschau
Thumby
Aqua Tropicana
Gut Damp
Damp
Krieseby
Maasleben
Vogelsang
Seeholz
Fischleger
Schwastrum
Booknis
Holzdorf
Hülsenhain
Großwaabs
Kronsberg
48 m
Waabs
Loosau
Loose
Langholz
Hohenstein
Ludwigsburg
Karlsminde
Eckernförder Bucht
Louisenberg
Dänisch Nienhof
Kieler Bucht
Eckernförde
Jellenbek
Surendorf
Stohl
Marienfelde
Krusendorf
Birken-moor
Altbülk
Schnellmark
503
Noer
Lindhöft
76
Stubbendorf
Strande
Eckhof
Olympia-zentrum
Altenhof
Neudorf-Bornstein
Dänisch-
Marine-
1
2
3
4

S. 235

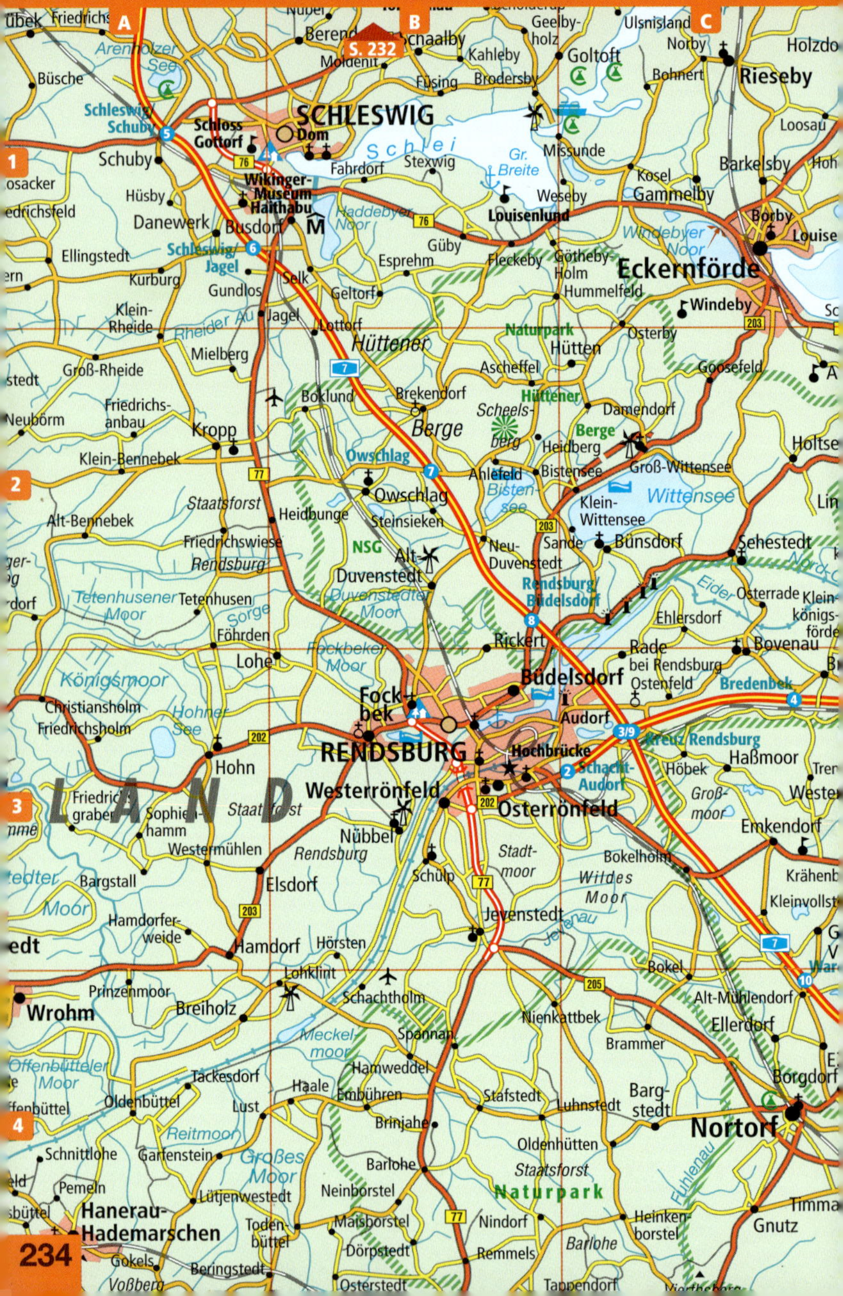
A
B
C
S. 232
1
2
3
4
Friedrichs
Berend
Schaalby
Geelby-holz
Ulsnisland
Norby
Holzdo
Arenholzer See
Moldenit
Kahleby
Goltoft
Rieseby
Büsche
Füsing
Brodersby
Bohnert
Schleswig/Schuby
SCHLESWIG
Schloss Gottorf
Dom
Schlei
Missunde
Loosau
Schuby
Fahrdorf
Stexwig
Gr. Breite
Kosel
Barkelsby
Wikinger-Museum Haithabu
Weseby
Gammelby
Hüsby
Haddebyer Noor
Louisenlund
Borby
Danewerk
Busdorf
Windebyer Noor
Louise
Ellingstedt
Schleswig/Jagel
Esprehm
Güby
Fleckeby
Götheby-Holm
Eckernförde
Kurburg
Selk
Hummelfeld
Gundlos
Geltorf
Windeby
Klein-Rheide
Jagel
Rheider Au
Lottorf
Naturpark
Osterby
Hüttener
Hütten
Mielberg
Groß-Rheide
Ascheffel
Goosefeld
Friedrichs-anbau
Boklund
Brekendorf
Hüttener
Damendorf
Neubörm
Kropp
Scheels-berg
Berge
Berge
Heidberg
Holtse
Klein-Bennebek
Owschlag
Ahlefeld
Bistensee
Groß-Wittensee
Bisten-see
Wittensee
Staatsforst
Owschlag
Alt-Bennebek
Heidbunge
Steinsieken
Klein-Wittensee
Friedrichswiese
Rendsburg
Neu-Duvenstedt
Sande
Bünsdorf
Sehestedt
NSG
Alt-Duvenstedt
Tetenhusener Moor
Tetenhusen
Duvenstedter Moor
Rendsburg/Büdelsdorf
Eider
Osterrade
Klein-königs-förde
Sorge
Ehlersdorf
Föhrden
Rickert
Rade bei Rendsburg
Bovenau
Lohe
Fockbeker Moor
Königsmoor
Büdelsdorf
Ostenfeld
Bredenbek
Christiansholm
Hohner See
Fockbek
Friedrichsholm
Audorf
RENDSBURG
Hochbrücke
Kreuz Rendsburg
Hohn
Schacht-Audorf
Hößbek
Haßmoor
Westerrönfeld
Osterrönfeld
Groß-moor
Friedrich-graben
LAND
Sophien-hamm
Staatsforst
Nübbel
Westermühlen
Rendsburg
Emkendorf
Stadt-moor
Bokelholm
Schülp
Wildes Moor
Bargstall
Elsdorf
Kleinvollst
Moor
Hamdorfer-weide
Jevenstedt
Hamdorf
Hörsten
Bokel
Lohklint
Prinzenmoor
Wrohm
Breiholz
Schachtholm
Alt-Mühlendorf
Nienkattbek
Ellerdorf
Spannan
Brammer
Meckel-moor
Offenbütteler Moor
Tackesdorf
Hamweddel
Borgdorf
Haale
Oldenbüttel
Lust
Embühren
Stafstedt
Luhnstedt
Barg-stedt
Brinjahe
Nortorf
Reitmoor
Oldenhütten
Schnittlohe
Gartenstein
Großes Moor
Barlohe
Staatsforst
Pemeln
Neinborstel
Naturpark
Lütjenwestedt
Hanerau-Hademarschen
Maisborstel
Nindorf
Heinken-borstel
Gnutz
Timma
Toden-büttel
Dörpstedt
Barlohe
Gokels
Remmels
Beringstedt
Voßberg
Osterstedt
Tappendorf
76
7
77
203
202
205
5
6
8
3/9
4
10

D
E
F
S. 233
S. 236
S. 238
Booknis
Hülsenhain
Großwaabs
Kronsberg
Waabs
48 m
Langholz
Ludwigsburg
Karlsminde
Eckernförder Bucht
Kieler Bucht
Dänisch Nienhof
Jellenbek
Surendorf
Krusendorf
Stohl
Marienfelde
Birkenmoor
Altbülk
Noer
Lindhöft
Stubbendorf
Strande
Eckhof
Olympiazentrum
Schilksee
Marine-Ehrenmal
Kalifornien
Brasilien
Stein
Wisch
Wendtorf
Krokau
Neudorf-Bornstein
Osdorf
Felm
Dänischhagen
Gettorf
Altenholz
Pries
Friedrichsort
Kieler Förde
Laboe
Barsbek
Lutterbek
Brodersdorf
Prasdorf
Fiefbergen
Blickstedt
Tüttendorf
Wulfshagen
Rathmannsdorf
Stift
Holtenau
Mönkeberg
Heikendorf
Probsteierhagen
Passade
Fahren
Passader See
Stoltenberg
Schinkel
Neuwittenbek
Suchsdorf
Wik
KIEL
Landweil
Krummwisch
Quarnbek
Tökendorf
Schönkirchen
Dobersdorf
Schlesen
Jasdorf
Achterwehr
Kiel-Mitte
Melsdorf
Gaarden-Ost
Kiel-Westring
Elmschenhagen
Klausdorf
Flüggendorf
Schädtbek
Wittenberger Passau
Rastorfer Passau
Melsdorf
Kreuz Kiel-West
Felde
Mielkendorf
Westensee
Freilichtmuseum
Kronsburg
Raisdorf
Rönne
Neuwühren
Schwentine
Rastorf
Martensrade
Bredeneek
Rodenbek
Hüteberg
88 m
Schierensee
Molfsee
Deutsch Nienhof
Rumohr
Flintbek
Boksee
Dinghorst
Pohnsdorf
Preetz
Falkendorf
Klein Barkau
Groß-barkau
Blumenthal
Böhnhusen
Schönhorst
Honigsee
Postsee
Lehmkuhlen
Kirchbarkau
Postfeld
Schellhorn
Trent
Techelsdorf
Bothkamp
Langwedel
Schmalstede
Barmissen
Kühren
Reesdorf
Bissee
Eider
Wielen
Wahlstorf
Wittmoldt
Bordesholm
Dreieck Bordesholm
Nettelsee
Löptin
Seedorf
Brügge
Wattenbek
Schülp
Schönbek
Groß Buchwald
Holzsee
Depenau
Dörnick
Ascheberg
Mühlbrook
Negenharrie
Löhndorf
Loop
Krogaspe
Einfelder See
Schönhagen
Stolpe
Stolper See
Wankendorf
Einfeld
Schillsdorf
Großharrie
Kalübbe
Dersau
Neumünster-Nord
503
502
76
215
210
202
404

A
B
C
1
2
3
4
Ostsee
Hohwachter Bucht
Kalifornien
Brasilien
Schönbergerstrand
Eisenbahn- und Straßenbahn-Museum
Wisch
Krokau
Schönberg in Holstein
Barsbek
Prasdorf
Stakendorf
Grünberg
Hubertsberg
Krummbek
Fiefbergen
Höhndorf
Passade
Hohenfelde
Satjendorf
Bendfeld
Fahren
Schwartbruck
Behrensdorf
Stoltenberg
Köhn
Tröndel
Matzwitz
Panker
Gut Panker
Pratjau
Gut Salzau
Fargau
Hessenstein
125 m
Gr. Binnensee
Hohwacht
Schlesen
Giekau
Strezerberg
Darry
Haßberg
130 m
Turmhügelburg
Neuhaus
Selenter See
Wittenberger Passau
Selent
Lütjenburg
Sehlendorf
Rastorfer Passau
202
Klamp
Helmstorf
Barensdorf
Helmstedt
Kaköhl
Wangels
Bellin
Martensrade
Stellböken
Rantzau
430
Kühren
Blekendorf
Bredeneek
Nessendorf
Hansühn
Wittenberg
Högsdorf
Kletkamp
Kükelühn
Kirchkampskaten
Mucheln
Dannau
Flehm
Preetz
Falkendorf
Tresdorf
Haßkampsberg
Hähnersaal
Altharmhorst
Neutestorf
Sellin
Lehmkuhlen
Söhren
66 m
Bungsberg
Sasel
Lebrade
Kirchnüchel
167 m
Trent
76
Benz
Malkwitz
Sieversdorf
Theresienhof
Nüchel
Grebin
Steinberg
Wielen
Neversfelde
Stelbeck
Ukleisee
Rathjensdorf
Behl
Kellersee
Wittmoldt
Timmdorf
Sagau
Behler See
Bad Malente-Gremsmühlen
Sibbersdorf
Kasseedorf
Dörnick
Fissau
Plön
Ascheberg
Bösdorf
Eutiner See
Tanneneck
Kassau
Großer
Zarnekau
Griebel
Plunkau
Quisdorf
Neudorf
Eutin
Plöner
Waldshagen
Vinzier
Gömnitzberg
Sepel
Steinbusch
Röbel
94 m
See
Bosau
Majenfelde
Groß Meinsdorf
Bujendorf

S. 235

S. 238

D
E
F
1
2
3
4
Fehmarn
NSG Wallnau
Niobe-Denkmal
NSG Grüner Brink
Westermarkelsdorf
Wenkendorf
Puttgarden
Schlagdorf
Bojendorf
Dänschendorf
Gammendorf
Petersdorf
Vadersdorf
Bannesdorf
Kopendorf
Altjellingsdorf
Klausdorf
Sulsdorf
Landkirchen auf Fehmarn
Niendorf
Gahlendorf
Flügge
Burg auf Fehmarn
Meeres-zentrum
Lemkenhafen
Albertsdorf
Katharinenhof
Orther Reede
Gold
Blieschendorf
Burgstaaken
Meeschendorf
Avendorf
Staberdorf
Fehmarnsund
Staber
Großenbroderfähre
Ferienpark
Heiligenhafen
Ortmühle
Großenbrode
Johannistal
Klaustorf
Lütjenbrode
Großenbrode-Kai
Teschendorf
Neuratjensdorf
Sütel
Gremersdorf
Neukirchen
Ostermade
Meeschendorf
Godderstorf
Ostsee
Giddendorf
Michaelsdorf
Wessek
Oldenbg.-N.
Oldenburg in Holstein
Klötzin
Heringsdorf
Oldenbg.-M.
Dannau
Görtz
Siggen
Oldenbg.-S.
Göhl
Fargemiel
Süssau
Lübbersdorf
Quals
Plügge
Rosenfelde
Oldenburger Graben
Augustenhof
Johannisdorf
Rosenhof
Harmsdorf
Damlos
Schwienkuhl
Riepsdorf
Grube
Dahme
Kabelhorst
Thomsdorf
Lensahn
Rüting
Guttau
Gruberhagen
Manhagen
Dahmeshöved
Cismar
Grönwohldshorst
Kellenhusen
Manhagenerfelde
Kloster Cismar
Beschendorf
Nienhagen
Lenste
Groß Schlamin
Bentfeld
Lensterstrand
Brenkenhagen
Grömitz
Logeberg
Bliesdorf
Schashagen
Neustadt i. H. Nord
Brodau
Neustadt in Holstein
207
501
202
601
E 47
1
9
10
12
13

S. 239

A
B
C
1
2
3
4
S. 236
S. 235
Raisdorf
Neuwühren
Rastorf
Bredeneek
Wittenberg
Kirchkamps-
katen
Mucheln
Rantzau
Dannau
Ding-
horst
Boksee
Pohnsdorf
Preetz
Falken-
dorf
Sellin
Tresdorf
Haßkampsbe
Klein
Barkau
Groß-
barkau
Honigsee
Post-
see
Lehmkuhlen
Söhren
66 m
Kirchbarkau
Postfeld
Schell-
horn
Trent
Lebrade
Sasel
Sievers-
dorf
Barmissen
Kühren
Theresienhof
Grebin
Bissee
Wielen
Rathjens-
dorf
Behl
Neversfelde
Wahlstorf
Wittmoldt
Nettelsee
Timmdorf
Löptin
Behler
See
Bad Malente
Gremsmühle
Dörnick
Groß
Buchwald
Holz-
see
Depenau
Plön
Löhndorf
Ascheberg
Großer
Bösdorf
Schönhagen
Stolpe
Stolper See
Plöner
Walds-
hagen
Quisdorf
Schills-
dorf
Wankendorf
Kalübbe
Dersau
Sepel
Steinbusch
Majenfelde
Ruh-
winkel
Belau
Stock-
see
See
Bosau
Schipphorst
Rendswühren
Schmalensee
Stock-
see
Nehmten
Hutzfeld
Liensfeld
Bredenbek
Kembs
Wöbs
Hassendorf
Bornhöved
Grönland
Glasau
Tarbek
Seedorfer
See
Seedorf
Gönnebek
Grimmelsberg
83 m
Seekamp
Großkummersfeld
Trappenkamp
Tensfeld
Berlin
Schlamers-
dorf
Daldorf
Nehms
Kams
Travenhorst
Falken-
horst
Heuer-
stubben
Rickling
Blunk
Freudenberg
Pettluis
Gnissau
Garbek
Stein-
damm
Schönmoor
Krems II
Negernbötel
Wensin
Strenglin
Lebatz
Fehrenbötel
Warder
Heidmühlen
Wahlstedt
Rohlstorf
Warder-
see
Eilsdorf
Wahlstedt
Schacken-
dorf
Quaal
Pronstorf
Bad
Segeberg
Schieren
Wulfsfelde
Fahrenkrug
Bad Segeberg-
Nord
Westerrade
Wittenborn
Weede
Strukdorf
Bockhorn
Bad Segeberg-
Süd
Mielsdorf
Söhren
Geschen-
dorf
Mözen
Bark
Trave-
thal
Alten-
görs
Mönkhagen
Schwissel
Neuengörs
Kükels
Schwissel
Bühnsdorf
Pöhls
Heilshoop
Voß-
höhlen
Todesfelde
Willen-
dorf
Baden-
dorf
Fredesdorf
Bebensee
Dreggers
Bahrenhof
Rehhorst
Zarpen
Leezen
Wakendorf I
Neversdorf
Voßkaten
Struven-
born
Groß
Niendorf
Leezen
Sühlen
Seefeld
Having-
horst
Heidekamp
Neu-
Fresenburg
Schlamers-
dorf
Sievers-
Seth
Tralau
Reinfeld
Steinfeld
Oering
Klinberg
78 m
Reinfeld
Trave